LV

ALFRED POLGAR

SPERRSITZ

Herausgegeben und mit einem Nachwort

WIEN, JAHRHUNDERTWENDE
DER JUNGE ALFRED POLGAR

von

ULRICH WEINZIERL

LÖCKER VERLAG
WIEN 1984

3. - 4. TAUSEND

COPYRIGHT 1980 BY LÖCKER VERLAG, WIEN
GRAPHISCHE GESTALTUNG: DOROTHEA LÖCKER
ISBN 3-85409-015-3

SPERRSITZ

VORWORT

*Was Alfred Polgar über die Welt der Bühne, über Stücke und
Spieler, zu sagen hatte, war nie bloß für Spezialisten gedacht,
und doch sind seine kritischen Lesebücher unentbehrliche
Handbücher der Kritik und der Kritiker geworden.*

*Will man den Rezensenten Polgar, seine Technik, die Kunst
war, charakterisieren, fällt es schwer, nicht in die metapho-
rische Rüstkammer einzubrechen und sich dort − zu Ver-
gleichszwecken − mit allerlei kriegerischem Gerät, vor allem
Galanteriedegen und Pistolen, einzudecken.*

*Wie soll man schließlich ausdrücken, was man dem Meister
nachrühmen will, etwa daß er unübertrefflich gefochten
habe, oder: jeder Schuß ein Treffer etc. Da ist schon, wie
nicht zu übersehen, große Vorsicht angebracht. Besser
scheint's, auf Bewährtes zurückzugreifen. Hermann Broch
hat einmal über Polgar geschrieben: „Er ist sicher kein deutscher Dichter, aber man könnte fast sagen, ein Mörike der
Kritik."*

*Alfred Polgar war sicher ein sehr österreichischer Dichter,
und in unserem Jahrhundert − neben Karl Kraus − der be-
deutendste kritische Schriftsteller dieses Landes.*

*Polgar, dieser Zuschauer par excellence, fühlte sich naturge-
mäß im Theater in seinem Element, vergaß jedoch nie, was
draußen, im wirklichen Leben, Menschenherz bewegte,
und eben das merkt man seinen kritischen Notizen an: Seine
erzählenden Kritiken sind im Grunde immer kritische Erzählungen.*

*„Theater: ein Charlatan, der wirklich zaubert." So lautet
eine von Polgars berühmt gewordenen Definitionen, zugleich
sein Credo von der notwendigen Bescheidenheit jeder kunst-
kritischen Äußerung enthaltend. Denn: „Ganz und gar im
Unbeschreiblichen der Kunst liegt das, was zu beschreiben
wäre." Ein Gleiches gilt von Alfred Polgars Kunst.*

7

Obwohl er sich vom Charlatan Theater beinahe sechs Jahr-zehnte lang immer neu bezaubern ließ, war ihm nichts vorzu-machen. Bei faulem Zauber verstand er keinen Spaß, was ihn allerdings nicht daran hinderte, sich und seinen Lesern gerade dann einen daraus zu machen. Daß er sich hin und wieder irrte, ist selbstverständlich, aber auch seine Fehlur-teile waren brillant.

„Sperrsitz" enthält Texte zu Theater, Film und Literatur, die Polgar nie in seine Sammelbände aufgenommen hat. Die Vermutung, er werde schon gewußt haben, warum, ist eine Vermutung und kann allein durch die Probe aufs Exem-pel bestätigt oder, wie ich hoffe, widerlegt werden. Die Aus-wahlmöglichkeit war jedenfalls groß genug, auch bei dieser Edition einen sehr hohen Anspruch gelten zu lassen.

Der Titel ist bewußt trocken. Wer sich Polgars eigene vor Augen hält („Ja und Nein", „Stücke und Spieler", „Stich-proben" usw.), dem wird ihre ganz und gar „unfeuilletoni-stische", nüchterne Art nicht entgehen. Diese Sachlichkeit war hier verpflichtendes Vorbild. Die Kritiken, 33 Jahr-gängen von Zeitungen und Zeitschriften entnommen, werden in erster Linie chronologisch präsentiert. Gliederungen, Um-stellungen, Zusammenfassungen nach Kapiteln wurden nur dort vorgenommen, wo sich dies aufdrängte.

Manche wird vielleicht die Abteilung „Polemiken" über-raschen, weil sich diese literarische Streitform wenig mit jenem Bild zu vertragen scheint, das wir von Polgar haben, und doch war er nicht nur Theoretiker, der erklärte: „Po-lemiken müssen sein. Zumal in der Zeitung. Wenn da zwei sich streiten, freuen sich Tausende", sondern auch Praktiker, der zeigte, wie man's macht.

Ein beträchtlicher Teil der Kritiken stammt aus der Endzeit der Monarchie. Den biographischen Hintergrund der Epoche beleuchtet das Nachwort „Wien, Jahrhundertwende — Der junge Alfred Polgar." Nicht auf Polgar beschränkt, nimmt es ihn jedoch nicht bloß zum Vorwand. In seiner Person spiegelt sich die innere und äußere Welt des Café Central wider. Es geht dabei weniger um Literatur- als um Literatengeschichte mit ihren kleinen Dramen von Ab- und Zuneigung, die manchmal in einer großen Tragödie endeten, wie sie in Arthur Schnitzlers Fragment ,,Das Wort" dargestellt wird.

Die zahlreichen Zitate aus ungedruckten Quellen, den Tagebüchern Arthur Schnitzlers, Briefen Polgars und Peter Altenbergs, orientieren sich in Orthographie und Interpunktion am Original. Im allgemeinen werden Unterstreichungen durch das Hilfsmittel der Sperrung angedeutet, Altenbergs emphatische Mehrfachunterstreichungen entziehen sich allerdings der typographischen Differenzierung.

Die Rechtschreibung der Zeitungstexte wurde im großen und ganzen der heute gültigen Norm angepaßt. Notwendig erscheinende Erklärungen sind im Quellennachweis zu finden. Zusätzlich ist das Buch durch ein Namenregister erschlossen.

Der Herausgeber

POLEMIKEN

ZWISCHENSPIEL (1905)

Herr Arthur Schnitzler ist ein vielgeliebter Dichter. Sein Ruhm ist sicher zur Höhe gewachsen, gibt heute schon breiten wohligen Schatten, in dem der Poet von Unsterblichkeit träumen darf. Niemand mißgönnt ihm so schönes Los. Schon deshalb nicht, weil wenige wie er (ganz abgesehen von Fülle und Glanz der Begabung) so geschmackvoll und angenehm als Dichter funktionieren. Nie hat man ihn mit allen Hunden des Ehrgeizes hinter dem Erfolg herhetzen sehen; nie hat er den Philistern geschmeichelt, aber auch nie als Exzentrik-Poet sich den billigen Lorbeer des Philisterhasses geholt; nie hat er auf den Stumpfsinn, aber auch nie auf den „Feinsinn" des Publikums spekuliert (ich weiß nicht, was widerwärtiger ist); nie hat er in der Treibhaushitze der Ruhmgier seinem Talent raschere Früchte abzujagen oder ihm größere und süßere zu erpressen gesucht, als solche, für die der Fonds an Kräften und Säften in diesem Talent reichte. Er pflückte, was reif war; oder ihm reif schien. Und wenn das auch vielleicht gar nicht stimmt, wenn die künstlerische Entwicklung und Arbeit des Doktor Schnitzler keine so organische, ruhige, ich möchte sagen: artistisch-sittliche gewesen sein sollte — so hat der Dichter doch seine Kämpfe gegen das eigene Unvermögen, seine Desperationen und Enttäuschungen stets bei sich zu behalten gewußt. Seine Werke scheinen immer Ratifikationen eines Friedens, den er mit sich selbst geschlossen. Keine wütende Anstrengung mehr darin, über sich selbst hinauszukommen, kein Gebrüll von Krämpfen, wie sie den zu überfallen pflegen, der hartnäckig die eigenen Grenzen überspringen will und immer wieder von unerbittlichen Mauern zurückgeworfen wird. Diese Unappetitlichkeiten der Produktion sind aus allen Schnitzlerschen Büchern verschwunden; was er auf die Tafel stellt, ist rein vom Schmutz der literarischen Küche. Man muß solchen Dichter hoch schätzen; unabhängig davon, wie hoch man ihn wertet.

Aber mit dem Gejammer darüber, daß Österreich, und Wien besonders, gar nicht wisse, was es an seinem Schnitzler habe, daß viel zuwenig Schnitzler gespielt, Schnitzler gelesen, Schnitzler bewundert und Schnitzler gepriesen werde, soll man uns endlich verschonen. Ich weiß kein Beispiel in der Weltliteratur, daß einem Dichter so gerecht zugemessen worden wäre, was ihm an Ruhm und Erfolg gebührt, wie Herrn Schnitzler. In verhältnismäßig jungen Jahren hat er einen Weltruf; er gilt als unser stärkstes dramatisches Talent, seinem Namen springen alle Bühnentore angelweit auf, das Ausland rettet seine Gedanken in die eigene Sprache hinüber, seine Bücher sind wund von den Griffen der Leihbibliothekabonnenten, eine ganze Schar von Begeisterten folgt ihm als Suite, und jeder Federstrich, den er tut, wird vergoldet von der Zärtlichkeit der Freunde. Was denn noch also? Ein Schnitzler-Festspielhaus? Ausspeisung im Prytaneion? Ich denke, das Schicksal war nobel diesem Dichter gegenüber. Es zahlte ihm die präsentierte Ruhmesrechnung auf Heller und Pfennig aus, ja, es rundete vielleicht sogar die Summe nach oben ab und winkte, als der ehrliche Dichter „herausgeben" wollte, freundlich: Behalten Sie's nur!

Nichts anderes als solch ein moralisches petit cadeau kann ich in der Aufführung des neuen Schnitzler-Dramas, dieser seltsamen Komödie „Zwischenspiel", am Wiener Burgtheater sehen. Einen Eid, daß dieses Stück vergeblich ans Tor des Burgtheaters geklopft, geläutet und getrommelt hätte, wäre nicht der Name Schnitzler, Eintritt erzwingend, vorangegangen! Denn es ist eine mißlungene Komödie, ein schwaches Werk, das mit all seinen mühevollen Windungen sich nicht aus dem Dunst der Langeweile hinaufdreht in luftigere Gegenden. Es ist gar kein Drama, sondern eine in breite Dialoge zertriebene Novelle. Eine trübe Komödie. So mag sie vielleicht tief sein. Alles ist wahr, aber das Gegenteil ist auch immer wahr. Man kann das Pathos der drei Akte komisch nehmen, ihre Heiterkeit tragisch. Wie man will. Man müßte erst wissen, wo der letzte „Dreh" steckt. Ist alles so gemeint, wie es gesagt ist? Oder ist es ironisch gemeint? Oder ist die Ironie ironisiert? Wäre irgendein Geschehen in diesen drei Akten, so könnte man beides gelten lassen, die Komik und das Pathos. Das Pathos für die Beteiligten, die Komik für uns, die Zuhörer, die wir, vom Dichter weise zur Erkenntnis der Zusammenhänge geleitet, vielleicht im höheren Sinne den Witz all dieser Traurigkeiten herausspürten. Aber es gibt nur Worte im „Zwischenspiel". Überlegte Worte, Disputationen übers Thema, Lehrdialoge im Lessingschen Katechismenstil — die Männer haben schon so feierlich latinisierte Namen: Amadeus und Albertus — Wechselgesänge zwischen Mann und Weib nach dem Brauch der Ibsen-Liturgie. Aus dem Seriösen stürzt die Komödie ins Offenbachisch-Groteske und gleich darauf wird es wieder feierlich, und der Dichter setzt sich an die Seelenorgel und greift mit edlem Gestus die falschesten Akkorde. Der Ibsen-Tempel wölbt sich, zwei Menschen knien darin und zerzupfen ihr Innerstes zu allgemeinen Wahrheiten. Wie nahe in allen wichtigen Affären des Lebens, ganz besonders in den erotischen, das freieste Lachen neben der tiefsten Traurigkeit ist, das zu zeigen wäre wohl der Mühe wert. Aber so ist das nicht zu machen, daß man beide einfach nebeneinander einstellt. Man müßte die künstlerische Kraft haben, da nicht bloß zu zeigen, daß vom Erhabenen zum Lächerlichen nur ein Schritt (was bald einer zeigen könnte), sondern auch, daß vom Lächerlichen zum Erhabenen der Weg ebenfalls nicht weiter ist — was darzustellen freilich nur einem ganz großen Dichter gelänge.

Amadeus und Cäcilie haben genug von ihrer Ehe und beschließen, in freier Unliebe auseinanderzugehen. Aus allerlei Gründen. Zweitens: überhaupt, und erstens: weil die Menschen, namentlich die Damen, nicht monogam sind. Was ja die Urzelle aller erotischen Verwicklungen ist und die Aufrichtung der Ehe, als einer Schutzwehr zur Hemmung der polygamischen Instinkte, bedingt hat. Amadeus und Cäcilie, sexuell einander langweilig, menschlich aber innig liiert, kochen ihren Ehebund zu einem Freundschaftsbund um, spielen die Überlegenen, schenken einander große Freiheiten, würgen alle Eifersucht hinunter und sprechen mit erstickter Stimme liberale Aperçus. Ja, aber man ist nicht sieben Jahre lang in der ehelichen Melange durcheinandergerührt worden, ohne daß der Versuch, nun das Vielgemischte reinlich zu trennen, mißglücken müßte. Am Anfang geht es ganz gut. Amadeus bekommt Junggesellen-Rezidive und erlebt angenehme Abwechslungen; Cäcilie hätte auch nichts einzuwenden, Konsequenzen aus der wiedererlangten Freiheit zu ziehen, aber sie spielt nur mit den Möglichkeiten; zur Wirklichkeit kommt sie nicht. Warum? Der Autor drückt sich um diese wirklich interessante Frage, die an die tiefsten seelischen und physiologischen Geheimnisse der Frau rührt, bescheiden herum: „Irgend etwas" – läßt er seine Cäcilie sagen – „macht uns auch dann noch zögern, wenn wir schon längst entschlossen sind." Irgend etwas! „Na, lassen wir das," sagt Imre Fox im Apollo-Theater, wenn er das schwere Fremdwort nicht herausbringt, und fährt sich mit einer verlegenen Geste mit dem Zeigefinger zwischen Hals und Hemdkragen. Im Anfang also geht es halbwegs. Aber als Cäcilie wieder heimkehrt, von der Freiheit verjüngt, braun gebrannt von der Sonne männlicher Begierden, die überall den Weg der schönen Frau umflammte, gleichsam im Blut regeneriert durch Verlangen und Verlangtwerden – da geht die Freundschaftslüge des Gemahls entzwei, und in einer Flut verliebter Regungen schwimmen die Trümmer seiner Weisheit davon. So daß in der Komödie also, wahrscheinlich dem Dichter selbst unbewußt, die zwei einzigen Eventualitäten angetippt

16

werden, die eine eheliche Beziehung zwischen höher gearteten Menschen auf die Dauer möglich erscheinen lassen. Die eine: daß die Eheleute von den Gipfeln der Liebe allmählichen und sanften Abstieg ins Tal der Freundschaft finden; die andere: daß beide genug reizvolle, wandelbare und unerschöpfliche Menschen sind, um sich immer wieder von neuem ineinander zu verlieben. Was man vielleicht ganz allgemein so ausdrücken kann: Es gibt keine dauernde Liebe, keine Liebe in continuo. Eine Dauerliebe, das ist: eine Liebe, welche das Wunder in sich hat, so oft sie auch stirbt, immer wieder neue Auferstehung zu feiern. Aber sterben muß sie!

Im „Zwischenspiel" wirbeln die zwei Methoden, sich neu zu verlieben und die Liebe durch Freundschaft zu ersetzen, durcheinander, stören sich gegenseitig. An jenem Abend hat Amadeus seine Cäcilie wieder besessen. Das verzeiht sie ihm nicht und er macht ihr im dritten Akt die geschmacklosesten Vorwürfe: warum sie's ihm gestattet hat, wenn sie dann nachher so bös darüber sein wollte. Ich glaube, sie ist böse, weil sie in dem raschen Sieg der Sinne die Wackeligkeit der Freundschaftsprinzipien kennenlernt; weil sie den Rausch als Rausch erkennt, also als etwas Augenblickliches, das sich zu nichts Ewigem weiten ließe; weil sie ihre Fähigkeit, zu unterliegen, in ihrer ganzen Größe begriffen hat und als Grund seiner verliebten Gier ahnt, „daß sie als eine andere zu ihm kam". Sie fühlt, daß er sie — die Cäcilie — mit ihr selbst — der neuen Cäcilie — betrogen hat. Eine etwas verzwickte Fühlerei, die hoffentlich ganz anders vom Dichter gemeint ist, als ich sie zu verstehen glaube. Und nun, rebus sic stantibus, jagen sich die vier: Amadeus, Cäcilie, der witzige Räsoneur und der Geist des Autors, mit ihren Theorien durchs Zimmer, fangen und entfliehen einander, verstecken sich hinter Prinzipien, verduften hinter dialektischen Trugschlüssen, stolpern über ihre Weisheit, stechen mit ihren Wahrheiten in die Luft und malträtieren einander mit preziösen Erkenntnissen. Wenn der Geist des Autors nicht mehr weiter kann, flüchtet er zu dem Pfosten: Ironie, der wie der „Leopold" im Fangerlspiel aufgerichtet ist, und wo er natürlich nicht mehr erwischt werden darf. Was alles ganz amüsant sein könnte, wenn es im Schwanktempo vorübersauste, was aber so, in seiner langsamen, sublimen Wichtigtuerei maßlos fad ist.

Um das Innige, rein Menschliche seines Ehepaares stärker fühlen zu lassen, macht der Autor beide zu Künstlern. Da hat er, in der gemeinschaftlichen Kunst, ein bindendes tertium medium zwischen den zwei Seelen, das er nicht erst viel zu erläutern braucht. Amadeus und Cäcilie — die Namen schon sind feucht von Musik. Wenn man sie auf Löschpapier legt, machen sie einen melodischen Fleck. Und weil im Stück soviel von Musik die Rede ist, von Symphonien und Tonarten und Liedern und Instrumentation und Brahms und Wolf, soll einmal von dem Masseneinbruch der dramatischen Dichter in die Musik gesprochen werden, den wir jetzt miterleben. Nun freilich, ein guter Nothelfer ist die Musik. Wenn aus den Worten der Dichter nicht jener Duft sich heraufbeschwören lassen will, der die Seele der Hörer sanft betäubt und sie leise in die Ergriffenheit hinüberdrückt, die der Autor braucht, dann stellt man ein wenig Musik wie ein Räucherkerzchen auf die Bühne, und gleich ziehen Wolken von Stimmungsparfüm über die Szene und in den Zuschauerraum. Beim Aktschluß wird einmal immer musiziert. Zu Ende des ersten Aufzuges im „Zwischenspiel" wird ein beziehungsreiches Brahms-Lied gesungen: dreimal setzt die Sängerin ab, dreimal beginnt sie wieder. Das Publikum wird förmlich gezwungen, den Stimmungstrank tropfenweise einzuschlürfen. Und dieses aufdringliche Spiel mit den Terminis der Musik! „Ja, ein Capriccio," sagt der Kapellmeister von seinem Stück, vielleicht ein „Capriccio doloroso". Wie rührend! Auf einmal haben die Wiener Literaten das Musikalische in allen Gliedern. Aber man merkt allzu deutlich die sentimentale Oberflächlichkeit ihrer Beziehungen zur Welt der Klänge, die ihnen zu nichts anderem taugt, als dazu, den Zuschauer mürbe zu machen, wenn die Hammerschläge der eigenen Ideen und die Melodie der eigenen Worte das nicht vermochten. Man muß das schon ein Schmarotzen an den Wirkungen der Musik nennen. Nichts ärgerlicher, als wenn irgendeine geistlose Komödie ihre platte Visage mit der Totenmaske Beethovens deckt.

Wie konnte ein so espritvoller und an zarten Einfällen überreicher Poet wie Schnitzler einen derart unerträglichen Kaffeehauswitzling mit Allüren der falschen Überlegenheit und antiquiertesten Metierspäßen auf die Bühne lassen? Wie konnte ein so theatererfahrener Mann und feiner Geist wie Schnitzler diesen Dialog des „Zwischenspieles" für möglich halten? Ein Dialog, der durch und durch von jenem tödlichen Fehler infiziert ist, den ich die Bereitschaft der Argumente nennen möchte. Die Menschen haben alle ein beispielloses Bewußtsein ihrer selbst, tropfen über von lauterster Klugheit und theoretisieren sich mit einer gespreizten Beredsamkeit, die von Unnatur dampft. Dialoge, die fast zu dem Snobstil des Zimmers passen, welches das Burgtheater um sie herum gebaut hat. Wie Übungen in einem Seminar für Ehestandspsychologie hört sich das an. Auch bei Ibsen gibt es in den letzten Akten solche feierliche, erkenntnisreiche Auseinandersetzungen, wenn die Stürme sich gesänftigt, der aufgeregte dramatische See sich zu äußerster Klarheit beruhigt hat, und man nun bis auf seinen Grund sehen, die Geheimnisse seiner Tiefe mit den Blicken heraufholen kann. Aber zu dieser Klarheit und Wahrheit, zu dieser Bereitschaft der Argumente kommen die Ibsenschen Menschen immer nur in den wirklich höchsten Momenten ihres Lebens. Etwa wenn, vor dem Konkurs, die Bilanz eines Daseins gezogen wird, oder wenn die Todesnähe ihren Blick mit fast überirdischer Luzidität begabt.

Im ganzen: eine schwache Komödie. Böser als das: eine arme Komödie. Fast könnte man zu einer schlimmen Diagnose des Schnitzlerschen Talentes kommen. Ich glaube, selbst die guten Freunde waren ein wenig erschrocken. Wie man erschrecken mag, wenn man von einem scheinbar kerngesunden Menschen plötzlich hört, er spucke seit Jahren Blut. Aber hoffentlich ist es nicht so arg. Eine vorübergehende Indisposition. Ein beiläufiges Zwischenspiel, ein Capriccio. Leider ein Capriccio doloroso!

Im Mittelpunkt der Ereignislosigkeit steht die Sache Kulka.
Kennen Sie Kulka?
Kulka ist ein Dichter. Ich weiß es aus der Anthologie „Die Botschaft – neue Gedichte aus Österreich, gesammelt und eingeleitet von E. A. Rheinhardt" (bei Ed. Strache). Die Sammlung lehrt insbesondere den literarischen Geschmack Albert Ehrensteins schätzen, von welchem Dichter einleitend gesagt wird, daß er „die Teilnahme an diesem Buch verweigerte".
Hingegen ist Georg Kulka reichlich vorhanden.
Kulka kann viel. Er kann vollkommen schwerlos-ätherisch sein.
Hat je ein des Gottes zum Platzen voller Mund sternlicht-zartere Verse gehaucht als diese (Schlußzeilen der Dichtung „Ausflucht"):

> „ . . .
>   . . .
>   . . .
>   . . ."?

An den feinsten Emanationen der neuen Dichter haftete noch immer – Erdenrest, zu sagen peinlich – das Korporelle der Worte. Hier ist es völlig in den nichtsförmigen Aggregatzustand übergegangen. Die expressionistische Abkehr-Kurve, vom Gegenständlichen fort zum Geist an sich, hat ihre Akme erklommen.
Kulka wird niemals Sublimeres schreiben als diese lichte Strophe. Sie faßt in zwölf Punkte und zwei Anführungszeichen tiefen Sinn einer ganzen Epoche. Sie wird bleiben von dieser Tage Kunstwerk, überdauernd komprimierteste Ballungen.

Kulka kann nicht nur himmlisch-leicht, er kann auch erd-
haft schwer.

Brach aus erdgebundener Kreatur je gellerer, heißer dampfen-
der Schrei als dieser (III. Strophe: „Für ein Pferd"):

„Weh! Der Arsch ist Höllenrachen!"

„Die Fackel" beleuchtet diese Versschöpfung Kulkas:

„Und.
Erwartung.
Kraß. Selber. Übermut. Schoß.
16. Gemischt. Auftreibung. Alles.
Brodeln. All.
Mannigfaltig. Aufspeichern.
Ausnahme. Fraglos. Zusammenschnurren.
Stil. Völlig. Platzen.
Behauptung. Rhythmisch. Gischten.
Ende. Gültig. Wiederkehr.
Entgegentreten. Grauen.
Notdurft. Beisammen. Abtropfen.
Mann. Inständig. Ersiegen.
Männin. Wirklicher.
Aufgebürdet. Zweieinheit.
Künftig. Wimmern. Bewährung. Herzwärts.
Haftbar. Du. Du.
Nahgefühl. Braun. Richtung. Blau.
Schmerzenreich. Aufdunsten.
Und."

Hiernach aufdunstende Vermutung, Kulka sei eine Invention
von Karl Kraus, trifft aber nicht zu. Er wurde geboren. Zu
Weidlingau.

Weidlingau, bis zu Kulkas Erscheinung ein liebliches Örtchen, an der Westbahn, hat der deutschen Dichtung schon einmal etwas bedeutet. Als es ihr das Reimpaar schenkte:

> „Da drauß't in Weidlingau,
> Da ist der Himmel blau."

Dies war der literarische Höhepunkt Weidlingaus. Seine klassische Periode sozusagen. Von da an ging's bergab . . . Wie immer man jedoch das Werk Kulkas betrachten mag: das Geniezeichen, ihm auf der Stirne brennend, läßt sich nicht übersehen; denn eine Dichtung wie „Und" ist entweder Produkt einer geheimnisvollen, höherer Magie des Geistes und der Sinne sich erschließenden Kunst, Lichtbote einer noch nicht aufgegangenen Sonne, Chiffre einer noch nicht bibelgefaßten Offenbarung — oder sie ist die schamloseste, je wider das klingende Symbol der Sprache gewagte Impertinenz, und dann doch als solche und durch die unmäßige Frechheit ihrer Gebärde eben auch den Abgrund aufreißend, der das Genie vom Bürger trennt.

Um jüngste Dichtung schimmert eine Aura von Mystischrot. Es ist der Widerschein von Gottes Wange. Färbte sie sich rosig vor Freude ob der menschlichen Ingenien, die ewiges Licht besonders rein zurückspiegeln? Oder glüht sie, weil Apachen des Geistes ihr ein paar heruntergehaut haben?

So oder so: die Sache hat für den Zuschauer ihr Beklemmendes.

Ich glaube nicht, daß Kulka zu dem Geschlecht der neueren geräuschvollen und mit der Grazie von Schmeißfliegen begabten Dichter gehört, die, aus dem Aas einer verreckten Welt durch generatio aequivoca entstanden, der expressionistisch-kommunistischen Konjunktur in den gastlich klaffenden Höllenrachen (siehe: „Für ein Pferd") schliefen, um dort — Entsaugtes einer wehrlosen Zeitgenossenschaft in

Ballungen — o Mensch!, Liebe, Blut und All-Du auf den Kopf fallen zu lassen.

Wer so fließend stammelt, so prächtige Koloraturen röchelt wie er, ist ein Könner. Überdies hat er etwas, das, wie aus der Elementarlehre von des deutschen Dichters Natur bekannt, einen Wesenszug des wahren Poeten ausmacht: Einfalt des Herzens.

Daß er sie hat, beweist die Affäre Kulka.

Kulka, um die lebendig verscharrte Unsterblichkeit des großen Jean Paul aus Bücher-Sarghaft zu befreien, schrieb ein paar Seiten der „Vorschule der Ästhetik" ab, setzte seinen Namen vor und veröffentlichte das so adjustierte Stück meisterlicher Prosa in den „Blättern des Burgtheaters".

Um Jean Paul zu lancieren, lieh er ihm den tragenden Fittich Georg Kulka.

Wie hat er sich das gedacht? Wer den Dichter Kulka nicht kennt, dem besagt der Name nichts, wer ihn aber kennt, dem ist doch der Name Warnungszeichen, monierend, von ihm gedecktes Druckzeug hastigst zu überschlagen.

Und dann: die „Blätter des Burgtheaters"!

Die „Blätter des Burgtheaters" sind dieser alten Bühne jugendlicher Mund. Er befindet sich, der Zugluft neuerer Geistigkeit fanatisch ausgesetzt, im Dauerzustand quälender Geschwollenheit. Artikuliertes Sprechen fällt ihm also schwer.

Zudem erscheinen die „Blätter des Burgtheaters" in Wien, bekanntlich einer Stadt an der Donau, bis 1914 weltbekannt durch ihre Kunst der Mehlspeis-Bereitung, seither aber mangels Zufuhr von Edelgetreide außerstande, diese Kunst zu üben, und deshalb im deutschen Kultur-Baedeker nur noch besternt als permanenter Aufenthaltsort von ein paar großen Musikanten, die infolge hier Begrabenseins an die Scholle gebunden sind.

Versteht man also, welch bezwingende Naivität dazu gehörte,

24

den in Wien verwehenden „Blättern des Burgtheaters" einen Welt-Aufmerksamkeit wachrufenden Wirbeltanz um Jean Pauls Grab abzulisten? Durch die lockende Supposition, daß Georg Kulka drin läge?

Das heißt, einen am verborgensten Ufer gestrandeten toten Fisch eine Posaune in den Höllenrachen stecken, daß er Fanfare blase.

Kulka ist nicht so arg, wie ihn „Die Fackel" in ihrem schon durch die boshafte philologische Akribie höchst reizvollen Essay darstellt.

Das bestätigen ihm auch, in besonderer „Erklärung", nicht nur Edlef Köppen und Wolf Przygode, sondern in einem eigenen Brief aus Unterach, sogar Josef Kalmer.

Was angesichts all dieser aufregenden und sonderbaren Vorfälle das Herz des Mitmenschen bewegt ... wer spricht es aus?

Der Dichter.

Seufzer bedrängter Seele ins Wort erlösend, sagt Georg Kulka („Der Maler"):

„Gib uns, du großer Rasenbruder, Schauen —:
Substanz, zu der der Abschmack fliehen kann!"

Und noch prägnanter ballt er innerstes Wünschen des Lesers in die Zeile:

„Sprache, Spion, überstolpernd die Einigung — *schweig*!!"

SINNLICHE KUNST (1921)

Ich bin der Überzeugung, daß bei Aufführungen wie „Reigen", bei Publikationen wie „Venuswagen" und dergleichen selbstverständlich die sexuelle Reizung des Hörers oder Lesers ins Kalkül gezogen wird. Solche Stücke werden gespielt und solche Bücher werden gedruckt, weil sie geeignet sind, ein Publikum sinnlich aufzuregen, und in dieser Eignung liegt sowohl ihr wesentlichster Reiz wie ihr kommerzieller Wert. Nun ist natürlich dagegen gar nichts einzuwenden, und ich bin durchaus für Kunst, bei deren Genuß man eine Erektion hat. Nur soll man nicht sagen, daß man diese um jener willen (seufzend) in den Kauf nimmt, sondern zugeben, daß es umgekehrt ist. Man dürfte nicht heucheln: Wir sind weit entfernt, etwa im „Reigen" ein Produkt zu erblicken, geeignet, auf die Genitalien zu wirken — sondern man sollte das Recht des Schriftstellers behaupten, sein Publikum, wenn's ihm paßt, zur Sinnlichkeit zu verführen, sofern nur er dies auf graziöse oder witzige oder sonstwie geistig Niveau haltende Art zu tun vermag. Wenn ich von den ethisch-melancholischen Fundamentalabsichten des „Reigen" höre oder von der keuschen Kunst-Institution der „Separatdrucke", geht mir das Brechen an.

KLEINER DISKURS ÜBER EMANZIPATION (1928)

Helene Stöcker in der „Neuen Generation":
„Moderne" Theaterkritik und „doppelte Moral".
In der „Weltbühne" vom 22. Mai 1928 Nr. 21 äußert sich
Alfred Polgar über Paul Kalbeck („Sie sagen sich alles")
wie folgt: „Zwei junge Ehepaare — vier Temperamente —
leben in Freundschaft miteinander. Es kommt, im quadra-
tischen Einvernehmen — denn sie sagen sich alles — zum
Frauentausch. Ein Jahr lang hat nun der A. die B., der B.
die A.; dieses Jahr lehrt die Beteiligten erkennen, daß ihre
ursprüngliche Paarung doch die bessere gewesen ist; so,
knapp vor Scheidung und neuer Ehe, ordnen sich die ver-
schobenen Seiten wieder zur Form von früher. Daß sie ihre
Frauen in gebrauchtem Zustand zurückerhalten, stört die
Männer nicht. Durchaus plausibel ist ja, daß A. wie B. von
den neuen Gefährtinnen bald genug kriegen; aber daß sie
deshalb zu den alten zurückkehren, übersteigt die Grenze
des Glaubwürdigen. Sinngemäß führte der Weg die beiden
Erotiker, das sind sie doch, weiter ins Alphabet hinein."
Selten ist einem wohl so männliche Überheblichkeit, die
Verdrängung des weiblichen Anspruches auf Anerkennung
ihres Persönlichkeitsrechtes in solcher Reinkultur begegnet
wie in dieser Schilderung. Die Frauen existieren bei diesem
„modernen" Kritiker nur als Sachgüter: es kommt zum
„Frauentausch" — wo es ebensowohl zum Männertausch
kommt. Ein Jahr lang „hat" der A. die B., der B. die A.;
aber nicht auch die B. den A., die A. den B. Die Männer
erhalten ihre Frauen, nach Polgar, „in gebrauchtem Zustand" zurück. Daß die Frauen dasselbe Los in bezug auf
ihre Männer teilen, um diesen geschmackvollen Ausdruck
gelten zu lassen, scheint dem Kritiker Mann gar nicht zum
Bewußtsein zu kommen. Welche unbewußte männliche
Selbstverachtung spricht übrigens allein aus der Vorausset-

zung, daß die intimere Beziehung einer Frau zu einem Mann selbstverständlich der Partnerin Schaden zufüge und ihren Wert für einen andern Partner herabmindern müsse!

Wäre es nicht doch an der Zeit, daß geistvolle Theaterkritiker auch ihren „Geist" und ihre künstlerisch-ästhetischen Wertungen auch auf ethische Entwicklungen ausdehnten und — es fällt hart, eine so alte selbstverständliche Forderung erst noch ausdrücklich auszusprechen — auch Frauen als Menschen gelten ließen?

Alfred Polgar antwortet:
Ich habe den Inhalt einer Komödie erzählt, in der es so zugeht, wie meine Erzählung berichtet. Es kommt da, zwischen zwei Ehepaaren, zum Frauentausch implicite also auch zum Männertausch. Mit dem einen ist das andre gesagt. Es ausdrücklich zu sagen, der Rarität wegen, schien überflüssig. Ob man aber in solchem Fall von Frauentausch oder Männertausch spricht, das hängt nicht vom sexual-ethischen Standpunkt des Sprechers ab, sondern einfach davon, ob ein Mann spricht oder eine Frau. So ist etwa auch die Wendung: „Herr X. nahm Fräulein Y. zur Frau" durchaus nicht geeignet, Fräulein Y. zum Objekt zu erniedrigen, das „genommen" wurde. Und gewiß wäre es, hätte in der beanstandeten Kritik „Männertausch" gestanden, keinem Mann, keinem der ältesten und keinem der neuesten Generation, eingefallen, dem Kritiker vorzuwerfen, daß bei ihm die Männer nur als Sachgüter existieren. Ähnliches gilt für die Wendung: „ein Jahr lang hat nun der A. die B., der B. die A.". Die verehrte Tadlerin mißversteht hier das „hat". Es ist gar nicht possessiv gemeint, sondern die abgekürzte Ausdrucksweise „lebt nun in Gemeinschaft mit" oder „ist nun ihr wie sie ihm zugehörig" oder „kann nun allen Sensationen teilhaftig werden, die das en deux zwischen aneinander geschlechtlich interessierten Personen bietet". Man „hat" manches, von dem man

gehabt wird. So „hat" man einen Beruf, die Cholera, Sorgen, die Bescherung, eine Frau, die Pflicht, auf törichte Anrempeleien zu erwidern und dergleichen mehr. Die Insinuation schließlich, ich sei der Ansicht, daß „die intimere Beziehung einer Frau zu einem Mann der Partnerin Schaden zufüge und ihren Wert herabmindere", weise ich mit relativ fast flammender Entrüstung zurück. Seit „Frauen ich singen hörte", bekenne ich in Wort und Schrift, in Tun und Leiden das Recht der Frau, von ihrer Liebesfähigkeit freiesten Gebrauch zu machen, keinem andern Sexual-Sittengesetz unterstellt zu sein als der Mann, und beklage schmerzlich, daß ihr die ungerechte Natur ein größeres physiologisches Risiko auferlegt als diesem. Hingegen habe ich seit längerm (und besonders seit heute) Grund, über die kritische Potenz des fraulichen Verstandes reaktionär zu denken.

FEUILLETONISMUS

DAS WIENER FEUILLETON (1906)

Man hört klagen, es sei tot. Die großen Meister des Wiener Feuilletons, die schon gestorben sind oder in unverbrüchliches Schweigen sich eingekapselt haben, fanden kümmerliche Nachahmer. Und allenthalben sagt man: O weh! Statt zu sagen: Gott sei Dank! Es ist hocherfreulich, daß das Talent zu dieser Sorte dünnster Literatur verloren geht. Und daß heute einer, der bemerkt werden will, doch schon etwas sagen muß und nicht mehr damit auskommt, in einer süß-verringelten Manier nichts zu sagen.

Denn das ist das Wesentliche des Wiener Feuilletons: die Leere; die wässerige Visage, von gekräuselten Stil-Löckchen hold umscherzt. Sanftmut, Milde, Freundlichkeit überall. Nirgends eine grimmige Falte, eine tiefere Furchung, eine energische Willensgrimasse, von der die Glätte dieses Antlitzes unterbrochen würde. Vom Wiener Feuilleton kann man nur in Diminutiven sprechen. Es hat nicht Hand und Fuß, sondern Händchen und Füßchen; es geht nicht, sondern es hüpft, es singt nicht, sondern es tiriliert, es lacht nicht, sondern es lächelt, es ist nicht graziös, sondern grazil, es denkt nicht, sondern es sinnt, es redet nicht, sondern es plaudert.

Das Wiener Feuilleton ist nicht merkbar. Es verdunstet sofort vom Gehirn, auf das man es schüttet. Man ist mit dem Lesen fertig und spürt nichts davon. Was stand in diesen sechs tadellos plissierten Spalten? Eine Minute nach beendeter Lektüre weiß man darauf keine Antwort mehr. Man weiß nur, daß alles liebenswürdig und grazil war. Nicht nur das Leben, auch das Wiener Feuilleton ist eine Rutschbahn. Man ist unten und könnte nicht sagen, wie man hinunter kam. Die sechs Spalten eines solchen Feuilletons abzugleiten ist eine der unbeschwerlichsten Gehirnübungen. Daher ist auch — besonders an Sonntagnachmittagen, nach dem schwarzen

Kaffee, zur Verdauung — das Feuilleton-Rutschen mit Benützung der „Neuen Freien Presse" eine der populärsten niederösterreichischen Volksbelustigungen.

Natürlich ist es nur in Ordnung, wenn das Feuilleton seinen Charakter als leichteres Kunstprodukt wahrt, wenn es den ruhigen Atem nicht verliert, unter allzu schwerer Gedankenlast nicht ins Keuchen und Schwitzen fällt. Aber, ob es auch nur für rasche Minuten das Interesse des Lesers zu befriedigen hat, nicht für die Ewigkeit dastehen soll — mit ein paar Gedankensteinchen sollte es doch beschwert sein, um nicht einfach weggeniest werden zu können.

Ich vermisse diese paar Beschwerungen im Wiener Feuilleton, das sich mit Vorliebe um die Gedanken anderer, um Bücher vor allem, schlängelt und im verwickelten Geschlängel allein seine Besonderheit sucht. Das ist die Formel des Wiener Feuilletons: Erst die Sprache und dann der Gedanke. Das Primäre ist das Geplauder; das Sekundäre: das „Worüber". Man hat nicht den Eindruck, daß ein gedanklicher Kern sich sprachlich kristallisiert, daß eine Idee die ihr organischen Worte ausgeschwitzt habe. Man hat nicht den Eindruck, daß um einen (oder mehrere) fixen, vom Gehirn des Schreibers selbst herrlich erschaffenen ideellen Mittelpunkt Verwandtes sich gefügt, Assoziiertes in allen Abstufungen der Innigkeit sich angegliedert habe. Sondern man hat den Eindruck, daß zuerst das Sprachgewässer da war und dann durch allerlei Hineingeworfenes (meist, wie gesagt, dem Autor nicht Gehöriges) in sanfte wellige Bewegung versetzt wurde.

Das Wiener Feuilleton atmet Zärtlichkeit aus. Es hat eine merkwürdig betuliche Intimität zu allen Dingen, mit denen es sich einläßt. Für seine Kraftlosigkeit ist die praktischeste Beschäftigung: das Streicheln. Es streichelt. Wohlwollende sagen: es hat einen lyrisch-persönlichen Zug. Es streichelt den Wienerwald, kratzt der Votivkirche das Goderl, läßt die Arabesken seines gütigen Lächelns um den Stephansturm

34

flattern und betupft mit sanften Wehmutszähren das tote und sterbende Wien: das „Wien des Canaletto", das Kongreß- und Barock-Wien und das zurückweichende Wien der heimlichen, schiefen Gäßchen.

Das Wiener Feuilleton duzt sein Thema. Sei ihm dieses Thema noch so fern, etwa distanziert durch den Nebel der Jahrhunderte. Es sagt der Madame Pompadour: „Liebe Madame" und behandelt Louisquatorze intime mit der gleichen Du-Jovialität wie den Guschelbauer. Nichts ist hoch, groß, fern, stark, alt, tragisch genug, daß es im Wiener Feuilleton nicht zu einem Brei, zur literarischen Kost für Zahnlose zerplauscht würde.

Am intimsten ist das Wiener Feuilleton mit der Landschaft. Seine Rührung über den Wienerwald und den Prater kennt keine Grenzen. Unermüdlich singt es von der Behendigkeit, mit der der Wind über die Hänge des Wienerwaldes herabläuft und sich in der Stadt tummelt; unermüdlich schöpft es den Zauber, der vom Kahlenberg rinnt, in zärtliche Sätze ein; unermüdlich verarbeitet es das Silberband der Donau zu preziösen Krawatten. Und belästigt mit seiner zärtlichen Verliebtheit alles Grüne, das sich irgendwo an den Grenzen der Stadt zeigt, zumal dann, wenn es, wie in den westlichen Vororten, sich ein wenig tiefer in das Häuserensemble hineinwagt. Wenn das Wiener Feuilleton etwa über die Premieren eines Wiener Theaters in stiller Versonnenheit anmutige Sätze spinnt, so wehen die Buchen des Praters hinein, die Luft geht silbern, und der Duft späten Weines krabbelt vom Wienerwald direkt in die Nasenschleimhaut des verzückten Dichters. Solche kleine Gegenleistung ist die Wiener Landschaft ihren Sängern schuldig, auch wenn nicht geradezu von ihr die Rede ist.

Das Leben mit einem Spiel zu vergleichen, ist alter, guter, freundlich geübter Brauch des Wiener Feuilletons, welches gern in allerlei Träume versinkt und in allerlei Versunken-

heiten träumt. Wenn ein Wiener Feuilletonist für die Blässe seines stilistischen Antlitzes irgendeinen koloristisch wirkenden Fleck braucht, muß das Leben her. Es ist wehrlos. Es läßt sich mit allem vergleichen; jeder ihm angetane Schimpf ist plausibel, jedes ihm angesungene Lob gleichfalls. Über das Leben hat der Wiener Feuilletonist immer etwas Grazil-Neuartig-Apart-Ironisches zu sagen, wenn er auch über den winzigen Teil des Lebens (über das Buch, den Menschen, das Ereignis), den er einer Erörterung unterzieht, absolut gar nichts zu sagen hat. Und die Frauen, die Wiener Frauen! Ich hätte sie fast vergessen. Aber das Wiener Feuilleton vergißt sie nie. Ob sie von der Mariahilf in die Leopoldstadt oder von der Leopoldstadt in die Mariahilf gehen, der Feuilletonist steht auf dem Stephansplatz und fängt sie ab. Er beugt das Knie vor den Wiener Frauen, tut so, als ob er eine gepuderte Perücke auf den Locken sitzen und einen vergoldeten Degen an der Seite tänzeln hätte. Die Buchen wehen, und von den Hängen des Wienerwaldes läuft der Wind, und überhaupt: Was ist das Leben? Ein Spiel. Ach!
Ein ganz besonderes Charakteristikum des Wiener Feuilletons ist die jokose Mischung von Urjudentum und Urariertum. Von synagogaler Wehmut und Grinzinger Alkohollaune. Ist der Kummer über die tausendjährige Diaspora am besten in Wiener Heurigen zu ersäufen? Es scheint so. Das Drah'n, das ist mein Leben — so wahr ich lebe! Die Mischung zeigt sich durchaus in Bau und Art des Wiener Feuilletons. Es hat einen gefühlvollen Intellekt und ein bemerkenswert intelligentes Gefühlsleben. Es übt verschnörkelte logische Denkspiele mit Empfindungen, und hat andererseits immer eine Portion Rührung weich im Gehirn sitzen. Das Wiener Feuilleton hat eine resignierte Weltanschauung, wo ihm die Gedanken fehlen, und cerebrale Geschäftigkeit, wo es mit der Empfindung nicht nach kann.
Das Wiener Feuilleton verdünnt den Ernst zur flüchtigen

Laune der Ernsthaftigkeit, den Humor zu zarten Späßen. Kommt es malheureuserweise über ein Thema, bei dem mit stilistischen Grimassen durchaus nicht auszukommen ist, so versickert es spurlos darin, wie ein armes, mageres Bächlein im Erdreich. Es macht das Thema höchstens ein wenig feucht. Voilà tout. Über gedankliche Hindernisse klettert es nicht, wirft sie auch nicht mit Elan nieder, sondern kriecht um sie herum. Plauscht sich halt so fort. Es macht dem Leser so wenig Arbeit, wie es dem Schreiber machte. In einem Wort: es ist die purste Damen-Sache. Nichts für Männer. Süß, kokett, harmlos, leer, nichtig, von allen Giften frei, glatt und belanglos bis zur Abscheulichkeit. Loben wir die Zeit, die es nicht mehr mag, die Leser, die es nicht mehr goutieren, die Journalisten, die es nicht mehr schreiben können. Seine sanfte Öligkeit ist unangenehm ranzig geworden. Sie stinkt. Alle Buchen können dieses peinliche Odeur nicht hinwegwehen, aller grazil vom Kahlenberg herabkommende Wind es nicht fortblasen. Das Wiener Feuilleton ist tot. Friede seiner Asche — sofern sie sich nicht mit Versuchen, Phönixln zu gebären, aufdringlich bemerkbar macht.

„Der zerbrochene Krug" im Deutschen Volkstheater. Und nachher gelehrte Exegesen in den Blättern über Kleist, Kleist und Goethe, Kleist und Hebbel, Kleist und mancherlei. Ich will ein Geheimnis verraten. Es gibt ein Büchel, von einem Herrn Siegen in Chemnitz verfaßt, in den Siebzigerjahren erschienen. Das heißt: „Der zerbrochene Krug". Darin findet man alles Bemerkenswerte, was über die Genesis, die Zusammenhänge, die Schicksale des „zerbrochenen Krug" mitzuteilen ist. Man kann die leere Hand hineinstecken und wenn man sie wieder herauszieht, baumelt an jedem Finger ein Kleist-Feuilleton. Womit ich nicht sagen will, daß in den jüngsten Kleist-Tagen irgendein kritischer Mann den Herrn aus Chemnitz bestohlen hätte. Eine außerordentlich wissensschwere Kleist-Studie z. B., im ersten Journal der Haupt- und Residenzstadt erschienen, befaßt sich mit der Durchleuchtung der Zusammenhänge und Gegensätze, die zwischen Heinrich v. Kleist und dem Liberalismus bestanden. Das ist ganz gewiß keinem vorhandenen Werk entnommen. Das ist eine durchaus originäre Idee. Eine Idee, wie sie nur in diesem kritischen Kopf entstehen und nur in diesem Journal breit placiert werden konnte. Wäre Kleist, wenn er heute lebte und im niederösterreichischen Landtag säße, ein Anhänger Bielohlaweks? Daß es so wäre, dafür sind aus des Dichters Leben — ein Blick in die erwähnte wissensschwere Studie lehrt es — allerlei ernste Argumente zu gewinnen. Was hat man jetzt von dem ganzen Kleist? Ein rücksichtsloser Feuilletonist analysiert des Dichters Asche, findet darin den Reaktionsbazillus und setzt ganz Wien in Kümmernis durch die Enthüllung, daß Heinrich v. Kleist kein Liberaler gewesen.

Der Goethe muß das gleich gespürt haben!!

*

Bei dieser Gelegenheit ein Wort über gelehrte Theaterkritik. Ich habe bei deren Lektüre immer die Empfindung: die Niederkunft des Zettelkastens. Und eigentlich ist es eine Anmaßung. Müssen wir uns vom Kritiker mit seiner vollen Wissens-Sparbüchse in die Ohren klimpern lassen? Wenn jemand aus einer Fülle von Kenntnissen heraus ästhetisch urteilt, wenn ein großes Maß von Bildung seinen Blick für Zusammenhänge geschärft, seine kritische Wertwaage empfindlicher gemacht hat, so ist das freilich sehr nett. Es ist was Schönes um das Wissen als Humus bildende Substanz, aus welcher dem Urteil gesunde Säfte zuströmen. Wenn sich aber die Bildung des Kritikers anders geltend macht, selbständig auftritt, Solo-Arien singt, von Belesenheiten funkelt, wie die Hand des Protzigen von Juwelen, dann wirkt sie nur aufdringlich, lästig, fast ordinär. Und mit welchem Recht mutet man dem Leser zu, all das geistig vorrätig zu haben, was dem Kritiker, dank seiner ad hoc-Lektüre, zuhanden war, als er schrieb? Welche Anmaßung, zu verlangen, daß der Leser alle die Wissensbeziehungen habe, die der Kritiker, weil er sie gerade brauchte, flüchtig angeknüpft hat.

Darin besteht die höchste Kultur des Kritikers: immer wieder allen Erfahrungsfirnis, alle Wissensschicht, alles Vor-Urteil von sich abstreifen zu können, wenn man an eine künstlerische Sache herantritt; sich immer wieder als weißes Blatt zu präsentieren, auf dessen hyperempfindliche Oberfläche das Kunstwerk seines Wesens weichste und zarteste Linien ziehen kann. Auf einem mit Wissens-Runen zerfurchten Brett muß diese Zeichnung verzerrt und verkrüppelt ausfallen.

„Der Unverschämte", ein einaktiges, und: „Die glückliche
Zeit", ein dreiaktiges Lustspiel von Raoul Auernheimer. —
Auernheimer ist der geistige Beau des wohlhabenden Wiener
Bürgertums an beiden Ufern des Donaukanals. Er ist ein
ziemlich vollkommener Ausdruck der Witzigkeit, des Char-
mes, der liebenswürdigen Bosheit, die in dieser Gesellschaftsschichte zu Hause. Kein Jour-Problem entgeht seiner spöt-
tischen Aufmerksamkeit, und was immer das Gemüt eines
witzigen Kränzchen-Plauderers bewegen kann, drängt in
ihm nach literarischer Gestaltung. Er hat eine kleine, zärtliche Überlegenheit über diese Welt der „guten Familie",
in der die Töchter musikalisch und lüstern, die Söhne lebe-
männisch und Reserveoffiziere sind, und die Eltern nur
widerwillig in die Taufe der Kinder willigen. Diesmal reizte
es ihn, einmal ein satirisches Wörtchen über die Belästigun-
gen zu sprechen, die einem verlobten Paare von Tanten und
Onkeln zuteil werden („Die glückliche Zeit"). Auch der
divergierende Geschmack in bezug auf Wohnungen, wie er
zwischen Bräutigam, Braut und Schwiegermutter zuweilen
herrscht, entging nicht seinem scharf auslugenden Witz.
Eine alte, ewig beleidigte, zuwidere, aber immerhin zu be-
erbende Tante, ein vorlautes Hündchen, ein Onkel, der
schlechte Witze macht, aber selbst darüber stets sehr amüsiert
ist, und andere Verwandte verschiedenster Lästigkeitsgrade
tragen das Ihrige bei, die Qualen eines Bräutigams lustspiel-
mäßig zu erhöhen. Die Ehe, die Liebe sowie die Frauen
werden — zu diesem Zweck lebt ein munterer und geist-
reicher Schriftsteller im Stück — mit mancherlei Gegenständen
verglichen. Über das Leben im allgemeinen wird nichts Wesentliches ausgesagt und das Problem des Klavierspielens in Bürger-
häusern nur leise gestreift. Ein Dichter kann schließlich nicht
alles, was ihm am Herzen liegt, in einer Komödie sagen.

Das Burgtheater hat sich mit der Darstellung der Auern-
heimerschen Lustspiele nicht angestrengt. Es herrschte
eine flaue Stimmung auf der Bühne, manche Pointe fiel
matt unter den Tisch, manche Gelegenheit, Lächeln zu er-
regen, wurde achtlos versäumt, dagegen jede, Langeweile
zu verbreiten, voll ausgenützt. Vortrefflich war Frau Schmittlein. Das Publikum — seit längerer Zeit gewohnt, jeden
Sonntag sein Auernheimer-Feuilleton im Topf zu haben —
ging schmunzelnd auf die graziös-satirischen Absichten des
Dichters ein und kargte nicht mit Zeichen der Sympathie.

VORLESER

NIETZSCHE-FEIER (1904)

Eine Nietzsche-Feier wurde kürzlich vom Ansorge-Verein zelebriert. Vom „rührigen Ansorge-Verein", wie er genannt zu werden pflegt, nach dem Muster: Die quecksilberne Frau Biedermann, der unverwüstliche Blasel. Oh, wie rührig!! Die kompliziertesten Denker wickeln sich bebend noch tiefer in ihre Kompliziertheit, die verstiegensten Dichter steigen rasch noch ein paar Meter höher, wenn Herr Wymetal den Frack anzieht und es Ansorge-Abend werden will. Aber es hilft ihnen gar nichts. Er holt sie heraus und herunter, erbarmungslos. Ich kannte eine so und so aussehende Dame, welche für Rubinstein schwärmte. „Nur das eine, einzige wäre meine Sehnsucht gewesen" — sagte sie und stellte ihre Augen auf Ekstase ein — „zu seinen Füßen zu sitzen und stundenlang in sein Antlitz zu starren." Jedermann erblaßte vor diesem Bilde, und auf aller Lippen saß die Frage: „Wie, wenn ihm dabei übel wird?" Aber man beruhigte sich bald: Rubinstein hätte sich schon zu helfen gewußt. Er würde sie einfach hinausgeworfen haben. Nun, das geht vielleicht bei so und so aussehenden Damen und lebendigen Künstlern. Wie aber, wenn aufgeregte Jünglinge über einen toten Künstler kommen? Wie sollte sich Nietzsche wehren? Stefan George, der noch am Leben, hat sich gegen den Ansorge-Verein gewehrt: einen Schmarrn hat es ihm genützt! Man sollte geistige Welten absperren können wie einen vornehmen Park. Oder mindestens die Zutritts-Erlaubnis an gewisse Bedingungen knüpfen: Das laute Sprechen ist verboten! Die Begeisterung ist an der Leine zu führen!
Vorderhand darf noch jeder seine Enthusiasmen frei herumlaufen lassen und schreien, wo er respektvoll zu schweigen hätte. Ich will euch die Waldesmysterien erklären — sagte die Heuschrecke, hüpfte animiert hin und her und machte einen nervös. Ich will euch durch die Nietzsche-Gemächer

führen — sagte der Ansorge-Verein und wirtschaftete dortselbst wie eine Katze im Salon, die auf alle Möbel springt, einiges Porzellan kaputt macht, an metallenen und gläsernen Sachen herumkratzt, daß dem Zuhörer das Rückenmark ganz eisig wird, und sich überhaupt ebenso vertraulich wie ungeschickt benimmt. Man hat nur den einen Wunsch: die Katze einzufangen und dem Hausmeister zu übergeben mit dem strengsten Auftrag, sie nie, nie wieder ins Zimmer zu lassen.

Es gab also eine Nietzsche-Feier im Bösendorfer-Saal, veranstaltet vom Ansorge-Verein. Die Frage nach der Legitimation des Vereines, sich so patzig in derartige Angelegenheiten zu mengen, bleibt unbeantwortet. Wobei natürlich keine äußerliche Legitimation gemeint ist, wie sie etwa Frau Elisabeth Förster-Nietzsche gewähren könnte, sondern eine innere: ein besonders tiefes Verstehen, eine besonders zarte seelische Verwandtschaft, ein besonders helles Auge für alle Schönheit, ein besonders subtiles Ohr für alle Heimlichkeiten in des Dichters Gedanken und Worten. Kurz: Man möchte den Reichtum ahnen, der den Herrschaften gestattet, mit so splendiden Gesten zu schenken. Ich habe schon mehr als einen Straßenbahn-Kondukteur gesehen, wie er den Kreuzer Trinkgeld, den ihm ein Proletarier in die Hand drükken will, zurückweist. Er spürt: der andere hat's notwendiger. Aus dem gleichen Grunde verzichten wir dankend auf alle Belehrungen, Hinweise, Aufmunterungen und geistigen Führerschaften, die Herr Wymetal und die Seinen zu spenden so gütig sind.

Stefan George oder Nietzsche vorlesen, rezitieren — das ist an sich ein ästhetisches Verbrechen. Von dem stillen Kämmerlein, in dem genossen werden muß, soll da gar nicht die Rede sein. Die eigentlichen Gründe, warum Dichter solcher Art zum Vorgelesen-Werden nicht taugen, sind ganz nüchterner und simpler Natur: Weil man bei ihnen nichts überhören darf! Weil man nur solche Prosa und solche Verse rezitieren soll, bei denen man's riskieren kann, daß einiges am Ohr des Hörers vorbeifließt. Das geht weder bei George, noch bei Nietzsche. Beide brauchen die Hilfen, welche nur dem Leser, nicht dem Hörer zur Verfügung stehen: Das zwei- und dreimal Betrachten derselben formalen Schönheit, bis man zum rechten Gefühl von ihr kommt, das zwei- und dreimal Tauchen in dieselbe gedankliche Tiefe, bis man eine Ahnung von ihren Geheimnissen spürt. Mit einem Wort: Man braucht Zeit zwischen den Zeilen. Der Rezitator gönnt sie uns nicht: Dann wird es ein sinnloses, ärgerliches Dahinstolpern und Rutschen über Wortgerölle. Oder der Vorleser gönnt sie uns: Dann wird es ein quälendes, unerträgliches Psalmodieren. Der Dichter hat die Wahl, ob er sich lieber zu Brei haschieren oder zu Strudelteig auswalken lassen will.

Bei der Nietzsche-Feier des Ansorge-Vereines besorgte Herr Dr. Horneffer das Auswalken. Er ist in der Nietzsche-Gemeinde sozusagen der Magistratsbeamte. Wenn er vorliest, glaubt man immer, Auszüge aus feierlichen Matrikeln zu vernehmen, Exzerpte aus dem Akt: Nietzsche. Das Haschee lieferten zierlichere Finger. Das war wirklich eine Überraschung, als Fräulein Iduna Orloff auf dem Podium erschien. Eine junge Dame, nein: bloß das Epigramm einer jungen Dame, ein ganz zartes Aperçu von Weiblichkeit, ein feminines Ausrufungszeichen, mit rosa Tinte auf nilgrüner Seide zierlich hingemalt. Oder war die Toilette mehr grasgrün? Meine durch Besuche der Ansorge-Abende verfeinerten Nerven empfinden, daß sie vom Grün jenes Grases war, welches an Nilufern wächst. Dazu denke man sich eine schwere Krone kastanienbraunen Haares über einer sanften Kinderstirne, blitzende Augen und einen Mund, für den Nietzsche ein viel zu großes Bonbon ist. Dieses liebenswürdige und wirklich entzückend kolorierte Mädchen las vor. Netter hat man noch nie Nietzsche piepsen gehört. Bei den Tieren Zarathustras fehlte bisher der Kanarienvogel.

Der Ansorge-Verein hatte eine Mission zu erfüllen, solange der Name Wymetal noch dunkler Geheimnisse voll war. Man las ihn überall und frug aufgeregt: Was ist das? Schon wieder ein neues Mundwasser? Eine Konkurrenz für Kunerol? Aber heute weiß man ja schon, daß Wymetal kein Zahnpulver und kein Pflanzenfett, sondern ein junger Mann ist, der nur die allerteuersten, feinsten literarischen und musikalischen Sachen trägt. Da diese Erkenntnis nun einmal Gemeingut der Nation geworden, könnte sich der Ansorge-Verein jetzt ruhig bescheideneren Kulturaufgaben zuwenden.

VORLESUNG KAINZ-MEDELSKY (1910)

Ein „altösterreichischer Dichterabend" zugunsten des Jo-
hann-Strauß-Denkmal-Fonds. Auf das Podium des grossen Musikvereinssaals war ein reiches Zimmer im Stil der
Biedermeierzeit hingetäuscht. An den Wänden hingen —
wie man nachher in den Blättern lesen konnte — echte
Bilder von Waldmüller und Danhauser, was besonders
den Zuschauern etwa von der 15. Parkettreihe aufwärts,
dem Publikum der ersten, zweiten und Orgelgalerie einen
riesigen Genuß bereitet haben mag. Eine biedermeierische
Standuhr tik-takte vernehmlich, und die dünnen, wie ver-
welkten Töne ihres Schlagwerks zirpten stilecht in die alt-
väterische Stimmung hinein. Außerdem entnahm Herr
Kainz die Bücher, aus denen er vorlas (ich hoffe, es waren
altösterreichische Originalausgaben in stilgerechtem Ein-
band), einem schönen, braunen, zeitgemäß adjustierten
Schrank, was dem Eindruck traulicher Familiarität sehr
zustatten kam. Kainz selbst erschien im Kostüm des Vor-
märz, und als er sich die gutmütige Hornbrille mit den grossen, kreisrunden, schwarzgefaßten Gläsern aufs Nasenspitzl
gesetzt hatte, sah er recht jeanpaulisch-intim aus. Der Frau
Medelsky stand die Altwienerei ganz besonders lieblich.
Die Ringellocken, von Bändchen rosa durchflochten, um-
rahmten so hübsch ihr feines Gesicht mit den großen träu-
merischen, auch in der hellsten Heiterkeit ein wenig schwermütigen Augen. Und soweit also, was Rahmen und Aus-
staffierung und Kostüme anging, wäre das Altösterreichische
sehr hübsch gewesen.
Minder, was die Literatur des Abends betraf. Hätten die
Künstler nicht aus purer Nächstenliebe den Wünschen des
Komitees sich gefügt, und hätten die Veranstalter mit ihrem
„altösterreichischen Dichterabend" nicht ideale Zwecke
verfolgt, so würde ich es jetzt ohne Umschweife sagen: daß

die Vorlesung eines ganzen Aufzugs von Raimunds hinreis-
send langweiliger „Unheilbringender Krone" eine erhebliche
Schmockerei gewesen; und daß es, um über den Humor
von Castellischen Dialektgedichten und Abraham a Sancta
Clara-Predigten erfreut zu sein, einer künstlichen Naivität
bedarf, einer gewaltsam falschen Einstellung aller Reiz-
Mechanik des Gehirns, die, weil schmerzhaft, nicht jeder-
manns Sache ist. So hingegen begnüge ich mich mit der
Konstatierung, daß vieles von dem gestern Rezitierten, läse
man's allein, gleichsam zurückgezogen aus dem vollen lärmenden Heute in die lautlose Einsamkeit eines Gestern,
noch mancherlei heimliches Vergnügen bereiten könnte;
daß aber der Versuch, diese Dichtungen vor großem Publikum zu neuem Leben zu elektrisieren, nur den strikten
Nachweis liefern mußte, wie tot sie sind. Bei Festbeleuchtung
und vor tausenden Menschen lassen sich Geister nicht heraufbeschwören; auch die freundlichsten der Zunft nicht. Ich
bin für's Rezitieren neuer Dichtungen und neuer Dichter
(die's brauchen können) und gegen jedes Vorlese-Antiqua-
riat.

Manches las Herr Kainz wunderschön. Das fabelhaft stim-
men- und klängereiche Glockenspiel seines Organs schwang
frei und leicht von schwarzer Tiefe bis zur hellsten Höhe
und übte wie immer die angenehmsten Nerven-Betörungen.
Gleich Nummer eins, Wiener Elegien von Saar, geriet herrlich in dem melancholisch-dunklen, breiten, sanft bewegten
Flug, den die schönen musikalischen Verse von Kainz'
Lippen nahmen. Dann besonders gut „Die nächtliche Heer-
schau" von Zedlitz, der Kainz eine erzene Bravour gab,
einen schmetternden, heroischen Marsch-Rhythmus, der
alle Herzen in seinen Takt zwang. Das wenig wertvolle
larmoyante Gedicht von Anastasius Grün „Der alte Komö-
diant" las Kainz sehr fein, die Sentimentalität der Verse
fast zur Wehmut härtend und adelnd. Frau Medelskys sanf-

tere Kunst hatte es schwer, sich neben dieser griff-festen, packenden und schüttelnden Rhetorik zu behaupten. Sie las in ihrer innigen, weichen, hingebenden Art Gedichte von Grillparzer und Sauter, dann bestrickend anmutig die Bauernfeldschen Verse: „Das Leben ein Tanz" und mit der herzigsten Plastik kleine gereimte Späßchen von Castelli und Seidl. Ich weiß nur nicht, warum Frau Medelsky das Tempo, auch bei den letzten scherzhaften Nichtigkeiten, so überaus feierlich nahm. Man versank in Pausen.

Den Beschluß des Abends machte „Judith und Holofernes", die Hebbel-Parodie von Nestroy. Kainz las sie allein. Mit einer wahrhaft trompetenden Heiterkeit einsetzend, war es seltsam, wie schal der Witz dieser witzigen Sache allmählich in des Vorlesers Munde wurde. Es fehlte wohl die Liebenswürdigkeit, das indefinit reizvolle Gemütlich-Niederträchtige, die wienerische Orginal-Laune sozusagen, die allein diese bösen Späße auf die Dauer erträglich machen können. Immerhin: Kainz jüdeln zu hören, dies peitschte ein Meer von begeisterter Vergnüglichkeit auf, das noch lange nach Schluß der ganzen Unterhaltung, von kleinen hysterischen Wonnerufen überblitzt, um das Podium des Musikvereinssaals tobte.

Der Saal war bummvoll, und das Johann-Strauß-Denkmal ist an diesem altösterreichischen Dichterabend sicher um ein paar Zentimeter gewachsen. Ich möchte aber à part bemerken, daß es ein wenig widernatürlich erscheint, Geld zu sammeln, um toten Musikanten-Genies Steine zu reichen, so lange noch begabte lebendige Musiker das Brot entbehren müssen.

Der Dichter Franz Werfel las kürzlich in Wien aus ungedruckten Werken. Es war einer der interessantesten Theaterabende der Saison. Herr Werfel ist ein leidenschaftlicher, zum Äußersten entschlossener Rezitator, ein großer Sprech-Techniker auch seiner unaussprechlichen Dämmer-Dinge, ein Schauspieler alles Textes zwischen den Zeilen. Seine Stimme, der er immer noch ein Mehr an Pathos abzuzwingen weiß, teilt nicht nur mit, sie stellt auch dar. Die Gesichte, die ein starker metrischer Zauber in Verse gebannt hält, beschwört er mit aller Transpiration und Verzückung eines Magiers. Und von dramatischem Atem geschwellt, steigt die lyrische Form sichtbarlich gen Himmel. Ich dachte mir (und denke es noch) den vollkommenen Vortrag dieser Gedichte anders. Einfacher. Wirkend durch ihre edle Schwere, die man empfände, auch wenn sie nicht agitatorisch gestemmt würde; intensiver mehr nach innen als nach außen. Aber so wie Herr Werfel las, des Gottes voll und feuersbrünstig, war es auch schön. Und vor allem unwiderstehlich. Eben dadurch jedoch, daß er seine Verse so unbescheiden-unwiderstehlich, so unentrinnbar vortrug, schadete ihnen Herr Werfel, rückte gleichsam die Interpretation vor das Werk. (Die Dichtung erschien wohl bis zum Grunde aufgerührt, aber auch getrübt durch schauspielerisches Pathos.)

Franz Werfel sieht nicht aus wie: „Lyrik". Mehr wie: „Oper". In dem fleischigen, glatten Gesicht mit dem kurzen gespaltenen Musikantenkinn und dem großen, weichen Mund, dessen Unterlippe in der Ekstase mächtig nach außen rollt, sitzt es wie ein physiognomisches Symbol für leidenschaftlichen Gesang. Und der Rhythmus einer dramatischen Musik schwingt auch in Werfels Versen. Es sind herrliche Gedichte, vom Geist als solche empfangen und geboren, nicht nobilitierte Prosa. Verse aus reinstem, durchsichtigem Material der

Sprache, klar, hoch, und wuchtig modelliert wie eine schöne männliche Stirn. Alltägliche, all-gemeine Worte leuchten hier in einem erstmaligen Glanz, ihr Sinn ist noch ein Teil Musik, ihr Klang noch ein Stück Sinn. Und geheimnisvoll zweieinig, wie Form und Inhalt eines wahrhaftigen Kunstwerks, ruhen Gefühl und Gedanke ineinander. Es sind Verse voll starker Visionen, aus dem Dunkelsten und Dumpfsten der Psyche aufsteigend ins Zwielicht der Ahnung, oft auch in die vollkommene Helle des Bewußtseins. Dieser Poet träumt nicht, sondern sieht. Das Heute, die Stunde, der Augenblick sind seinem Gefühl die schmalen Einlaßpforten zum Unendlichen, und aus einem kleinsten zeitlichen Anlaß springt ihm der Funke einer ewigen Flamme ins Herz. Es hat in diesem Herzen noch andres Platz als Erotisches: ein immer wieder fanatisch bekanntes Gefühl der Verantwortung, die der Lebende, weil er lebt, für jedes Leben vor ihm, um ihn, nach ihm trägt; ein bedrückendes und befreiendes Empfinden des Zusammenhangs mit aller Kreatur; und tiefes Mitleid mit ihr. (Der Dichter liebt es sehr, dieses Mitleid beispielmäßig aufzublättern; gleichsam, mit einem Blitz aus seherischem Auge, einen breiten Querschnitt durch die Misere des Daseins zu spalten.)

Das Erfreulichste aber an Franz Werfels Poesie ist der schöne Mangel des landläufigen, unappetitlichen und zudringlichen lyrischen Subjektivismus. Die meisten Gedichtbände heißen: Ich bin (oder eigentlich: Nun, wie bin ich?), ein repräsentativer Band Werfels: „Wir sind!" Er ist empfindliches Instrument, nicht empfindsamer Spieler; nicht Harfenist, sondern Harfe im Sturm und Hauch der Erscheinungen. Er gibt eine Ahnung vom Grauen, von der Schönheit, vom Kreis-Unendlichen des Geschehens, nicht ein armes Ich-Segmentchen aus ihm (mit persönlichen Naturräuschen, Liebesglück und -Pech und schwermütigen Finessen). Aber wie erzwingt grade dieses Unpersönliche den Eindruck der Persönlichkeit! Sein

Ich plustert sich nicht verzückt auf und melancholisch ab. Seine Verse schöpfen, ein durchsichtiges Gefäß, Dunkel-Glänzendes aus dem trübsten Strom der Alltäglichkeit. Ob sie gut schöpfen, und ob das Gefäß ein vollkommenes Kunstwerk, mögen Professionals der Poesie entscheiden. Mich dünkt Franz Werfels Dichtung jedenfalls sehr wesentlich verschieden von der üblichen Lyrik, deren Räusche und Schwermüte man empfindet als den frechen Eingriff eines Privatlebens in die Öffentlichkeit.

SCHAUSPIELER

SONNENTHAL (1904)

In moralischen Erzählungen spielt die Arbeit eine große
Rolle. Sie tröstet, erhebt, schafft unerhört keusche und
innige Freuden, wirkt wie eine Balancierstange: das Gleichgewicht erhaltend und vor Stürzen in allerlei Abgründe
bewahrend. Oft genug sprechen auch Briefe bedeutender
Männer Sätze, wie diese: „In solcher Verzweiflung fand
ich einzigen Trost in der Arbeit..." „Die Arbeit war es,
welche mich da vor dem Selbstmord rettete..." „Ich stürzte
mich wie toll in die Arbeit, ließ sie über meinem Schmerz
zusammenschlagen, ihn ersäufen." Nun, freilich, die so
sprechen, das sind immer Männer der Wissenschaft, der
Kunst oder solcher Metiers, bei deren Betreibung man mit
inneren Wonnen gefüttert wird. Wie ist es denn, wenn ein
Commis von seiner Frau betrogen oder die Seelenruhe eines
Assecuranzbeamten irgendwie schmerzhaft getrübt wird?
Wie steht es dann mit der Flucht in die Arbeit, welche
tröstet, erhebt, unerhört keusche und innige Freuden schafft?
Ich glaube nicht, daß der Commis, wenn er auch noch so
fanatisch sich dem Packelmachen ergibt, oder der Assecu-
ranzbeamte, wenn er mit noch so leidenschaftlicher Inbrunst
in ein Meer von Zinseszins-Kalkulationen sich stürzt, dadurch ihres Herzens Frieden gewinnen werden. Die Arbeit
ist nur dann ein moralischer Sicherheitsgürtel, wenn sie
gleichzeitig ein Vergnügen ist; und „seine Pflicht erfüllen"
ist nur dann ein wirklicher seelischer Geradhalter, wenn
die Pflicht parallel mit der Neigung läuft. Künstler und Gelehrte und soldatische Helden, welche in die Arbeit, in den
Beruf ganz untertauchten und sich so − o edles Heilwunder
erfüllter Pflichten! − etwa über den Tod ihrer Geliebten
hinweghalfen, imponieren mir gar nicht; sie trösteten sich
einfach über den Verlust der einen Geliebten − bei der
andern: der Kunst, der Wissenschaft, dem Beruf.

Und wahrlich, das allein heißt ein glückliches Dasein führen: wenn man den Zwang seines Lebens liebt, sein Muß will. Das hält frisch, hütet vor Zersetzung und Sauerwerden und dehnt die Jugend bis ans Grab. Man sehe doch diese Ältesten und Alten unseres Burgtheaters, Hartmann etwa, oder ihn, dessen siebzigsten Geburtstag jetzt alle so herzlich feiern: Sonnenthal! Warum erlebt man gerade an Schauspielern so häufig dieses Wunder eines physischen und seelischen Sieges über alle Tücken des Alters? Weil keine andere Menschenkaste in die Arbeit, in die Pflicht ihres Lebens so inbrünstig, so unbeschreiblich treu· und närrisch verliebt ist, wie es Schauspieler sind. Alle Enttäuschungen, alle Not des Metiers, durch welche ihr Kapital an Lebensfreude und Lebensenergie verringert wird, überwinden sie, weil sie dies Kapital aus dem unermeßlichen Fonds ihrer Liebe zum Metier stets neu ergänzen können. Wie eine Mutter in der zähen Leidenschaft für ihr Kind unverwundet tausend Sorgen, Kümmernisse und tränenreiche Nächte überdauert, die, hätten sie einem ungeliebten Wesen gelten müssen, sie längst körperlich und psychisch zerbrochen hätten. Wie schaut denn der Kaufmann, der Journalist, der Lehrer aus, wenn er ins achte Jahrzehnt seines Daseins hinüberwankt? Er wankt eben. Verbraucht, müde, fertig. Die meisten Lichter seines Lebens sind ausgeblasen von Schicksalswinden. Dieses Schicksal braucht nur noch einmal schwach zu niesen, und auch die letzten Flämmchen weichen dem absoluten Dunkel. Und nun so ein Siebziger, dem das Leben zwischen Theaterkulissen verrann. Er wankt nicht ins achte Jahrzehnt, er schreitet hinüber, mit Schritten, die federn und mindestens dreiviertel Meter lang sind. Welcher Glanz in den Augen, die von tausend Fältchen eingesäumt sind, welche Sprungfreude in den siebzigjährigen Gelenken, welches hörbare „Mein schönes Fräulein, darf ich's wagen?" in den großartigen Komplimentier-Kurven der elegant geknickten und gespreizten Finger!

Und das weiße Haupt wird mit so brillanter Keckheit geschüttelt, als wirbelte es dort noch blond von jugendlichen Locken.

Niemandem gönnt man diese Gnade eines frischen und sonnenreichen Alters, dieses Wunder der siebzigjährigen Jugend so gerne, wie dem Burgtheater-Künstler, der in den letzten Tagen fröhlich jubiliert hat. Die Wiener sind nicht nur begeistert für Sonnenthal, sie haben ihn lieb, aufrichtigst menschlich, persönlich lieb. Keiner wie er hat so tief an alle Weichheit ihres Wesens gerührt, und mit aller Weichheit ihres Wesens danken sie ihm nun für diese Rührung. So leicht ihm selbst die Träne quillt, so leicht hat er sie stets bei den andern quellen gemacht. Es gibt Verstandesspieler (wie etwa Herr Heine), Nervenspieler (Fräulein Eysoldt als vollkommenes Beispiel), dann Schauspieler, deren Kunst aus mystischen Untergründen aller Menschlichkeiten fließt (Mitterwurzer, der einzige). Aber Sonnenthal ist der vollkommenste Herzensspieler. Bei ihm hat die Phrase: „mit ganzem Herzen bei der Sache" ihren ehrlichen Sinn. Diese große zärtliche Hingabe, die man bei ihm verspürt, schlägt gleich alle Zuhörer, besonders die gütigeren Menschen unter ihnen, in Bann. Man fühlt sich da stets nicht nur eines künstlerischen, sondern auch eines wahrhaftig menschlichen Ereignisses Zuschauer. In der fast mütterlichen Wärme seines Gefühles schmilzt die Bühnenlüge, die trennt, dahin, und man ist einem natürlichen Empfinden unmittelbar gegenüber, das als solches befreiend, in Melancholie tauchend oder zu Tränen drängend wirken kann. Keiner spielt Treue, Mitleid, Wärme, Resignation, kurz: alle Adeligkeiten des Herzens besser als Sonnenthal. Nie ist er größer als in Rollen, in denen es Schmerzen gibt. Solcher Rollen Seelen erlöst er, indem er ihre Schmerzen ganz auf sich nimmt, sie nicht spielt, sondern leidet. Seine schönste Technik — ist seine Natur, seine beste Kunst — seine Güte.

Welch süßes Schicksal, wenn einer seinen Idealen auf der gleichen Straße näher kommt, die das Leben der Pflicht und Arbeit ihn zu wandeln zwingt. Wie leicht, wie beschwingt marschiert er da, wie froh schüttelt er Staub und Regen vom Mantel, wie rasch heilen die Wunden, welche des Weges Steine in seine Füße geschnitten! Eine Erscheinung wie die Sonnenthals zeigt, wie jugendkonservierend es ist, wenn die Sehnsucht, die einer im Herzen nährt, sich in lebendige Tat, in Wirken umsetzen darf. Bei den meisten Menschen zieht sie sich, aus Mangel an eigenen Kräften oder vom Schicksal immer wieder nach innen gedrängt, in geheime Winkel der Seele zurück, schrumpft ein, wird klein und hart, drückt auf die Leber und die Galle. Wenn's gut geht, landen solche Leute mit hohen Jahren in Abgeklärtheit, Resignation oder ähnlichen geistigen Versorgungshäusern und Greisenasylen. Anders ein Glücklicher wie Sonnenthal, der immer tun durfte, was er liebte, und immer liebte, was er tat. Das allein, diese Harmonie des äußeren und inneren Lebens, schenkte ihm die Rüstigkeit und den Elan seines Alters. Wie viel muß dem gelungen und erfüllt worden sein, der mit siebzig Jahren noch plant und hofft! Auf welch' schöne Vergangenheit mag der Mann zurückblicken, der als Siebzigjähriger Träume in die Zukunft schickt! Und wie köstlich muß ihm stets die Arbeit seines Lebens erschienen sein, wenn er heute noch nichts unfaßbarer findet als: Ruhe.

FRAU DUSE (1907)

„Sich produzieren" — das ist Komödianten-Beruf. Was gehen uns alle Theorien, alle klugen und feierlichen Phrasen von der Kunst des Reproduzierens an? „Der Schauspieler macht die Figur lebendig." Möglich. Für uns, die Zuschauer, kommt es nur darauf an, ob und wie die Figur den Schauspieler lebendig machte. Unsre kritische Phraseologie dreht die wahren Zusammenhänge um, tut so, als ob das Drama die Materie und die Schauspieler deren Former und Beleber wären. Das gerade Gegenteil ist richtig. Gleichsam: die Rolle spielt den Darsteller. Beweis: eine schlechte Rolle und ein guter Schauspieler geben noch immer einen edlen Klang; eine gute Rolle und ein schlechter Schauspieler immer einen Mißton. Was wir, die Zuhörer, empfangen, ist nicht Klang, Farbe, Reiz eines Dichters, vermittelt durch den Schauspieler — sondern Klang, Farbe, Reiz eines Schauspielers, in Bewegung gesetzt, tönen, leuchten, schwingen gemacht durch einen Dichter. Auch ein Patzer, der ans Organ des Herrn Kainz schlägt, riefe Glockentöne wach. Und wenn der leibhaftige Goethe den Herrn Gregori aufzieht, klingt es dennoch heiser.
Aber Frau Duse ist wie eine Windharfe. Es ist gleichgültig, ob ein Lüftchen darüber zärtelt oder ein Sturm darüber tobt — wenn sie nur überhaupt zum Tönen gebracht wird, tönt sie schön. Kann gar nicht anders. Es ist gleichgültig, ob sie einen Dichter oder einen Stückeschreiber spielt: ihr bewegtes Ich vermittelt Entzückungen, die unabhängig vom Beweger sind. Der Stolz und die Anmut ihres Leibes, der Schimmer ihres Antlitzes, die Harmonie ihres Organs, ihres Schreitens, ihrer Hände — das ist der Quell unserer Duse-Freude, nicht die „darstellerischen Qualitäten". Es ist gleichgültig, welche Rolle ihr den Anlaß gibt, zu funktionieren und so alle Schönheit ihres Seins auszufalten. Wozu dann

die Bühne? möchte man fragen. Im Leben ist sie ja auch die, die sie ist? Stimmt gewiß — und ich möchte nur bemerken, daß vielen, nicht den wenigst fein und intensiv Empfindenden, stärker als alle theatralischen Augenblicke der Duse die Augenblicke ihres Sich-Bedankens ins Gedächtnis geprägt sind. (Also gerade Augenblicke, in denen die Duse nur Duse, nicht mehr Adrienne, Marguerite, Rebekka oder Hedda war.) Qualitativ hilft die Bühne der Duse auch sicher gar nichts. Sie liefert nur die Affekt-Hitzegrade, die Treibhauswärme, in der sich alle Blüte dieses schönen, duft- und farbenreichen Organismus: Duse öffnen kann. Sie schenkt die „hohen Momente", die das Leben spärlich gibt, die aber allein imstande sind, einem reichen Menschen sein Köstlichstes zu erpressen. Sie schließt den Strom, in dem eingeschaltet eine leuchtfähige Seele zu ihrer größten Helligkeit aufflammt. Sie gibt der Duse Anlaß, Superlative, kühne Variationen, Feiertagsklänge ihres Ich auszuspielen. Und sie stellt gleichsam einen Kreis unsichtbarer Spiegel um die bewegte Erscheinung Duse.

Ist das nicht vielleicht das Geheimnis jenes „Zaubers der Bühne", der die jungen Leute so heftig zum Metier lockt: Dieses Gefühl vom Kreis der unsichtbaren Spiegel, in dessen Mitte der Mime sich dreht? Dieses Gefühl: „Hier wird mein Ich tausendmal multipliziert"? Wobei nur leider die ganze rechnerische Manipulation dem „Ich" nichts nützt, wenn es gleich Null ist.

Die Realität der Duse schlägt alle Irrealität der Szene. Ihr wahrhaftiges Sein wirkt kräftiger als alle dichterische Fiktion, und der Gang unsres Blicks über ihre Erscheinung lohnt mehr als aller Flug, zu dem der dramatische Dichter unsre Phantasie lädt.

Darum: je allgemeiner, belangloser, gleichgültiger das Duse-Drama ist, um so besser! Es rückt doch ohnehin in den Hintergrund, ist Hintergrund für das Phänomen Duse. Und je flacher es ist, um so leichter, um so glatter wird es sich zum Hintergrund spannen lassen; je drastischer (theatralischer) seine Farbe, um so besser wird ein zartes, blasses, an Schattierungen reiches Kolorit (wie es der Kunst der Frau Duse zu eigen) sich von ihm abheben. Ich sagte: „Je allgemeiner das Drama ist..." Das heißt: je typischer die Gefühle, die es darstellt, die Leidenschaften, die es in Freiheit setzt, die Ideen, die es zu einer „Handlung" materialisiert — desto freier, ungehemmter, intensiver wird der Duse-Zauber wirken. Denn das Wesen ihrer Kunst ist: die geniale Abstraktion. Weil ihre sublime Art, ihre Schönheit und Grazie allen dargestellten Affekt so verklärt, reinigt, aus dem Irdisch-Persönlichen herausschält, daß sein Prinzipielles frei wird, sein ewiges Gesetz, seine (platonische) „Idee". Die größten künstlerischen Leistungen der Duse sind immer solche Akte der Sublimierung: Befreiung der schwerlosen, reinen, weißen Idee aus den Zufalls-Formen und -Farben, in denen sie gefangen schien. In diesem Sinne hat die Begeisterung recht, wenn sie die Kunst der Frau Duse mit dem Wort „erlösend" schmückt.

Je typischer eine Figur und ihre dramatischen Erregungen sind, desto besser wird Frau Duse sie darstellen. Ein apartes, ganz besonders geführtes Einzelschicksal muß ihr weniger gut gelingen. Weil von ihr die Lobphrase für den Schauspieler: „er verkörperte wunderbar die Figur so und so" nie gilt. Weil sie nie eine Verkörperin ist, sondern stets das gerade Gegenteil: eine Entkörperin. Deshalb kann ich mir auch kaum denken, daß sie als Rebekka West oder Hedda Gabler — ich habe sie in beiden Rollen nicht gesehen — so außerordentlich sein könnte. Bin in tiefster Seele überzeugt, daß sie es nicht war. Und daß nur der Zauber ihrer Erscheinung, ihres Wesens, ihrer Stimme und Gebärde berückt hat. Nicht: die Rebekka West der Duse; sondern: die Duse gelegentlich, mit dem Vorwand, aus Anlaß der Rebekka West. Charak-

teristisch scheint es mir da, daß fast alle kritischen Lobprei-
ser in der Besprechung der Duseschen Hedda den einen
Moment rühmen, da sie Lövbergs Manuskript zerreißt.
Das könnte sie — mit den singenden Gebärden ihres Elans
und der bebenden Intensität ihres Schmerz-Empfindens —
eben ganz gewiß zu gleicher Wirkung als Solo-Szene spielen,
von deren Zusammenhängen, rückwärts und vorne, mit
einem dramatischen Schicksal niemand das Geringste zu
wissen brauchte.

Keine zweite Künstlerin der Bühne hat der europäischen
Theaterkritik eine gleiche Fülle feierlicher, rauschender
Vokabeln abgelockt. Diese Hitzigkeit der rettungslos, ewig
Kalten, diese Begeisterung der rettungslos, ewig Ruhigen,
dieser Schwarm der nie Schwärmenden für Frau Duses
Adel, Schönheit, Würde, Anmut — das ist psychologisch
nicht uninteressant. Es ist mehr als ein snobistisches Mit-
gehen. Es ist ein Bracchial-Triumph der Persönlichkeit
Eleonora Duse. Die Musik ihres Körpers, das Leuchten
ihres Antlitzes sind stark genug, um auch ein stumpfes Ohr
und Auge gleichsam: physisch zu alterieren. Mit anderen
Worten: Die ästhetische Macht der Duse ist so groß, daß
sie auch von denen, die keine besonderen Organe zur Aufnahme und Weiterleitung ästhetischer Eindrücke besitzen,
als Nervenreiz empfunden wird. Es ist eine ähnliche Wirkung wie die der Wagnerschen Musik auf die Unmusikalischen:
ein Griff an die Nerven, ein Schock, ein Materielles, das
eigentlich gar nicht mehr als künstlerische Impression ange-
sprochen werden kann. Weil Wagner den Unmusikalischen
zu einer Art Empfindung der Musik verhilft, darum lieben
sie ihn. (Sollten wir doch im Innersten musikalisch sein?
fragen sie.) Weil die Duse den Unästhetischen zu einer Art
Empfindung des Ästhetischen verhilft, darum schwärmen
sie für sie. (Sollten wir doch im Innersten Künstlernaturen
sein? lautet ihre Frage.) Es ist nicht so sehr die Freude und

Befriedigung über die Duse, was die Leute in Schwung setzt; es ist die Freude und Befriedigung über sich selbst. Ein physisches Mitgerissen-Werden deutet sich der Zuhörer zu einem geistigen Mitgehen-Können um. Und ist selig. Was übrigens, prinzipieller betrachtet, keine schlechte Basis für eine unsentimentale Kunstphilosophie abgäbe.

Mit manchem persönlichen Reiz der Duse verblaßt allmählich auch mancher ihrer darstellerischen Reize ein wenig. In dieser ästhetischen Vollkommenheit, in dieser nie unterbrochenen Harmonie der Erscheinung macht sich bereits ein leiser süßlicher Beigeschmack bemerkbar. Man bekommt Hunger nach einer Dissonanz, Durst nach einem Tropfen Rohheit; man „schmachtet nach Bitternissen". Unzerstört blieb — das Unzerstörbare. Der spirituelle Glanz ihrer Erscheinung, die Leidensgloriole über ihrem Haupt, der sehnende Blick über alle Grenzen hinweg in ihren Augen. Man spürt immer eine zitternde Lichthülle um diese Frau, ein wenig entmaterialisierte Duse um die reale Duse, als wenn die Seele über die Ufer der Körperlichkeit getreten und der Atmosphäre nah um diese einen ganz besondern subtilen Schimmer gegeben hätte. Unzerstörbar blieb der ganze Zauber, der aus der Melodie ihres Redens und aus der stummen Musik ihrer Bewegung strömt. Unzerstörbar blieb das ästhetische Mirakel des Menschen Duse und damit auch das beste Teil von dessen Künstlerschaft. Denn das Äußere der Duse ist das edelste Symbol ihrer Innerlichkeit, der Leib der Duse der schönste Ausdruck ihrer Seele, das Sterbliche an ihr sozusagen ihr Unsterblichstes.

MOISSI (1913)

Alexander Moissi war in Wien Gast der „Volksbühne".
Dieses Theater ist in den Räumen des ehemaligen „Colos-
seums", eines Varietés untergebracht. Ein rechtwinkliger
Zuschauerraum von gewaltigen Dimensionen, mit einer
offenen hochpostierten Logen-Galerie; eine Bühne von ge-
ringer Tiefe und übermäßiger Breite; ein ebensolches En-
semble; zwei betriebsame Direktoren.
Der ganze Kasten ist ein unerschöpflicher Produzent von
Stimmungslosigkeit. Sie rieselt von allen Wänden, sie sickert
aus allen Fugen. Es riecht feucht und dumpf. Man sitzt wie
auf dem Boden eines geleerten Schwimm-Bassins.
Aber man sitzt! Und es ist seit Abenden kein Sesselchen frei
in der „Volksbühne". Die Kartenpreise sind um das Doppelte
erhöht; tut nichts. Der Spätsommer fährt auf lichtgoldenem
Wagen durch die staubigen Straßen und lockt zur Mitfahrt
ins Freie: Moissi ist stärker als er.
Sein Bild hängt im „Foyer" der „Volksbühne". Leutnant
Alexander Moissi, in Uniform. Er hat seinen sanftesten,
ins Fernste tauchenden Blick dem Photographen preisge-
geben. Und ein wehmütiges Lächeln, aus dem schmalen
Bett der Lippen getreten, scheint über das ganze Antlitz
hingeflossen.
„Der hat was erlebt", denken die Leute. „Wenn der erzählen
wollte!"
Manchmal will er ja auch.
Von seinem Romeo, dunkel schimmernd von geheimnisvollen
Fiebern, lieblich blühenden Irrsinn in den Augen, Musik
verströmend in Miene und Gebärde, habe ich schon berichtet.
Ich sah ihn noch als Fedja, den Schuldlos-Schuldigen, den des
höchsten Seelen-Adels vollen, zutiefst Erniedrigten, in Tol-
stois schönem, von einer biblischen Aura überschimmerten
Drama: „Der lebende Leichnam". Da klingen die hohen und

tiefen Töne seiner Skala im reinsten Akkord zusammen. Ecce homo! darf man unter seinen Fedja schreiben.

Zu Beginn der Schänken-Szene, wie Fedja-Moissi und der verbummelte Maler plaudernd vor der Weinflasche sitzen, riefen ein paar gutgelaunte Zuschauer in der Loge über mir „Prost!" Am Schluß der Szene, wie die Sanftmut des Gemarterten in die Frage ausbricht: Was hab' ich denn getan? (Und es klingt wie: O Herr, warum hast du mich verlassen?) — da hörte ich die Fröhlichen in der Loge bitter schluchzen.

Mich stört nur, daß er das alle Abende kann, der Schauspieler Alexander Moissi! Wenn's sein muß, auch tausendmal hintereinander. Aber wie die unsterbliche Seele an den Mechanismus des Leibes gebunden ist, so die heilige Kunst an die schnöde Kunst-Fertigkeit.

Und alle Abende umdrängen die hübschesten Mädchen das häßliche Haustor in der Nußdorferstraße (das „Bühnentürl" der „Volksbühne") und schreien ihren verliebten Jubel dem Sieger, dem Leutnant Alexander Moissi in das Antlitz, dessen schwermütigem Lächeln für solche Fälle eine wohl bemessene Dosis von Schelmerei beigegeben ist.

Sein delirantes Wesen, der singende Tonfall seiner Rede,
das übertrieben Runde seiner Gebärden, das Lichterlohe
in fiebernden Augen, die Mischung von Nervosität, Anmut,
Wildheit und Koketterie in seinem Betragen: all das mußte
anfangs, vor Jahren, verwundern und auch abstoßen. Man
witterte etwas wie hochmütige Hysterie in diesem heftigen
Jüngling und sträubte sich gegen seine launenhafte Art, mit
Wort und Geste umzuspringen. Man merkte schlaue Übergänge zwischen echtem und gemaltem Feuer in seinem
Spiel und zögerte, warm zu werden, bedenkend, es könnte
eben jetzt vielleicht das gemalte an der Reihe sein. Die heiße
Süßigkeit seiner Stimme befremdete, die herben Furchen
um den Mund schienen absichtlich tief gekerbt. Man entzog
sich dem mannigfach gemaschten seidigen Netz seiner Rhetorik, gerade weil es so gierig auf Fang aus schien. Man nahm
Moissis ekstatisches Wesen als Künstelei, und als eben das
seinen jähen Ungestüm, seine starre Ruhe, das spitzige Auf-
flackern und plötzliche Verlöschen der Flamme in ihm.
Man mißtraute dem himmelhohen Jauchzen seines Blutes
und den Posen grübelnder Schwermut, die sein innerer
Mensch stellte. Kurz, man nahm vieles an diesem sinnlich-
übersinnlichen Freier um Theaterglück und Publikumsgunst
als Unart, was echteste Art, als Affektation, was Rasse-
zeichen, als Trug und Schein, was persönlichste Wahrheit.
Keiner spielt intensiver Theater als er, keiner hat diese ver-
zückte Inbrunst der Szenenlüge, keiner ist begehrlicher, ich
möchte sagen: geiler verliebt in die Phantasie der Bühne.
Moissis Begabung ist durchaus dramatisch, ihr Ausdrucksmittel, Körper und Stimme, durchaus lyrisch. Das mengt
sich so bizarr in seiner Art. Das macht seine Leidenschaft
so oft verdächtig süß und geschmeidig, seine Gebärden zu
Gebärden in Versen, seine Sprache zu einem welligen Sing-

sang. Dazu kommt, daß er Südländer ist, mit dem Gesten-
überfluß der Italiener, mit der tiefen inneren Lust an Musik
in Rede, Gang und Haltung. (Es liegt in der Natur des Nord-
länders, die ästhetische von der sittlichen und Gefühlswelt
scharf abzutrennen, eine Leidenschaft zu verdächtigen,
wenn sie sich „schön" ausdrückt, und einer Charakterhaltung
zu mißtrauen, wenn sie „Linie" zeigt.) Dies ist das schau-
spielerisch Besondere an Alexander Moissi, daß Wucht und
Mobilität, also gewissermaßen: Schwere und Leichtigkeit
der Empfindung in seinem Spiel sich einen. Die Gefühle,
die er ausdrückt, wurzeln tief und dunkel; aber ihre Blüte
sitzt locker, prangt von Farben und schaukelt in jedem Luft-
zug. Im Feuer seines schauspielerischen Temperaments
werden seines Wesens lyrische Elemente nicht fortgetilgt,
sondern nur glühend gemacht, überhitzt. Auf den ersten
Blick scheint dann manches, was er gibt, unecht; seine Miene
tenorhaft-schmachtend, die Gebärde überschnörkelt und ge-
kurvt, seine Sprache von allzu rundem Schwung. Es ist aber
ein redlicher Vorgang. Wie sich ein Blatt einrollt auf der
heißen Ofenplatte. Wie jede zarte Materie, wenn in ihrem
Innern zu lebhafte Kräfte walten, nachgibt, sich biegt, auf-
schnellt, fast unnatürlich elastisch wird.

Moissis Körper und Antlitz sind gefügige Instrumente für
Seelenmusik. Seine Haltung ist edel, sein Blick des zehrenden
Feuers wie des milden Leuchtens fähig. Seine Sprache hat
Leidenschaft und Grazie. Es kleben Manieren und Marot-
ten genug an dieses Künstlers Sonderbarkeit, aber es sind
immerhin die seinen, eigenartig und erstmalig da. So seine
Art, durch wildes, heftiges Kopfschütteln die Worte aus
dem Mund herauszuschleudern, daß sie tangential davon-
fliegen; so die Neigung, Silben spitz und grell und durch-
schlagend wie Funken von den Zähnen abspringen zu machen.
Er liebt, in der Rede wie im Betragen, die unvermittelten
Übergänge, den jähen Raubtiersprung aus der lautlosen Ge-

ducktheit, das gellende Fortissimo, das schnurgerade ins hohlste Piano abfällt; er liebt es, als Flamme aufzuzucken und gleich darauf armselig blaß zu flackern oder ganz zu verlöschen. Seine Rede hat eigentümliche Techniken des Anlaufs von fernher; sie kommt in breiten Sprüngen und Sätzen daher, oder schleicht unscheinbar auf dem Boden, um sich plötzlich hart und groß emporzurecken und dem Gegner ins Gesicht zu fauchen. So behandelt Moissi auch die Reflexionen seines Hamlet, läßt sie wurmgleich sich in sich selbst zusammenrollen und mit einem Male empor-fahren, gegen unsichtbare Partner tobend.

Dieser Moissische Hamlet — wie ich ihn in Erinnerung habe, nicht wie er jetzt, beiläufig, halb und salopp, an der „Volks-bühne" sich gibt — hat Stellen auserlesener Schönheit. Es waren nicht die ekstatischen Momente, die großen drama-tischen Augenblicke der Rolle, sondern weit mehr die ganz innerlichen, stillen, zarten, übersensitiven, die ihm gelangen. Gerade in der Schauspielszene war er matt, in der Unter-redung mit der Königin von einer mehr nervösen als seeli-schen Intensität und auf dem Friedhof belanglos. Aber herrlich sprach er den Monolog, langsam, aus dem Innersten des Hirns heraus, ohne Pathos, jedes Wort satt von Inhalt, Gedanke sichtbar aus Gedanke keimend. (Diesmal macht das wundervolle Gedankengewebe einen recht „chiffonier-ten" Eindruck.) Sehr schön auch die Klagen des zerrissenen und ohnmächtigen Herzens, Hamlets Verneinungen des Lebens: Worte wie aus Wolken des Zweifels und der Trau-rigkeit schwer niederschlagend. Warm und edel-freundschaft-lich redet dieser Hamlet zu Horatio, klug und gütig, gehei-mer Sympathien voll, mit den Schauspielern. Der Widerwille gegen Rosenkranz und Güldensterns lauernde Ergebenheit preßt ihm die Kehle, und höchst prinzlich bewährt er sich in der Fechtszene, hingerissen von Freude an der edlen Übung. Das Schönste aber ist die Ophelia-Szene. Hier enthüllt sich die andere Tragik der Hamlet-Figur; nicht die Tragik einer schwachen Seele, der eine Tat — sondern die Tragik einer liebevollen Seele, der eine Tat des Hasses und der Rache aufgebürdet ist. „Geh' in ein Kloster!", das bekommt ganz neuen Klang in Moissis Mund. Es trägt keinen Schatten schmerzlichen Spottes mehr, sondern ist Ausdruck tiefster Zärtlichkeit für ein geliebtes Wesen, dem Qual und Unreines und besudelnde Not der Welt besser fern blieben. Wie schön Moissi diese Stimmung variiert, bald schärfer im Ton, um die aufquellende Empfindsamkeit niederzuhalten, bald schmerzvoll entrückt, als hörte er schon die Flügel eines häßlichen Schicksals um Ophelia rauschen, bald ganz einfach und innig, brüderlich durchaus, bald wieder, des „wunderlichen Wesens" nicht zu vergessen, ein bißchen närrisch übertrieben im Akzent.

Dies scheint mir das wertvoll Neue an seiner Hamlet-Darstellung: daß sie das Motiv der zerstörten Liebesfähigkeit so stark durchtönen läßt. Daß sie die Verwesung der Liebe gibt, ihren Zerfall in Schwermut und Ekel. Diesem Hamlet ward die beste Sehnsucht seines Herzens, sein Verlangen, zu glühen, zu verehren, Sohn, Liebender, Freund zu sein, vergiftet und zerstört. Nun klagt seine zum Krüppel gewordene Seele, birgt sich hinter Zweifel und Verneinung, stöhnend unterm Gebot einer Tat, die nicht nur ihren Kräften zu schwer, sondern durchaus wider ihre eigenste Natur ist, und die ihr doch als das einzig Positive, als einziger Sinn des weiteren Daseins gelten muß. Diese Linie des Hamlet-Charakters aber prägt das Ewig-Menschliche der Figur, scheint mir, weit schärfer aus, als es die populäre Hamlet-Tragik, die Verstrickung des Willens in Reflexion, zu tun imstande ist. Denn solche Verdrängung von Zärtlichkeit, Sehnsucht, Schwärmerei durch Haß, Zweifel, Verachtung, solche Vergiftung aller erotischen Brunnen, solch' unbarmherzige Minderung aller Möglichkeiten zur Liebe und Bejahung, solcher Bruch aller gerade gewachsenen Empfindungen, solche schmerzhafte Loslösung von allem und allen und nachherige krampfige Versuche, mit Fäden, aus dem Hirn gesponnen, wieder eine Art Verknüpfung herzustellen: das kann wohl als das typischeste innere Schicksal gelten, das Sterblichen von weicherer Seelensubstanz beschieden ist.

erleidet jetzt allabendlich, im Deutschen Theater, das traurige Schicksal der Rose Bernd aus Schlesien. Rose Bernd ist nicht nur, weil sie schuldlos in Verstrickungen gerät, die zu lösen ihre Kräfte nicht reichen, eine tragische Figur, sondern auch, weil sie keine Worte hat, sich und ihre Not auszusprechen. Sie schweigt sich in ihr Verderben hinein. Allerdings fehlt ihr der Mensch, zu dem sie sprechen könnte („man sollte doch eine Mutter haben!", sagt sie selbst einmal). Von Streckmanns erpresserischen Attacken dem Leutnant Flamm etwas mitzuteilen, das bringt sie wohl aus Zartgefühl für das Gefühl, das sie mit diesem verbindet, nicht über sich; und beim Pfarrer scheint sie nicht gewesen zu sein.

Höchst eindrucksvoll macht Paula Wessely das nicht Gewollte, sondern Auferlegte solcher Stummheit der Kreatur (der zum Schreien ist) deutlich. Darum wirkt dann auch ihr Abwerfen der Stummheit nicht als Temperamentsausbruch. Es ist vielmehr so, als gerate da, unterm Druck der Verzweiflung, ein Mensch aus seiner ihm eingeborenen seelischen Form, aus der „Fassung", die ihm gegeben wurde, und die ein Teil dessen ist, was wir seine Natur nennen.

Diese junge Schauspielerin Paula Wessely, in deren Stimme und Antlitz Weichheit und Energie ineinanderfließen, hat die Gabe, was sie spielt, ihrem Wesen so zu verschmelzen, daß kein Rest von Nur-Gespieltem übrig bleibt. Auf ihrer Kunst, die das durchaus ist, ruht der Segen der Selbstverständlichkeit. Sie trifft, vermutlich, aus dem Unterbewußten das Richtige, aber wie sie's macht, wie sie etwa ihre Rose Bernd beginnt (und fast zwei Akte durchhält), sparsam in Spiel und Ton, frei nach allen Möglichkeiten der Entwicklung hin: das wäre kaum möglich ohne die Mithilfe eines sehr exakt führenden und ordnenden Verstandes, eines, sozusagen, inneren Regisseurs von unbeirrbarer Weg- und Zielsicherheit.

Dabei ist Fräulein Wessely eine redliche Verstellerin, die sich selbst in den guten Glauben an das, was sie vortäuscht, hineinspielt; und so der Theater-Gestalt eine Wahrheit gibt, die sich auch dort durchsetzt, wo ihr der Dichter nur Wahrscheinlichkeit oder nicht einmal diese gegeben hat.

Was für eine urgesunde, ursprüngliche Begabung Paula Wessely ist und wie rein die Farben ihres Talents sind, das zeigt sich, wenn sie in heller Lustspielsonne steht. Sie hat soviel echten Humor wie echtes Gefühl und gleich kräftige Ausdrucksmittel für jenen wie für dieses. Hoffen wir, daß Berlin den Enthusiasmus, mit dem es sie empfangen hat, nicht allzu früh an ihr rächen wird.

ADELE SANDROCK (1937)

Die heutige Generation kennt Adele Sandrock, aus zahllosen Filmen, nur als komische Alte. Aber diese Frau, die nun in ihrem 74. Lebensjahr hingegangen ist, war in ihren jungen und mittleren Jahren eine Schauspielerin großen Formats, beheimatet im Bezirk der Leidenschaft und des hohen Affekts. Sie spielte die klassischen Heroinnen, wie die seelisch komplizierten Frauen Henrik Ibsens. Spielte sie auf eine ganz besondere Art, zum Erfolg getragen vom Sturm ihres Temperaments auch dort, wo die richtige Beziehung zur Rolle, die besondere Eignung für diese fehlten. Sie wurde berühmt. Dann kam eine Zeit, wo den Stil des pathetischen Theaters neue, als modern gepriesene Gangarten der Schauspielerei ablösten. Da konnte die Sandrock nicht mit, geriet in Vergessenheit, ... und als sie nach Jahren des Schweigens wieder an die Rampe trat und in ihrer alten Manier großes Theater, wie die Komödianten sagen: „hinlegte", mußte sie erfahren, daß das Publikum über ihre ausladende Gebärdensprache, ihr wildrollendes Augenspiel und die Pathetik ihrer zum dreifachen Forte anschwellenden Stimme nicht weinte, sondern sich vor Lachen schüttelte.

Dies nun, wenn man so sagen darf, war das Glück der unmodern gewordenen Adele Sandrock. Das Filmgeschäft, schlau und brutal wie nur irgendeines auf heutiger Erde, witterte in der unfreiwilligen Komik der alternden Tragödin eine gut verwertbare Ware. So erschien sie nun immer wieder auf der Leinwand als knurrende, tyrannische Groß- oder Schwiegermutter, als gefürchtete Commandeuse mit geschwungenem Krückstock, als augenrollender, schimpfender Hausdrache, der nur weich wurde, wenn Erinnerung an Vergangenes ihn überkam. Die Sandrock spielte den komischen Protest der alten Zeit gegen die neue. Man mußte lachen über sie, empfand aber doch auch so etwas wie Mitleid mit der Greisin, die zu neuem Leben und neuer Geltung kam dadurch, daß sie immerzu die Parodie ihrer selbst den Leuten vorspielte.

KINO

BELEHRENDER FILM (1917)

Kennen Sie „Die Schiffbrüchigen" von Brieux? Das ist ein Schauspiel, in dem dramatisch gezeigt wird, von wie bittern Folgen es ist, wenn ein infizierter Mann heiratet. Eine „Gesellschaft zur Bekämpfung der Geschlechtskrankheiten" hat das Stück propagiert. Viele Bühnen haben es unter grossem Publikumszulauf gespielt.

Jetzt haben sich die Film-Erdenker des Vorwurfs bemächtigt. Zwei Kino-Dramen werden gegenwärtig in Wien abgespult, mehreremal des Tages, die beide von dem Schrecken jener bösen Krankheit eine optische Vorstellung geben. Einige Kino-Theater haben „Die Geißel der Menschheit", andre „Es werde Licht" auf dem Spulplan.

Ich sah „Die Geißel der Menschheit". Sie hat bessere Plakate. „Es werde Licht" wirbt mit einer Affiche, auf der eine Schlange sich in Fragezeichenform windet und ein blasser Jünglingskopf mit einem grasgrünen Frauenantlitz sich im Kusse findet. Zur „Geißel der Menschheit" lockt ein Plakat, auf dem zu sehen, wie eine Schar weißhaariger Männer mit eingefallenen Wangen unter schwerer Last dahinkeucht. Die Last ist ein riesiges, blutrotes Kreuz.

Maler Heinrich Rosen und Architekt Herbert Sellenthin waren Freunde — wozu haben Kinohelden Namen? das paßt nicht zu ihrer Schattenexistenz — und wurden als Studenten „das Opfer der Verführung". Herbert Sellenthin sucht den berühmten Professor Grunert auf. Der Professor hat einen gelehrten Bart und scharfsinnige Brillengläser. Herbert begibt sich in seine Behandlung.

Heinz Rosen zögert, ein Gleiches zu tun. Sellenthin ermahnt ihn — Schrift auf der Leinwand —: „Verspreche mir, dich bei einem Professor behandeln zu lassen."

Heinz ist nicht schlagfertig genug, um zu antworten: „Versprich du mir, bei einem Professor Deutsch zu lernen", sondern geht zu einem Kurpfuscher. Warum? Weil er „Klara, die liebliche Tochter des Kommerzienrats Hellwig" heiraten will und sich — ein Nebenbuhler droht — beeilen muß.

Der Kurpfuscher sieht aus wie ein unterernährter, ans Pfänden gewöhnter Gerichtsvollzieher. Dünn, Backenbart, tückische Augen. Er verspricht in drei Monaten Genesung und fordert hundert Kronen. Schmunzelnd streicht er sie ein.

Heinz aber heiratet — nach wiederholten Automobilfahrten, Selbstgesprächen, Garten-Promenaden und dergleichen Kino-Beschäftigungen mehr — die liebliche Klara. Zwei Jahre später schaukelt Frau Rosen ein Kindchen.

Im dritten Akt der „Geißel der Menschheit" bekommt das Kindchen einen Ausschlag. Professor Grunert stellt die untrügliche Diagnose. „Voll Abscheu flüchtet Klara mit ihrem todkranken Kind ins Vaterhaus, wo der arme kleine Engel bald seine Seele aushaucht." Worauf Klara, indes der Kino-Klavierspieler sich in entschiedenes Moll begibt, Gift schluckt. Wir sehen im nächsten Bilde des belehrenden Films Heinz Rosen mit schwarz umflortem Zylinder und Gehrock an zwei Gräbern stehen. Dann ist Pause, das Kino-Lokal wird gelüftet, und meine Nachbarin tut mit dem Lippenstift etwas Karmin auf ihr blasses Mündchen.

Es wird wieder dunkel, und wir befinden uns bei einem Lehárschen Walzer und zwölf Jahre später. Jener Sellenthin erscheint wieder, kerngesund. Er hat einen Dom gebaut, und sein Freund Heinz soll den Dom mit Gemälden schmükken. Aber wir im Kino merken schon, wie's um den Armen steht. Wir sehen ihn in seinem Atelier, matt auf dem Diwan kauernd, im Antlitz den Wunsch: „Mutter, gib mir die Sonne."

Gestatten Sie, daß ich eine neue Person des Dramas „Geißel der Menschheit" vorstelle. Sie heißt Hertha.

Das Programmbuch sagt: „Heinz nähert sich der anmutigen Hertha, die aber dem kraft- und gesundheitstrotzenden

Sellenthin die ersten Gefühle ihres Herzens geweiht hat.“ Einmal kommt der Strotzende grade zur rechten Zeit, um eine Attacke des Geisteskranken auf das Mädchen mit den guten Instinkten abzuwehren.

Nun aber nimmt, nach nochmaliger Lüftung des Kino-Lokals, das Verhängnis, im gleichen Tempo vom Klavierspieler begleitet, seinen raschen Lauf. Die Darstellung des Programmbuchs wird hier so plastisch, daß sie kaum zu übertreffen wäre: „In wütender Eifersucht belauert der Kranke unaufhörlich das geliebte Mädchen. Er findet das liebende Paar in der Kuppel der Kirche. In rasender Wut überfällt er den Freund, ringt mit der übermenschlichen Kraft eines Tobsüchtigen mit ihm, um ihn über die Brüstung des Turmes hinabzuschleudern. Als er aber den goldenen Lorbeerkranz erblickt, den die Arbeiterdeputation dem genialen Schöpfer der Kirche gewidmet hat, bemächtigt sich seiner ein ekstatisches Entzücken, in vollem Ausbruch seines Größenwahns setzt er sich den Kranz, das Symbol des Ruhmes, auf, und in irrsinniger Geistesabwesenheit stürzt er, zum Entsetzen Herberts und Herthas, die seinen Sturz nicht mehr verhindern können, in die Tiefe.“

Erschüttert durch das Schicksal des in irrsinniger Geistesabwesenheit abgestürzten Heinz Rosen verlassen die Zuschauer das Haus.

Ist das nicht ein belehrender Film?

Jawohl, das ist er. Ich sage Ihnen, gehen Sie ins Kino, wenn Sie wissen wollen, was Paralyse ist!

KINO IN PARIS (1924)

Zwanzig Pariser Kinos, zumindest zwanzig, spielen seit
Wochen „Le Vert galant", acht Kapitel, deren jedes zwei
Kinostunden füllt. Der Film erzählt in graziöser, reich ge-
schmückter Bildersprache Liebes- und Kriegsabenteuer
Heinrichs des Vierten, so genannt nach dem Spitzbart Henri
quatre, den er immer trug. Dieser gute König, der die Pariser so liebte, daß er ihnen, während er ihre Stadt belagerte,
Proviant schickte, ist an beiden Ufern der Seine ungemein
populär; etwa wie in Wien, als Lemberg noch in unserem
Besitz war, Kaiser Josef mit der Nummer römisch zwei es
gewesen ist. Besonders heute, da Paris unter der Teuerung
so laut seufzt, daß viele Politiker sich unruhig von der rechten auf die linke Seite wälzen, muß ein Monarch sehr volkstümlich sein, den die ganze Regiererei nicht freuen wollte,
hätte nicht jeder Franzose sein Huhn im Sonntags-Topf.
Ein liebenswerter Herr, immer, mit Kavaliersanmut, in
Abenteuer verstrickt, tapfer und großmütig, in jeder Situation über dieser, seinen Getreuen ein Kamerad, seinen Unter-
tanen ein Vater, seinen Untertaninnen noch mehr. Eine
besondere Leidenschaft Heinrichs des Verfilmten ist es,
Feinden, die in seine Hand gefallen sind, mit chevaleresker
Gebärde die Freiheit wiederzugeben. Die Partisanen schüt-
teln ob dieses unpolitischen Verfahrens die Köpfe mit dem
angeklebten Bart, aber Heinrich lächelt nur weich-spöttisch:
indem er die Körper freigibt, fängt er die Seelen. Welch'
ein König, gemischt aus Pomade und Erz. Er ficht wie der
Teufel, gegen zwanzig Banditen er allein, wen er nicht mit
dem Schwert durchbohrt, durchbohrt er doch mit dem
Blick. Und kein hübsches Weib, auf das er nicht ein zärtlich
sengendes Auge würfe. Die Kälteste, traf es sie, geht glühend
ab. Ein gelehrter Artikel in der „Comedia", aus Anlaß des
Films, über Heinrichs IV. Liebesleben, der sich die neuesten

82

Ergebnisse der Forschung zunutze macht, kommt allerdings zum Resultat, daß der gute König mehr eroberte, als er besetzen konnte, daß sein erotischer Appetit größer war als seine Eßkraft. In diesem Punkt verschmähen die Franzosen patriotische Flunkerei.

Ein monarchischer Film ist es auch, dem die große Oper jetzt einmal in der Woche festlich Gastfreundschaft erweist. „Das Mirakel der Wölfe." Ich habe nur die Plakate gesehen und die farbigen Berichte gelesen, kann also mit vollkommener Gewißheit sagen, daß „Das Mirakel der Wölfe" eine pompöse Schwarte ist, voll faulen Kostümzaubers, pathetischen Schwertgefuchtels, großer Königs- und Heldengesten. Historie in Kuchenform. Die erste Aufführung fand mit Gepränge statt, das offiziellste Paris wohnte bei, die Schutzleute vor der Oper trugen Gala am Leibe wie im Antlitz, und die Zuschauerschaft entspannte sich in einer Ovation, die zu gleichen Teilen Ludwig dem Elften und Doumergue dem Ersten galt.

Einiges, nicht übertrieben grelles Jupiterlicht in imperiale Verhältnisse wirft das Kinowerk: "Les mystères de la cour des Habsbourgs." Wir lernen Franz Joseph als Brautwerber um Elisabeth kennen. Er trug damals gekräuseltes schwarzes Haar und salutierte sich mit einer tenorhaften Anmut durchs Leben, der die bayrische Prinzessin nicht widerstehen konnte. Doch wie bald wird ihr Enttäuschung. Der Kaiser läßt sich in Beziehungen zu einer polnischen Komtesse ein, wodurch die Kaiserin der Melancholie verfällt, hierin bestärkt durch das Geigenspiel des Zigeunerprimas Fekete. Es kommt der Augenblick, da dieser junge Mann sich nicht mehr zu beherrschen weiß, der Monarchin seine Liebe gesteht und aus den kaiserlichen Lokalitäten ins Freie stürzt. Wir sehen ihn dann auf der Landstraße dahinziehen, arm und traurig, sozusagen mit nichts bekleidet als mit seiner Geige, die, hätte der Film deutschen Text, in solcher Situation gewiß Fiedel

hieße. Elisabeth aber bleibt noch einsamer zurück, als sie
ohnehin schon war. Die Liebe eines ungarischen Offiziers
wie die eines englischen Aristokraten weist sie mit müdem
Lächeln ab und ergibt sich in rascher Bilderfolge und in
angemessenen Kostümen dem Fechtsport, dem Reitsport,
der Mildtätigkeit und der Meditation. Indessen ist der Kaiser
alt geworden. Er trägt jetzt über seinem dunklen Kraushaar,
das nur noch in der Halsgegend vorschaut, eine zu kurze
Glatzen-Perücke mit Silberlöckchenkranz und salutiert lange nicht mehr so geistesfrisch wie zu Beginn des Films.
Auch macht ihm der Kronprinz und dessen Vetter, der Erzherzog Johann, nachmals Johann Orth, Sorge. Beide gehören nämlich einer Geheimgesellschaft an, deren Mitglieder
schwarze Zuckerhüte auf dem Kopfe, schwarze Larven vorm
Antlitz tragen und politisch mehr als verdächtig sind. Der
Erzherzog wird von einem etwas herabgekommenen Zahlkellner dargestellt; daß er, auf der französischen Leinwand,
Jean heißt, empfinden deshalb deutsche Zuschauer als Pi-
kanterie. Zum Zeichen oppositioneller Gesinnung läßt sich
Johann einen Vollbart wachsen. Eines Tages aber wirft der
Erzherzog, wahrlich ohne rechten Anlaß, dem Dienstmann,
der den Kaiser macht, sein Schwert vor die O-Beine und
geht verschellen. Dem tragischen Geschick des Kronprinzen
sind nur ein paar Meter gewidmet: ein Bild, das ihn zu
Mayerling en deux speisend, eines, das ihn sichtlich erschossen darstellt, und eines, auf dem jene Geheimgesellschaft
die Nachricht von des Prinzen Tode empfängt. Zum Zeichen
der Trauer wird diese Szene nur langsam abgedunkelt. Bemerkenswert ist später noch — den Schluß der „mystères" habe ich leider versäumt — ein Bild, das Elisabeth
und eine Dame auf dem Kanapee, Franz Joseph auf einem
Stuhl daneben zeigt. Die unglückliche Herrscherin klappt
das Buch, in dem sie eben las, zu und spricht: „Ich fah-
re morgen in die Schweiz. Von nun ab wird Ihnen Demoi-

selle Schratt vorlesen". Der Kaiser salutiert auffallend elastisch.

Dieses Ding ist nach einem Roman der Gräfin Larisch, wie
man von Filmen und anderen louchen Unternehmungen
sagt: „gedreht" worden.

Im allgemeinen steht die französische Kinoproduktion,
von höheren technischen Fertigkeiten abgesehen, auf mittel-
europäischem Niveau. Auch in Pariser Ateliers wird, mit
allen Mitteln einer raffinierten, verfeinerten Küche freilich,
Kino-Speise hergestellt, die die Schwachsinns-Drüse im Zuschauer zu lebhafter und angenehmster Sekretion reizt.

Abseits jedoch von dieser, mit viel Geld, Talent und Einfall
gefütterten Großindustrie bemüht sich eine Gruppe junger
Menschen in Paris um den Film als neues Ausdrucksmittel
einer neuen Kunst. Im „Théâtre du vieux colombier" zeigen
diese liebenswerten Leute von der „avantgarde" ihre „films
de qualité, dont l'exploitation commerciale n'a pas permis
à la majorité du public de les voir". Alles an diesem Theater
— leidenschaftlich anteilnehmendes, unbürgerliches Publikum, Musik (ein subtiles Quartett), Beleuchtung, Zwischen-
rede des Regisseurs, Platz-Anweiserinnen — ist sympathisch.
Ich sah zwei reizvolle Filme. Der eine (er rollte ohne Musik!)
hat keinen anderen Inhalt als diesen: Ein Gentleman kommt
ins Tanz-Nachtlokal, trinkt, und mit jedem Glas, das er
trinkt, wird seine Vision des Lokals ein wenig anders, wirrer,
seltsamer. Völlig betrunken stolpert er dann mit dem Mädel,
das er dem Zuhälter abgenommen hat, ins Auto und rast, in
immer gesteigerter Schnelligkeit, durch das morgendliche,
nüchtern-feindliche Paris. Das ist alles. Aber ihr könnt euch
nicht denken, wie das gesteigert ist, welchen fliegenden,
dramatischen Atem das hat, mit welcher Erregung der Zuschauer die einfache Klimax des Vorgangs mitklettert, welch'
ein wilder Humor Sachen und Gesichter enthüllt und durch-
einanderreißt, wie da aus gewöhnlichstem Vorgang Trost-

losigkeit und Skurrilität der Menschendinge geisterhaft aufschweben.

Das andere Kino-Stück, phantastischer Natur, heißt „L'Horloge", dauert über eine Stunde und hat, wie die Rauschszene vorher, keine Zeile Text. Dies, die Textlosigkeit, scheint mir allerdings bei einem rechten, echtbürtigen Film zu selbstverständlich, als daß es darüber zwischen Menschen von Geschmack Debatte geben könnte. Ein Film, der auf Wort-Prothesen daherkriecht, nicht imstande, in seinem spezifischen, unfaßbar reichen, stummen Idiom sich restlos auszudrücken, ist mißraten, Text im Film (wie das Spruchband, das den Figuren früher Gemälde aus dem Halse hängt) ein Zeichen hilflosester Primitivität. „L'Horloge", mehr gewollt als gekonnt, braucht noch Zwischenlandungen auf dem Boden der Konvention, aber es ist doch ein Film aus dem Geist des Films, filmisch erdacht, empfunden und gesehen. Ich will nur den Anfang berichten. Da lehnt ein Mann im Eisenbahnkupee, blickt vor sich hin und nichts zu denken ist sein Sinn. Was ihm so durch den Kopf geht, geht auch über die Leinwand: Menschen, Dinge, Landschaft, Erlebnis, Jugend, Heiteres, Böses in kunterbuntem, flüchtigem Vielerlei. Und was er mit innerem Auge sieht und wie er es sieht und in welcher Folge und wie häufiger Wiederkehr, ist gleichermaßen bezeichnend für ihn. So haben wir in zwei Minuten Biographie und Charakterschilderung des Mannes. Wir blättern gleichsam im Buch seiner Seele. In zwei Minuten, dramaturgisch gesprochen, ist der ganze Mensch exponiert. Das könnte die Bühne, das könnten in solcher Fülle, Prägnanz, Tiefe auch Novelle und Roman niemals. Das ist echte Film-Magie.

Den Beschluß der Kino-Abende im „vieux colombier" macht immer ein hochwertiger Film älterer Herkunft („qui mérite une seconde vision", sagt das Programm). An meinem Abend gab es „Ländliches Idyll" von Charles Chaplin. Ich weiß nicht, ob man das bezaubernde Stück in Wien kennt. Es zeigt den Komiker im Heiligenschein seiner Komik: ein Lichteffekt, geboren aus der Kreuzung von Schwermut und Lausbüberei.

„ROMEO UND JULIA" ALS FILM (1936)

Gelegentlich seiner Festspiele 1936 wurde Salzburg der „Welturaufführung" eines amerikanischen Spitzenfilms teilhaftig, des Films „Romeo und Julia" von William Shakespeare und anderen. Shakespeare lieferte, tantiemenfrei, für das Drehbuch die story, sämtliche Haupt- und Nebenfiguren, den dramatischen Strom der Handlung und die unsterblichen Verse, die an dessen Ufern blühen. George Cukor, der Regisseur, bezeigte dem ausgezeichneten Mitarbeiter Achtung; seine Regie verrät künstlerische Absicht, kultivierten Geschmack, vor allem den Willen, die Dichtung zu schonen, soweit das an ihr geübte peinliche Verfahren (Folter durch Verfilmung) solche Schonung zuließ. Das Unternehmen glückte nicht durchaus. Aber es mißglückte mit Anstand, in guter Haltung.

Das dramatische Leben, von Shakespeares Atem dem Romeo und Julia-Märchen eingehaucht, erfährt im Film keine Steigerung. An poetischer Leuchtkraft ging nichts verloren, insofern der Text, von dem sie ausgeht, unversehrt übernommen wurde. Die Lockerung, Ausweitung, szenische Bereicherung, die dem Drama der Film zuteil werden läßt, bietet – obschon er von seinen Möglichkeiten, über es „hinauszugehen", taktvollen Gebrauch macht – kaum Ersatz für die Geschlossenheit (und durch sie bewirkte Intensität) der Spielsituationen auf der Schaubühne. Wenn die Kamera, in der Balkonszene, von Romeo unten zu Julia oben, von Julia oben zu Romeo unten wandert, bald diesen, bald jene nah ins Blickfeld rückt, wirkt sie mehr trennend als bindend, mehr die Stimmung lockernd als verdichtend, und weckt im Zuschauer Sehnsucht nach dem starren Rahmen des Bühnenbildes, wo die goldenen Fäden, die Gefühl und Wort zwischen den Liebenden spinnen, von keinem Wechsel der „Einstellung" zerrissen werden. Rein bildhaft gibt es viel

Schönes im Cukor-Film, auch vieles, das ohne dramaturgische Notwendigkeit da ist (gewissermaßen: Romeo und Julia, reich illustriert), vielleicht auch deshalb, um in den stürmischen Ablauf des Geschehens optische Ruhepunkte einzuschalten. So etwa das Begräbnis der Julia, den hügeligen Weg hinab: ein Renaissance-Begräbnis erster Klasse, eine eindrucksvolle Bildbeilage, auch wenn da jemand ganz anderer als Julia bestattet würde. Vortrefflich die Straßenszenen, die Fechtszenen mit dem Dazwischenklirren der prinzlichen Cavalcade, und gleich zu Beginn der Aufzug der Familien Capulet und Montague mit großer Suite, aufeinander zu im spitzen Winkel, an dessen Scheitelpunkt das Gegeneinander unvermeidlich sein wird. Die Kostüme sind sehr schön, schwer an Prunk und Stil, gewiß dem 15. italienischen Jahrhundert wie aus der Seele gesprochen. Man fühlt ihre Buntheit, schmachtend in Schwarz-Weiß-Gefangenschaft. Wenn der Color-Film sie erlösen wird, was wird das für ein farbiges Hallo geben.

Shakespeares Verse treten im Film als Prosa verkleidet auf, werden parlando gesprochen, in einem mäßig erhitzten Konversationston, „natürlich". Aber bei Shakespeare ist Natürlichkeit eine Tugend zweiter Ordnung. Seine geistig und affektiv gipfelhoch gesteigerte Welt verträgt, fordert den gesteigerten Ausdruck. Es ist aller Anerkennung wert, daß Cukor seine Darsteller nicht deklamieren läßt, aber er läßt sie auch nie recht los, in die Freiheit, in den Rausch der Leidenschaft, die doch Lebenselement Romeos und Julias ist, nachdem das große Gefühl sie weggerissen hat aus gemeiner Welt, herausgehoben hat aus der Ebene wohlerwognen vernünftigen Tuns und Lassens.

Für Montagues Sohn ist ein bezaubernder Künstler da: Leslie Howard. In Erscheinung und Spiel mischen sich aufs reizvollste männliche und jünglinghafte Züge, er ist Edelmann durchaus, geschmeidig in Ton und Gebärde, das Antlitz spiegelt zarteste seelische Regungen wider. Geist und Mut klingen mit in der sehr persönlichen Melodie dieses Romeo. Ich glaube aber, daß Mr. Howard Schärfe und Ironie besser liegen als verliebte Ekstase, als große Leidenschaft, die ihn doch nur wie mit Flügelspitzen streift. Wie glatt und kühl zum Beispiel der entscheidende Augenblick des ersten Zusammentreffens mit Julia. Der Coup de foudre, der den Romeo bis in den Grund der Seele erschüttern soll, war ein Streichholz-Blitzchen, rief in den Mienen des Getroffenen als Widerschein nicht viel mehr hervor, als etwas neugierige Sympathie. Norma Shearer, zu Beginn ein wenig hilflos, hatte später, nach der Wendung ins Tragische, starke und rührende Augenblicke. Das Neben- und Ineinander von Herzens-Zartheit und -Energie glückte sehr schön. Ein ganzer Kerl ist der Mercutio des John Barrymore, ein Freund und Raufer aus der liebenswertesten, aus der „drei Musketiere"-Klasse. Die Standardleistung bringt Edna May-Oliver, eine Schauspielerin von überlegener Gestaltungskraft und ebensolchem Humor, restlos eingeschlüpft in die Haut der Figur (Julias Amme), die so, in Einfalt und Komik, exemplarisch lebendig dasteht.

Wie gesagt, der Versuch, den tragischen Shakespeare zu verfilmen, glückte nicht. Aber er tastete sich doch achtenswert nah an die Lösung des Problems heran, das wahrscheinlich gar nicht zu lösen ist, vielleicht, aus künstlerischen und kunstmoralischen Gründen, überhaupt nicht gestellt werden sollte.

AUS ALTEN SPIELPLÄNEN

Fünfzehn Stücke Ludwig Fuldas sind bereits im Hofburg-
theater zur Aufführung gelangt. Die Ziffer ist authentisch;
sie war im Wiener „Fremdenblatt" zu lesen, wo bekanntlich Österreich sehr gewissenhaft registriert wird. Fünfzehn
Stücke! „Maskerade", die Premiere vom Samstag, ist das
sechzehnte. Rechnet man die zwei Molière-Übersetzungen,
die Übersetzung der „Romantischen" und des „Cyrano" ab,
so bleiben zwölf Originaldichtungen Ludwig Fuldas, denen
das stolzeste Schauspielhaus deutscher Sprache Einlaß ge-
währt hat. Ein beispielloser Erfolg. Man denkt an ein Genie
von dynamitaler Kraft, an einen Künstler-Imperator, der seine
Flagge auf die unbezwinglichsten Burgen pflanzt und dafür zu
sorgen weiß, daß der Respekt vor ihr den Leuten in Fleisch
und Blut übergeht.
Aber dieser weiche Mann ist kein Eroberer, sondern ein Über-
reder. Keiner, der Türen einrennt, sondern einer, der sie
sachte aufklinkt. Kein Athlet, sondern ein Kautschukmann.
Kein Schwert-Schwinger, sondern einer, der mit seinem Galanteriedegen ganz wunderbar herumfuchtelt, daß es nur so
chevaleresk durch die Lüfte blitzt. Ein behutsamer Manager
seines bescheidenen Krams an Ideen und Einfällen, die er so
nett zu appretieren versteht, daß sie förmlich wertvoll aus-
sehen. Nichts, aber in Seidenpapier. Ein durch und durch
femininer Herr, der weiß, daß man am besten reüssiert, wenn
man sich an die Weiber hält. In die literarische Sphäre übersetzt: wenn man an die weibischen Elemente im Hörer appelliert, an sein Bedürfnis nach Sentimentalität, Süßlichkeit,
nach lyrischem Dämmerlicht, nach Lächeln unter Tränen
und ähnlichem sanften Seelendusel. Und wie er diesen
Bedürfnissen zu schmeicheln weiß! Da ist er einfach unwiderstehlich. Unwiderstehlich wie der Chefcommis am Sonntag.
Dieser galante Anstand, dieses Parfum, diese Sicherheit des

Auftretens, diese Nonchalance im Gebildet-Sein, diese dis-
krete Witzigkeit. Man möchte ihn für einen Chevalier halten.
Das Leben für die Damen! Ludwig Fulda, oder: der Tenorist
im dramatischen Dichter-Ensemble.

An der Ehre, welche ihm gebührt, soll aber nichts verkleinert
werden. Vor allem: Er ist der Erfinder des dramatischen
Ankersteinbaukastens. Er baut mit der infamsten Geschicklichkeit aus einfachen eckigen und runden Steinen possier-
liche Häuser, Schlösser, Zugbrücken und Türme. Eine niedliche Architektur, eine Spielerei, die bekanntlich auch Er-
wachsenen in Stunden bescheidener Ansprüche Spaß macht.
Man weiß — eine Armbewegung und der ganze Schmarrn
liegt überm Haufen; aber man tut doch eine Zeitlang amüsiert
mit, bis einem die Kinderei zu fad wird. Da, im Spielerisch-
Formalen, liegt sein ganzes Talent. Was er an Gedanken und
Phantasie und Empfindung, an Zorn und Witz und Sympathien zur Verfügung hat, ist flach, simpel, gewöhnlich. Aber
seine Fertigkeit, diese glatten, nichtigen Elemente an- und
auf- und gegeneinander zu legen, aus ihnen kleine zierliche
Gebäude zu errichten, ist ungewöhnlich. Das gleiche Bau-
kastengenie zeigt er in der Behandlung des Wortes. Er ist
einer der virtuosesten Sprachfriseure, die derzeit in der Literatur ihr parfümiertes Handwerk üben. Man kann jedes Genre
bestellen und sicher sein, gut bedient zu werden. Einfache,
glatt gescheitelte Prosafrisur, pathetische Mähnen, aufgeregte
Zerzaustheit. Und vor allem: Verslöckchen! Keiner brennt
sie zarter geringelt als er, keiner weiß diesen leichten Schleier
von poudre de riz so aus dem Handgelenk drüber zu streuen,
wie er, der appetitlichste Dichter, „den man jetzt nur hat".

Nummer 16, die „Maskerade", ist ein Drama gegen die gute
Gesellschaft. Die Revolution, die darin gemacht wird, kann
jeder Hofrat ohne Angst um seine Karriere mitmachen. Die
gute Gesellschaft wird charmant gegeißelt und reizend ent-
larvt. Das Thema wird nicht etwa mit der Faust angepackt,

sondern nur anmutig gekitzelt. Man braucht nicht zu erschrecken, es tut nicht weh. Tränen und Lachen, Entrüstung und Zustimmung, Ibsen und Kotzebue, alles findet der bescheidene Genießer billig und in erträglicher Qualität. Das reine dramatische Automatenbuffet. Aber die Automaten funktionieren wieder großartig. Alles klappt, und es ist eine Passion, wie sauber und nett der Besitzer seinen Laden hält.

Man spielt diese „Maskerade" im Burgtheater über alles Lob erhaben. Frau Medelsky, Fräulein Witt, dann die Herren Sonnenthal, Korff und Nissen gaben ihr Bestes. Ein haut goût sondergleichen aber ist es, Hartmann als faule Säule der guten Gesellschaft und die Bleibtreu als seine Gattin zu sehen. Was für eine ungeheure, förmlich turbulente Spielfreudigkeit steckt noch in dem alten Hartmann! Und wie delikat weiß Frau Bleibtreu drastisch zu sein. Sie spielt eine vom Leben ganz abgenützte Frau, und es ist wirklich, als ob man in eine Seele sähe, die durch den Mangel an Sonne völlig grau und verschrumpft geworden ist.

Die Gründe, denen „Husarenfieber", der siegreiche Schwank
von Kadelburg und Skowronnek, seinen großen Publikums-
erfolg dankt, sind hinreichend tief und breit erörtert worden.
Sprechen wir einmal von den Gründen, die das Unbehagen
und die Unlust bedingen, von denen schließlich doch die
meisten Zuhörer jener Militärposse befallen werden. Die
künstlerische Wertlosigkeit, der platte Witz, die trübe Sentimentalität der Komödie, das und anderes mehr zwängen
dem Zuschauer gewiß schon das böseste Urteil ab, aber
noch immer keine Grimasse des Ekels. Wie kommt es schließlich doch dazu? Woher dieser fast physiologische Widerstand,
zu dem vier Akte „Husarenfieber" auch den sanftesten
Menschen am Ende reizen? Woher diese nervösen Schling-
bewegungen, mit denen jeder auch nur ein wenig empfind-
liche geistige Magen den eben verschluckten humoristischen
Fraß am liebsten gleich wieder retour gäbe? Ich glaube,
die Gründe sind typisch für die ganze Gattung der deutschen
Militärposse und ihrer sind vor allem zwei.

Erstens: Militär, Kaserne, Soldatenleben — das löst in uns
primär, mit der ganzen Gewalt einer zwingenden Ideenas-
soziation, eine Gruppe von häßlichen, schmutzigen, zuwide-
ren Vorstellungen aus. Wenn man uns nun einen ganzen
Abend lang zwingt, unsere Empfindungen in einen unmöglichen Kausalnexus einzustellen, auf den Begriff „Militär"
immer mit „Heiterkeit", auf „Husar" immer mit „gerühr-
tem Frohsinn" zu antworten, so tut solche Verbiegung
unserer natürlichen Reaktionen am Ende weh. Wie wenn
einer vier Akte lang über die Cholera Witze und nur Witze
machen möchte. Unser solcherart nach einer falschen Seite
gewaltsam hinübergekrümmtes Empfinden schlägt, so oft der
Lustspieldichter locker läßt, doppelt kräftig nach der anderen
Seite aus, eben nach jener, auf der die Unlust und das Unbe-

hagen hausen. Und *wie* locker lassen die Dichter des „Husarenfiebers"! Die Franzosen, die ein feines Ohr für die Harmonien des Lachens haben, die (mit weit empfindlicheren Nasen als die Deutschen) auch den traurigsten Dingen des Lebens den Zusatz an Lustigkeit entschnüffeln, kennen auch das Genre der Militärposse. Aber bei ihnen klingt immer, immer eine starke satirische Note durch, die mit dem Thema ein wenig versöhnt, weil sie es auch ein wenig verhöhnt. Solch klebrige Süßigkeit, wie die des „Husarenfiebers" gibt es dort nicht. Die französische Militärposse ist immer ein wenig satirisch angesäuert und darum genießbar.

Zweitens: man verträgt die rosige Lüsternheit der Militärschwänkler, hier der Herren Kadelburg und Skowronnek, nicht. Man verträgt diese keusche Geilheit nicht, diese gehäufte niedliche Lustspielbrunst. Daß die Uniform, als färbig-lebhaftes Kraftsymbol, auf Frauen wirkt, weiß man. Im „Husarenfieber" ist diese Wirkung pathologisch gesteigert. Der Effekt der blauen Hosen auf die weißen Kleidln ist elementar, und zum Schluß wird, genau nach dem Theaterzettel, wie beim Fußexerzieren, „paarweise abgefallen". Aber das ist nicht das Widerwärtige. Das Widerwärtige ist die schämige Erotik des Herrn Kadelburg, die mir in ihrer Lieblichkeit und Reinheit unendlich weit unappetitlicher scheint als alle von Blumenthal oder Sudermann „gegeißelte moderne Perversität". Der zweite Akt des „Husarenfiebers" ist, seinem Wesen und Inhalt nach: das Gewieher der Stuten bei Ankunft der Hengste. Aber ach, in welch neckische, beblümelte Tonart transponieren die Dichter ihr Thema! Der verführerische Oberst trifft die verführerische Witwe und gleich malen sie einander aus, wie sie in der Kaminecke gemütlich en deux Tee trinken werden und Whist spielen. Tee trinken und Whist spielen. Und allen Mädchen puppert, wie die Husaren kommen, das Herz im Leibe. Das Herz.

Daß der erste Akt des „Husarenfiebers" im Burgtheater so

gut gefallen hat, ist das Verdienst des Herrn Treßler. Oder besser: die Schuld des Herrn Treßler. Dieser Künstler zeigte in seinen Gliedmaßen mehr Witz, als die Dichter in ihrem Cerebrum. Er hat die Beweglichkeit, den körperlichen Humor eines echten Clowns und ist dabei Künstler genug, um, im Übertreiben, zu charakterisieren. Er macht die Leute nicht stellenweise lachen, wie Herr Thimig. Er bringt sie in gute Laune, kaptiviert sie. Er ist ein Temperament und eine Intelligenz. So darf er sich, als Komiker, die Zügel schießen lassen.

HENRY BERNSTEIN (1908)

Seit einigen Jahren hat die deutsche Bühne in jeder Saison
ein bis zwei Henry Bernstein-Dramen zu überstehen. Der
Kulturvermittler Rudolph Lothar ist es, der den Import
übernommen hat. Nun könnte er sich aber schon beruhigen.
Gegen den Zauber dieses schwadronierenden Theaters, dieser
dampfenden ,,Technik", dieser wie geboxten Dialoge sind
wir allmählich immun geworden. Hingegen hat sich der Ekel
vor dieser Sorte geschriebener Kulissenreißerei nicht unwe-
sentlich vertieft, Herrn Bernsteins überhitzter Dramen-
Mechanismus interessiert uns nicht mehr, und ein paar Minuten voll Herzklopfen und Atemlosigkeit scheinen uns mit
einigen Stunden des Degouts zu teuer erkauft. Der dies-
jährige Bernstein heißt ,,Simson" (eigentlich ,,Foudre!")
und wurde kürzlich im Wiener Deutschen Volkstheater
abgeknallt. An diesem ,,Simson" mag einmal das Essentielle
der Bernsteinschen Kunst betrachtet werden.
Wenn man dem Dichter sagte: ,,Herr, Ihre Kunst geht mir
auf die Nerven!" würde er erwidern; ,,Eben das soll sie!"
Denn ihr Trick ist: Nervenreize — unter intellektuellen Vor-
wänden. Eine Dramatik, die, ernst und bedeutungsvoll
schauend, als wünsche sie, des Hörers Seele zu alterieren,
doch nur auf seine Magengrube zielt. Es gibt nichts ähnlich
Verlogenes wie diese Bernsteinschen Dramen. Ihr Erzeuger
hat Geist und Kenntnis genug, um die Allüren des bessern
Schauspiels anzudeuten: seine Komödie langt mit ein paar
banalen Scheingriffen nach gesellschaftlichen Problemen,
ihre blutunterlaufenen Augen blinzeln psychologisch, sie
keucht Tiefsinn. Und Herr Bernstein tut so, als sei ,,das
Theater" stärker als er. Als sei er ein nachdenklicher, von
dichterischen Intuitionen und Absichten vollgestopfter
Mann, der nur immer durch sein ungeheures Temperament
hingerissen, durch seine Leidenschaft aus allen zartern

Bedenken fortgeschleift werde. Er tut so, als seien seine Werke au fond durchaus noble Komödien, Geburtsaristokraten der Literatur, die, in der Tropenluft der Bühne, von einer Art Theaterkoller überfallen, unwiderstehlich zu Gewalttat und Exzeß geschleppt würden. In Wahrheit ist's gerade umgekehrt. Die Bernsteinschen Dramen sind, wenn man so sagen darf: Parvenüs. Es sind ganz gemeine, ordinäre Kolportagestücke, die sich durch literarische Listen und manuelle Geschicklichkeiten eine Art Adel zu erzwingen wußten. Und es ist charakteristisch, daß er von der Börse nicht loskommt, von dem Thema des Geldes mit seinen Kräften, ein Individuum in gewaltige Höhen zu tragen oder es in die tiefsten Keller der Erniedrigung zu schmettern. Es waltet ein der Genialität nicht entbehrendes, großartiges Spekulantentum in der Bernsteinschen Dramenmache. Er ist im Literarischen ein Faiseur großen Stils. Es ist eine mächtige Gier in seinen Komödien, ein, oft bezwingender, Wille zur Wirkung, ein gänzlicher Mangel an Nervosität, ein riesiger Appetit und ein unbedenkliches Ausnützen der Muskelkraft. Schon ihre Titel sind wie Griffe an die Gurgel: „Rafale!" — „Voleur!" — „Foudre!" Es sind Zeitungsdramen, in dem Sinn, in dem man von Zeitungsromanen spricht. Man sehe nur die Aktschlüsse; sie sind immer ungefähr so: „Da erhob der Graf den Revolver, zielte, drückte den Hahn herab und..." (Fortsetzung folgt). Die gewaltigste Spannung der Bernstein-Dramen liegt in den Zwischenakten. Das Publikum japst vor Gier nach der „Fortsetzung". Henry Bernstein ist ein großer „Techniker", gewiß. Er hat vor allem eine Kunst der Retardierung, die staunenswert ist. Ein krachendes Unabänderliches kündigt sich am fernen Horizont an. Nun kommt es näher, immer näher, aber wie langsam, wie quälend schrittchenweise! Wenn es endlich da ist und endlich explodiert, ist's ein allgemeines Aufatmen, ein Erlöstsein, und im Applaus schafft sich die zum Platzen emotionierte Zuhörerschaft ein befreiendes Ventil. Er ist ein Techniker, zweifellos. In diesem „Simson", wie in fast all seinen Stücken, tobt eine brandende Dialektik: im dritten Akt spritzt der Schaum wütender, gehässiger, verzweifelter Worte so hoch, daß der Zuhörer in seiner Angst und Erregung wahrlich Sturmesnot verspürt. Und sich dann dreifach behaglich auf den sanften Gewässern des vierten Aktes schaukelt, in dem Liebe, Versöhnung, Lohn für Tugend, Dank für Treue und ähnliches dramatisches Öl alle Wogen geglättet haben. Herr Bernstein wird immer Erfolg haben. Er ist ein „Techniker", er hat einigen zwischen giftig und süßlich schwankenden Humor, er ist gegen die Sittenverderbnis der großen Gesellschaft und für die heiligen Rechte des starken Individuums. Er hantiert überdies immer mit mehreren Millionen, in der mystischen Zauberlandschaft riesiger Vermögen, im Duft betäubender Summen. Er ist ein Dramen-Journalist. Ein Besorger theatralischer Sensationen, Erhitzungen und Rührungen, wie sie eine großstädtische Bürgerschaft liebt und braucht. Er ist der penetrante Sänger ihrer Träume, ihrer Sehnsucht, ihres Herzensfiebers, ihres verschwiegenen Knirschens und ihrer goldenen Triumphe. Er ist für die Bühne der Romantiker der Bourgeosie.

Die „Freie Volksbühne" spielte, im Deutschen Volkstheater, „Freiheit in Krähwinkel" von Johann Nestroy. Thaller gab den Jornalisten Ultra. Seine bei aller scharfer Pointierung so behagliche Komik wirkte außerordentlich. Er mischt da eine wahrhaft wohlschmeckende Fülle von Charakterzügen, ist klug und liebenswürdig, frech, gutmütig, beredt, lustig, tapfer, und die Bindung dieser Vielfältigkeit zur Einheit besorgt das Wienerische. Es ist bezwingend viel Freude in seinem Spiel, ein ganz ungeistiges, vegetativ Lustiges. In seinen Mienen ist ein immerwährendes stilles Lachen. Wenn man so sagen darf: er pfeift mit den Augen. Die Posse hatte gewaltigen Erfolg. Dem Szenischen fehlte die Intimität, das drollig Beengte der Kleinstadt. Hier hätte ein Künstler von Talent und von der Laune des Herrn Karl Walser in Berlin inszenieren sollen.

Mit der „Freiheit in Krähwinkel" hat die Volksbühne eine ausgezeichnete Wahl getroffen. In dieser wie in allen Nestroy-Komödien ist ein unvergleichlicher Reichtum an Sauerstoff. Man wird frischer, heller, gesünder förmlich, wenn man ein paar Stunden in ihrer Sphäre atmet. Die „Freiheit in Krähwinkel" ist als Theaterstück ziemlich lässig gezimmert. Aber bei aller Sorglosigkeit, Eile und Beiläufigkeit doch so überlegen-sicher, wie es nur einer mit ihren Objekten spielenden Kraft und nie einer bloßen austrainierten Geschicklichkeit gelingen konnte. Die meisten Nestroy-Stücke sind so: durchgearbeitet aus dem Stegreif! Sie sind von einem kultivierten Leichtsinn, dessen Kultur angeboren, nicht erworben scheint. Das Nachlässige wirkt bei ihnen als Geniezeichen. Ihr literarisches Kostüm hat die Lockerheit und die unwillkürliche legere Anmut, mit der ein natürlich-künstlerisch begabter Mensch, ein Italiener etwa, seinen Mantel trägt; — auch wenn dieser Mantel ein Fetzen ist.

Ich glaube nicht, daß die „Freiheit in Krähwinkel" der Revolution zuliebe geschrieben wurde. Die Revolution erscheint hier kaum als Stoff, an dem das Herz des Dichters entflammte, sondern vielmehr als eine glänzende Gelegenheit, die der Witz des Satirikers wahrnahm. Die Reaktion wird verhöhnt, aber das Pathos der Freiheitler, ihr utopisch taumelnder Wille, ihre Freude an Phrasen, die wie Raketen aufsteigen, einen Augenblick leuchten, blenden und in Rauch zerplatzen — die bleiben keineswegs unbelächelt. Es waltet in der Posse ein Zug des Indifferentismus: des Indifferentismus der bekannten „höhern Warte". Das Spiel der Meinungen, der Mechanismus der politischen Ideen und der von ihnen in Bewegung gesetzten Menschen, das scheint Nestroy doch mehr interessiert zu haben als die Meinungen und Ideen an sich. Man hat bei den Freiheits-Worten, die in der Komödie besprochen werden, nicht die Empfindung, daß hier ein politisches Bekenntnis literarischen Ausdruck fand; sondern vielmehr die, daß hier die schöpferische Lust eines heitern Künstlers am Werk war, den es reizte, die Tagesideen in kräftigen, witzig-prägnanten, schlagenden Worten einzuformen. Von irgend welchem moralisch-politischen Ernst kann dabei kaum die Rede sein. Hinter jedem dieser kernigen, liberalen Aperçus der Posse steht gleichsam ein Ausrufungszeichen und ein Fragezeichen. So wird das Ethos der Komödie bis zur Unsichtbarkeit transparent. Hinter der politischen Ernsthaftigkeit werden die menschlichen Lächerlichkeiten merkbar — und um die hat sich's Nestroy doch vor allem gehandelt.

Der Witz der „Freiheit in Krähwinkel" ist echtester Nestroy-Witz, gefräßig, kieferstark, scharfzähnig. Dieser Witz hat in seiner Urkraft fast etwas Barbarisches. Er verschlingt mit Haut und Haar die Idee und die Form, nachdem er erst mit den Worten wie mit Opfern katzenartig gespielt hat. Er hat auch darin etwas Raubtierartiges: in seiner Sprungsicherheit, in seiner federnden Agilität, in seiner bei aller Kraft so graziösen Gelenkigkeit. Dabei ist er von erschütterndem philosophischen Gleichmut. Nestroysche Weisheit ist erquickend wie etwas ungemein Gutes, Kühles, Säuerliches, das den Durst löscht. Angesichts der losbrechenden Revolution sagt eine Krähwinklerin: „Ich bin nur froh, daß mein Mann schon tot ist! Wie leicht hätt' ihm jetzt was passieren können!" Ich kann's nicht ausdrücken, worin eigentlich der ideelle Reiz solch eines köstlichen Diktums steckt. Aber ich fühle, daß hier ein Humor am Werk ist, der mehr tut, als die Lächerlichkeiten herauszuspüren. Ein Humor, der das Mensch-Sein an und für sich als eine gewissermaßen ridiküle Angelegenheit empfindet.

DER VERSCHWENDER (1912)

Im Theater an der Wien spielte man den „Verschwender",
und zwar in einer lukullischen Besetzung. Der protzige Theaterzettel bot das Beste vom Besten, das Teuerste vom Teuer-
sten, nichts als Delikatessen und Köstlichkeiten. Frau Medelsky gab ihre allzeit aktive schöne Innigkeit für die Fee Cheri-
stane, Herr Reimers vibrierte den Flottwell im würdevollsten
Burgtheater-Tremolo, Herr Heine spendete dem Kammer-
diener Wolf eine Franz Moorsche Schwärze und Schlechtig-
keit. Herr Korff entzückte als Chevalier durch sein Franzö-
sisch-Deutsch von charmantester Echtheit, die Philharmoni-
ker saßen im Orchester und gerieten hie und da mit dem Chor
wahrhaft volkstümlich auseinander, Herr Hofbauer sang
wunderschön des Bettlers Klagen und Mahnungen (ein
Advokat des Schicksals); dann Frau Pohl-Meiser und Herr
Straßmeyer, die bezwingende Drastik der Frau Niese, und
als Clou des Ganzen: Girardis Valentin, einzig in seiner
stillen Herzlichkeit und goldenen Laune. Im zweiten Akt
sang der Wiener Männergesangverein und Alfred Grünfeld
spielte Klavier, den „Frühlingsstimmen"-Walzer und anderes,
allen Witz, alle Schalkhaftigkeit dieser holden Musik mit
leichten Fingern befreiend. Der Einfall, die Begleitung der
linken Hand ein wenig kurz und hart (ohne Pedal) zu nehmen, ist sehr fein. Reizend, wie da aus dem Holz, dem
Stamm des Rhythmus überall das Grün der Melodie hervor-
quillt. Kurz, es war ein Abend vieler Genüsse; und schlecht
davon kam eigentlich nur Raimund, einer der wienerischen
Dichter, für die in diesen heißen musikwochenfestlichen
Tagen so ergreifend und liebevoll die Pietäts-Harfe gezupft
wurde. Für sein Werk — sein populärstes, nicht sein bestes
— hatten die Musikwöchner gar nichts getan. Es hatte nur die
oberflächliche Fassung abzugeben für die schauspielerischen
und musikalischen Brillanten, die da reich und geschmacklos

beisammen waren. Hätte man den vielgeschmähten Faiseur Max Reinhardt beauftragt, eine Festvorstellung des „Verschwenders" zu inszenieren und ihm den Girardi geliehen, er hätte — auf kaltem Wege, ohne hochschlagendes österreichisches Herz — dem Reiz und der Lieblichkeit und dem Humor und der Naivität der Raimundschen Dichtung zu höheren Ehren verholfen, als es in unsrer Festvorstellung geschehen ist. Er hätte sich gewiß für die musikalischen Beilagen zum Gesellschaftsakt etwas Hübscheres, Stilvolleres, Originelleres einfallen lassen als die befrackte Sängerversammlung, und, wenn schon durchaus Männergesang, so doch in irgend einer witzigeren Form der Einpassung ins Spiel. Ich glaube nicht, daß der Fremde, falls er diese Vorstellung gesehen hat, den Ruhm Raimunds über die Erde schleifen wird.

OEDIPUS IN WIEN (1911)

Max Reinhardts Experiment, mit einem Drama (das für andre Maße gedacht war und freiere Räume verlangt, als sie die heutige Bühne bietet) die übliche Theaterlokalität zu verlassen und einen Schauplatz von mächtigern Dimensionen aufzusuchen, hat auch hier die gleiche Wirkung wie überall gehabt: die naivern Zuschauer, überhaupt alle, denen es eine herzliche Freude macht, im Theater düpiert zu werden, ja, die geradezu um dessentwillen ins Theater kommen, waren begeistert; die Gelehrten, die treuen Ekkeharde, die Hüter der Kunst, die sorglichen Parkwächter im Kunstpark (ein Amt, das in Wien seit jeher von Invaliden ausgeübt wird), die Aufseher, die achtgeben, daß kein „Rahmen gesprengt" wird, kurz: die Hausmeister der Entwicklung, die saftig werden können, wenn es eine Störung der Nachtruhe abzuwehren gilt, waren dagegen. Teils wegen Reinhardt, teils wegen Hofmannsthal, teils und vor allem wegen der gefährdeten reinen stilistischen Linie des antiken Dramas. In diesem Punkt ist die alte Kaiserstadt an der Donau nämlich heikel. Unerbittlich geradezu. Ging doch sogar Professor Minor — ein stiller Gelehrter, der sonst, fern dem literarischen Gezänke, die Werke Blumenthals, Fuldas, Skowronneks, Sudermanns (wie sie das Burgtheater durch würdige Aufführungen dem Kulturbesitz unsrer Stadt einzuverleiben trachtet) in eingehenden, würdigen Analysen durchschürft, also in Frieden seinen Kohl baut — ging doch sogar der stille Gelehrte in einer stillen Halbmonatsschrift so weit, laut einen Wachmann zu rufen und ihn auf die Beleidigung der Antike aufmerksam zu machen!

Ja, es war eine rabiate Woche. Die Ignoranz schäumte Begeisterung, die Wissenschaft, besonders die im Journaldienst frohnende, spie Galle, und umsprudelt von diesen polemischen Wasserkünsten, machte das Deutsche Theater vortreffliche Geschäfte. Die Wiener Kritik schien aufs äußerste gereizt und übte mit aufgekrempelten Hemdärmeln ihr blutiges Handwerk. Auch wurden diesmal, in sonst nicht üblichem Maße, nebst dem theatralischen Ereignis gleich dessen Beurteilungen mitbeurteilt. Der Rahmen der Zunftzusammengehörigkeit erschien schauerlich gesprengt, und der Kollege gab für den Kollegen die ganze lange zusammengesparte Geringschätzung splendid auf einmal aus. So versittlichend und reinigend wirkt das große Kunstwerk noch in den letzten, kleinsten Konsequenzen seiner Konsequenzen!

Man hat sich aber, glaube ich, auch aus reiner Freude an der Emotion aufgeregt, aus Lust an Zank, Debatte, Übertreibungen, lauten Reden, aus Liebe zu Haß und Liebe. Lauter Dinge, zu denen der heimische Theaterbetrieb gar niemals Anlaß gibt. Eine Gefahr für diesen Theaterbetrieb scheint durch Reinhardts wilde Experimentierlust nicht heraufbeschworen. Es wird alles, für absehbare Zeit zumindest, beim alten bleiben. Von der trauten Übung, in einem Raum (der meistens von Fellner und Helmer ist) Theater zu spielen, mit einer entsprechenden Distanz zwischen den feindlichen Welten Zuhörer und Mime, mit Akten und Zwischenakten, Rampenlicht und Klingelzeichen und einer Kritikergirlande an den Ecksitzen, mit Griechen, die hieratisch, mit modernen Individuen, die nervös sein müssen (ja nicht umgekehrt!), mit Professional-Statisten und würdig-maßvollem Volks-Rhabarber: von all diesen bewährten Theaterbräuchen wird man noch lange nicht abgehen. Und wenn doch irgendwas Neues, Ungewohntes, irgend eine Zumutung den Frieden dieses Idylls lockern sollte, so wird es unmerklich geschehen, in einer behutsam über die Jahrhunderte schleichenden Entwicklung, die der Zeitgenosse, der seine Ruh haben will, so wenig spüren wird, wie die Umdrehung der Erde oder den Übergang vom Wachen zum Schlaf. Überdies sind unsre literarischen Theater sichere Nummern. Direktor

Weisse hat Widerstandskräfte gegen das ungesund Neue, er hat sie, glaubet nur! Und das Burgtheater? Waren Sie bei „Herodes und Mariamne" oder jüngst bei „Julius Cäsar"? Nein? Sie sind ein Lebenskünstler. Aber Sie hätten die Beruhigung heimgetragen, daß Baron Berger nicht daran denkt, den Reinhardtschen Zickzackkurs nachzutaumeln, sondern entschlossen ist, auf dem linealgeraden Wege zu verharren, der den Thespiskarren keinerlei Erschütterung aussetzt und dessen köstlichstem Inhalt, der Tradition, eine friedliche, unübereilte Verwesung sichert. Der schnurgerade Weg führt am besten zum Ziel: zu dieser Ansicht bekannte sich Baron Berger ja gleich, sowie er nur Burgtheaterdirektor geworden war.

Am schlimmsten kam bei all dem Lärm Sophokles weg. Reinhardt tat ihm, wie man weiß, etliche Gewalt an, die Ignoranten wagten ... aber davon später, und der Hofmannsthal hat ihn weichlich übersetzt. (Der Vorwurf aber, er schreibe ein jüdisches Deutsch — belegt durch einen Satz, der mit „Was heißt?" beginnt — trifft den Übersetzer doch wohl zu Unrecht. Schiller nannte seine Jenaer Habilitationsrede: „Was heißt und zu welchem Ende studiert man Universalgeschichte?" Es ist aber noch keinem eingefallen, daran die Bemerkung zu knüpfen, daß die Rede wohl weniger für eine Habilitierung in Jena als vielmehr für eine in Rzezow sich eigne. Wenn ein Mund und ein Ohr zusammenstoßen und es klingt wie Jargon, muß nicht immer der Mund daran schuld sein.) Das Böseste, sage ich, widerfuhr dem Oedipus-Dichter nicht von Reinhardt, nicht von den Ignoranten und nicht von Hofmannsthal. Das widerfuhr ihm von der jornalistischen Wissenschaft, von den Gehirnen mit Vollbart, von den gekränkten Mitgliedern der Wach- und Schließgesellschaft fürs Ideal der Antike, von den verbitterten Gymnasialprofessoren, die ihre Bewegungslosigkeit als eine Tugend ausspielen, mit der ihr lastender Bildungs-

bauch sie begnade. Das Schlimmste widerfuhr dem Oedipus-
Dichter von den Herren, die ihn als einen starren, steifen
Götzen verehrt wissen wollen, dem man sich nur mit Opfern
alles dessen nahen dürfe, um was zwei Jahrtausende die An-
schauungen von Kunst und Leben verändert haben, nur mit
einem Empfinden, das, vom Staub der philologischen Semi-
nare pilgerhaft verunreinigt, vorschriftsmäßig gedruckt auf
dem Boden krieche, dem jede frischere Farbe ausgebleicht
und jede ehrliche Reflexbewegung abhanden gekommen
sein müsse.

Niemand hat an die Größe und Erhabenheit der sophoklei-
schen Dichtung zu rühren gewagt. Der Empörungsschrei
einer zelotischen Sophokles-Klerisei, die wohl meint, es müsse
ein Abglanz der Gottheit auf die ambitionierte Priesterschaft
fallen, vermehrte ohne Grund den Lärm dieser lärmenden
Stadt. Niemand lästerte den Oedipus-Dichter. Nur davon
war die Rede, daß Geist und Gefühl eines Menschen von
heute den Schwerpunkt seiner Dichtung anderswo suchen
und finden als frühere Generationen. Daß in dem antiken
Drama Zwischen- und Oberstimmen klingen, die Herz und
Hirn heftiger bewegen als die tragische Grundmelodie vom
unerbittlichen Fatum. Stärker als die dunkle Fundamental-
Tatsache, daß über jedem Haupt das Schwert des Schicksals
schwebt, daß die Götter ewig Recht behalten und die Sterblichen ohnmächtig sind — stärker als dies rühren an unsre
Seele die menschlichen Konflikte, die in dieser fundamen-
talen Tatsache wurzeln. Nicht mehr das Kunstvoll-Unentrinn-
bare im Schicksalsfaden-Gespinst, darin der Oedipus verzap-
pelt, scheint uns der wesentliche Inhalt des Dramas. (Er war
es, solange die Dichtung für ihre Empfänger auch und vor-
wiegend einen religiösen Inhalt hatte.) Erhaben ist das
sinnvoll-sinnlose Rechtbehalten der Götter, aber erhabener
ist Trotz und Abwehr und Ich-Behauptung des Menschen.
Nicht der Nachweis, daß von der Faust des Schicksals eine

110

Menschenseele, wie immer sie sich dagegen sträube, rettungslos zerquetscht werde, dünkt uns heute wesentlich. Sondern
wesentlich und Gegenstand unsrer Teilnahme und Ergriffenheit ist das, was unterm Druck dieser nicht zu sprengenden
Umklammerung sich formt und als Gedanke, Wort, Tat,
Hüllen durchbrechend, ans Licht geschleudert wird. Das, was
der Sturm vom tiefsten, dunkelsten Grund einer Seele auf-
rührt und an die Oberfläche reißt, die Hochspannungen des
Intellekts und Willens, die das Elend erzwingt, die Gegensätze, die jählings und furchtbar klaffen — Gegensätze
zwischen Masse und einzelnem, Volk und König, Bruder
und Bruder, Mensch und Gott — Schreie, die heroischen
und kindlichen Abwehrversuche, der Trotz und die Fügung
des Opfers. Weniger um die zerschmetternde als vielmehr
um die erhellende, Abgründe durchflammende Kraft des
Blitzes handelt es sich. Die dramatische Prämisse wäre um
nichts schwächer, wenn statt des Teiresias, der dem Oedipus verkündet: „Du hast deinen Vater erschlagen und deine
Mutter geheiratet", ein Arzt käme und ihm sagte: „Du
hüpfst sorglos im rosigen Licht, indessen nagt schon an dir
der Leberkrebs. Bald wirst du's merken". Denn für unser
Empfinden ruht die Schönheit der Dichtung nicht im sinn-
reichen Aufbau des dunklen Scheiterhaufens aus Götterdia-
gnosen und tückisch verflochtenen Geschehnissen; sondern
in dem Leuchten und Verbrennen der Menschenseelen,
für die er ewig zurecht getürmt ist.
Auf diesem Wege, scheint es, hat sich Reinhardt dem Oedi-
pus-Drama genähert. Und wenn es auch solcher Art nur dramatische Nebenwerte der Dichtung sein mögen, die sein
Regiegedanke zur Geltung brachte, so war es doch eben
eine intensive Geltung und ein neuer, ein schöpferischer
und keineswegs unedler Gedanke. Und wenn ihm das Oedi-
pus-Drama nur der gute Anlaß gewesen wäre, ungeahnt
große und starke Theater-Eindrücke zu erzielen, ja, selbst

wenn sein überpotenter Theater-Instinkt, seine heftige, schöpferische Theater-Sinnlichkeit die Dichtung vergewaltigt hätte, um ihr solche Wirkung abzuzwingen, wie sie der Zirkus-Oedipus gebracht, selbst dann dürfte er eine respektvollere Tonart der Abwehr beanspruchen als jenes Rüpel-Idiom, in dem sein Wollen und Können zerfetzt wurde.

Man hat ihm hier zum Vorwurf gemacht, daß er zweihundert lärmende Menschen brauche, um die Illusion „Volk" heraufzubeschwören, was ein richtiger Regisseur mit zehn Statisten zustande brächte. Aber hier handelte sich's dem Regisseur wohl nicht um Volk als um eine Gesellschaftsschichte, sondern um Volk als vage, gefährliche, mystische, indefinite Masse, die nur ist, insoweit sie Masse ist. Wie abgelöst von dieser grauen, undifferenzierten Menge erschien hier deren Stimme und Gebärde, die vox populi, die den König und den Seher, die überragenden einzelnen, bald drohend, bald schmeichelnd, bald als böses, bald als freundlich Element umbrandete. Das war schön und wirkte stark; und läßt sich mit zehn Statisten nicht machen: weil zehn Statisten immer zehn isolierte Individuen bleiben, während es hier darum ging, wohl Stimme und Gebärde des Volkes als ein Gewaltiges, Elementares erscheinen zu lassen, das Volk als solches aber zu einem einzigen, unpersönlichen Subjekt grau in grau zu verwischen. In diesem Sinn, so paradox es klingen mag, sind eben hundert Menschen auf der Bühne weniger als zehn Menschen.

Ich glaube, auch ohne klassisches Vorbil 1 mußte ein Mann wie Reinhardt, der so sehr nach Erweiterung aller Theatermöglichkeiten strebt, zu dem Einfall kommen, einmal auf einer Bühne zu spielen, der nicht nur eine Wand, sondern der drei Wände fehlen; auf einer Szene, die mitten im Auditorium liege, für die die Zuhörer nicht nur Zuhörer, sondern auch eine gewaltige, lebende Kulisse wären, eine stumme Komparserie, zu einer innigern Einheit mit der Szene verschmolzen, als sie das heute übliche Theater herzustellen vermag. Naturgemäß handelt sich's nur um eine ganz spezielle Gattung der Komödie, für die der neue Schauplatz mit seinen neuen Wirkungen erobert werden soll. Für Komödien allergrößten Stils, die nach Entfaltung überwältigender Chormassen, nach der Wucht einer lapidaren Kulisse verlangen, die Aufruhr und Sturm in sich haben, der hier in seiner ganzen Glorie und Majestät daherbrausen darf, während er auf der kleinen, engen Bühne wie durch eine Mauerspalte sich dünn verpfeifen müßte. Also nicht um eine gewalttätige Ausbiegung, um eine schiefe Gipfelung der dramatischen Kunst handelt sich's (wie es Hüter der Kunst gehässig ausgetrommelt haben), sondern um einen Seitenast am Stamme ihrer Entwicklung, um eine Variante der bestehenden Theaternorm, die doch nicht als ein für alle Ewigkeit Fixes und Fertiges und Unabänderliches respektiert werden muß. Aber die Schlieferl hielten zu Sophokles und waren in ihren heiligsten Gütern verletzt darob, daß einer auf einem neuen Wege dem alten Kunstwerk sich nähere. Wie wenn überhaupt eine andre Ergreifung alten Kultur- und Kunstbesitzes durch eine nachgekommene Zeit denkbar wäre, als daß diese Zeit mit ihren Augen, ihren Ohren, ihrem Herzen und ihrem Gehirn das überkommene Mirakel neu sähe, neu höre, neu erfühle und neu verstünde. Als ob nicht das ganz allein die wunderbare, Jahrtausende überdauernde Kontinuität der Lebendigkeit eines Kunstwerkes verbürge.

Wehe dem, für dessen Empfinden etwa im „König Oedipus" andre Quellen stärker rauschen als die dunklen des unabänderlichen Fatums! Wehe dem, der seinen Beethoven anders hört, seinen „Don Juan" sich anders gestaltet denkt, als Ahn und Urahn ihn hörten und sahen. Da sind die Portiers der Kunst grimmig hinterher mit dem Besen und der ästhetischen Hausordnung. Der Mann, den sie jüngst in Grinzing begruben, wußte davon auch ein Lied zu singen. Wie haben sie ihm mit ihrer verdammten Ekkehardelei die Freude an der Arbeit genommen, wie unerbittlich forderten sie Museumsruhe in dem Kunstbezirk, den er mit seinem belebenden Leben füllte. Sie schützten Beethoven vor Mahler, wie sie Sophokles vor Reinhardt schützten. Sie schützten die Kunst. Und doch dient Reinhardt und diente Mahler der Kunst mit den gewalttätigsten Exzessen noch tausendmal besser, als es die Hüter und Vollbärte mit ihren heiligsten Pflichterfüllungen tun. Wie spritzten die Kot-Partikelchen um Mahlers Antlitz, wenn er sich eines Temperamentüberschusses, einer Laune oder Marotte schuldig machte. Die Pietätsbewahrer, die fachmännischen Aufpasser, eingesetzt, um über Ruh und Ordnung im Wirrsaal der zeitgenössischen Kunstbestrebungen zu wachen und rechtzeitig ihr „Zaruck!" ertönen zu lassen, sie erachteten ihn als Schädling. Das bißchen Rauch, das um sein herrliches Feuer qualmte, beizte ihnen so stark die Augen, daß sie nur noch über ihn weinen konnten. Mit vollen Backen plusterten sie seine Schwächen auf und pfiffen hinweg über all das, was ihn einzigartig, groß, unentbehrlich machte. Pfiffen so lange, bis er endlich, verbittert und in der Sache gleichgültig, den Platz räumte. Da war Friede. Da konnte sich endlich eine geregelte Wurschtigkeit dort etablieren, wo seine genialische Unruhe gewaltet hatte . . . Gott schütze die Kunst vor ihren Hütern! Vor ihren Verderbern wird sie sich schon selber schützen.

Reinhardts Malheur war der Zirkus. Was für ein Getue mit Pferd, Manege, Clown, Stallgeruch! Über die Lokalität kamen seine Hinrichter nicht hinweg. Auf die Vokabel „Zirkus" stürzten sie sich, walkten und drehten und kneteten das Wort und hieben es solange um die Erde, bis es platzte und alle dem Begriff „Zirkus" zu innerst assoziierten Vorstellungen umherwirbelten, wie die Federn um ein aufgeschlitztes Plumeau . . . Nun freilich, dieser Export-

Oedipus, für den Versand offenbar (wie das Münchner Bier) etwas dicker und fester hergestellt, gibt, wie er tausend Anlässe zur Ruhmrede bietet, auch tausend Anlässe zu Groll und Witzigkeit. Aber wer oder was gäbe sie nicht! Machen wir uns keinen Schwindel vor: ob eine künstlerische Tat (für den Augenblick mindestens) kritisch abzutöten ist oder nicht, das hängt keineswegs von den Werten dieser Tat, sondern durchaus von der dialektischen Geschicklichkeit ihres Meuchlers ab. In die geeignete hämische Perspektive gebracht, läßt sich alles, läßt sich auch Gottes Schöpfung als eine talentlose und verächtliche Arbeit aufzeigen. Ja, wenn man bedenkt, daß bei jener Urarbeit auch der Keim zu den Ekkeharden und Vollbärten gelegt wurde, möchte man es fast bedauern, daß sich kein satirischer Esel am fünften Schöpfungstag gefunden, der dem lieben Gott die Lust an einem sechsten benommen hätte.

Man könnte nicht sagen, daß der Geist, der in dieser Tragikomödie waltet, tief ins Tiefe reicht. Aber er ist empfindlich; ein sensibles Instrument, das auch auf leise Reizungen antwortet. Er verzeichnet vielerlei, was zwischen den Tatsachen und was zwischen den Worten ist. Er hört Obertöne der Empfindung. Er hört die feinen Sprünge im Gefüge menschlicher Beziehungen und die Arythmien im Schlag auch der gesunden und starken Herzen. Seine eigentliche Force aber ist das Verspüren von Hoffnungslosigkeiten; das Vor-Wittern herbstlicher Verwesung schon in der Frühlingslandschaft; das Erhorchen der geheimnisvollen Pochtöne, die verraten, daß unsichtbare Kräfte an der Zerstörung eines Menschen-Schicksals arbeiten.

So ist dieses tragikomische „weite Land": ein wohlorganisiertes Konzert der Würmer im Holz.

*

Dieses Drama handelt, auf den Kreis der sogenannten guten Gesellschaft beschränkt, von den erotischen Möglichkeiten; und führt alle ad absurdum. Es zeigt viele im Irrgarten der Liebe (der freilich in Baden ist!) herumtaumelnde Kavaliere und Frauen. Es gibt eine Musterkarte verliebter Komplikationen und eine Musterkarte der Methoden, sich mit dem Elend der Liebe abzufinden. Man kann sich auf sein Ethos besinnen und als ein trister Ehrenmann, grau aber aufrecht, Distanz von der Liebe halten. Man kann, verlassen und getäuscht, witwig resignieren, aber auch, zu Betäubungszwekken, sich in den Strudel stürzen. Man kann den Nebenbuhler erschießen oder sich selbst erschießen, oder sich durch muntere und einfältig-geistreiche Meditationen den Schmerz von der Seele pinseln. Man kann, als Betrogener, in die Wonnen der Erkenntnis oder in die Wonnen der Blindheit flüchten. Man kann sagen „Ha!" oder auch „Ei was!" und man kann

auch überhaupt den Mund halten, schweigen und weiter-
dienen. Man kann sich über seine polygamen Instinkte
durch Pflicht- und Treue-Gesetz hinweghelfen; man kann
ihnen aber auch freien Lauf lassen, sich dann in einem
höheren Sinn als ehrlich empfinden und, falls diese Empfindung nicht ausreicht, die innere Unruhe zu dämpfen,
sich als Kraftnatur von genialischem Umfang und geniali-
scher Fülle erachten, die eben einen Mehrverbrauch an ero-
tischem Material bedinge.

In den Schnitzlerschen Dramen ist eine sehr geschickte und
vielmaschige Verflechtung dieser Methoden gegeben. Die
Liebe spielt in allen Farben, von Lächerlich-Rosa bis zu
Tragisch-Schwarz, sie tritt in zahllosen Spielarten auf, als
naives Verlangen, als Besitz-Gier, als süßes und als bitteres
Martyrium, als Schicksal und als Episode, als Irrlicht und als
ewiges Feuer, als Sinn des Lebens und als Unsinn des Lebens,
als Angelegenheit des Herzens, als Angelegenheit anderer
Organe und sogar als Angelegenheit des Großhirns. Aber da
schneidet sie am schlechtesten ab.

Es ist ein buntes und liebenswürdiges erotisches Maskenspiel
mit trübem Ausgang. Und das Drollige an seinen Figuren ist,
daß sie die Maske gleichsam innerlich tragen und nach außen
hin ihr ehrliches Gesicht zeigen. Ihr Mund spricht Wahrheit,
und ihr Herz lügt. Und sie wissen es nicht.

Das Dramatisch-Unzulängliche an dem Spiel ist, daß es zwar
große Ursachen ahnen zu lassen und große Wirkungen erre-
gend darzustellen weiß; aber die Wege zwischen Ursache und
Wirkung in einer leichtsinnigen und jähen Verkürzung zeigt.
Aus der Tändelei geht es senkrecht abwärts in die Tragik.
Als unnotwendig, als milieu-fremd empfindet man all die
blutigen Miseren. Wie wenn einer vom Kahlenberg tödlich
abstürzte oder sich in Baden bei Wien auf Nimmerwieder-
finden verlöre.

Das Peinliche an dem Spiel ist, daß es eben als Tragikomödie sich darstellt. Dieses Flimmern zwischen ernst und heiter mag ein ästhetischer Reiz sein; es ist doch auch ein Ärgernis. So physiognomielos sind die literarischen Gesichter mit dem einen lachenden und dem einen weinenden Aug'! Und so weich und pappig schmeckt der gewisse Weh-Übermut, so fatal wirkt das Tänzeln um Gräber, die Skepsis, die von sich selbst gerührt ist, die schwarz geränderte Ironie mit der schmerzlichen Grimasse, und die rosig geränderte Melancholie, die witzig tut.

*

Einmal fällt das Wort „Herzensschlamperei". Ein Wort, das trifft. Da liegen Probleme der Seele. Das rührt an die schwächste Schwäche und an die stärkste Stärke des modernen Menschen: an seine unheimliche Fähigkeit, anarchisch zu fühlen, zu lieben, zu hassen. An seine zwangvolle Lust, sich formlos zu verströmen. An sein eitles Bestreben, alles, was das Auge umfaßt, auch mit der Seele umschließen zu wollen. An sein Fatum, fortwährend treulos sein zu müssen, um sich selbst treu zu bleiben.

*

Ein echt Schnitzlersches Sterben geht durch das „weite Land". Ein Tod in der Vorgeschichte, ein Tod zu Beginn, ein Tod am Ende des Dramas. Ohne ein paar Tropfen Verwesungsparfum im Taschentuch geht die Schnitzlersche Muse niemals in Gesellschaft. Und niemals ruht sich ihr Witz in geringeren Schatten aus, als in Schatten des Todes. Die arme Frau Hofreiter im Stück, die gütigste, die nobelste, die sanfteste Frau, hat zwei blühende Tote auf dem Gewissen. Einer erschießt sich, weil sie ihn nicht erhörte, einer wird erschossen, weil sie ihn erhörte. Ich denke an die Mutter des Medardus, wie schauerlich entlaubt sie um halb 12 Uhr nachts im Burgtheater dasteht. Vor Beginn des Dramas starb ihr der Mann, zu Beginn geht ihr die Tochter ins Wasser, in der Mitte wird ihr der Bruder, am Ende der Sohn erschossen . . . Es ist charakteristisch für Schnitzler, daß der Tod nicht nur den First seiner dramatischen Bauten dunkel schmückt, sondern auch in deren Kellergewölben eingemauert ist. Der erhabenen Resonanz wegen.

*

Aus Mängeln gestaltete sich hier dem Dichter das reizvolle Gebilde einer Tragikomödie. Er wußte hübsch und interessant und klug von Liebe und von Leidenschaft zu erzählen; das hätte eine Komödie gegeben. Er wußte auch mit Energie und Ernst und Würde düstere Endphasen eines Schicksals zu gestalten; das wäre ein kurzes Trauerspiel geworden. Aber die Liebe, die Leidenschaft so tief wurzelnd, von so dunkeln Säften genährt, von so brennender Sonne bestrahlt zu zeigen, daß die Tragik als natürliche Blüte aus ihnen hervorbräche, das konnte er nicht. So setzte er die Tragödie neben das Gesellschaftsstück und verwischte ein wenig die Grenzlinie: Tragikomödie.

*

Sehr merkwürdig (und einige Unsicherheit verratend) ist es, daß die psychologischen Gegensätze in diesem Drama, die bewegenden Kraft-Paarungen, öfters die Namen wechseln. Eine motivische Fleckerlkunst scheint am Werk. Ein großer erotischer Wille steht gegen Schwäche; aber bald heißt es anders: Sehnsucht ins Weite gegen Sehnsucht ins Enge; und später: Wissen gegen Ahnung. Und noch mancherlei. Und zum Schluß lautet das Problem auf einmal so: Alter gegen Jugend. Das Drama wechselt wiederholt die Achsen, um die es rotiert. Und das ist nicht gut fürs Gleichgewicht des ganzen Werkes. Auch macht es die Zuschauer ein bißchen wirbelig.

*

Das Tennisspielen ist eine großartige Erfindung für den Dramatiker. Eine Passion, wie solch ein Garten mit angrenzendem Tennisplatz die Szenenführung erleichtert! Der Tennisplatz wirkt als Menschen-Reservoir. Braucht man Leute, so öffnet man das Reservoir und die Menschen strömen auf die Szene. Will man die Leute weghaben, so läßt man sie einfach wieder ab, wie man ein Bassin entleert. Ein Griff: und die Bühne ist überfüllt, ein anderer Griff: und sie ist evakuiert. Sehr praktisch!

*

Eine feine und dichterisch gesehene Figur, diese Frau Hofreiter, das Lamm des Herrn Hofreiter. Frauen-Schicksal! Sie kann tun, was sie will: Sie ist schon dadurch Opfer, daß sie überhaupt etwas will; sei's das Legitime, sei's das Illegitime; sei's die Ruhe, sei's den Streit; sei's ihr Glück, sei's des Mannes Glück. Sie steht im Wege, wenn sie da ist. Und sie fehlt, wenn sie sich seitwärts schlägt. Ihre Treue lähmt, ihre Untreue vergiftet. Ihre Heiterkeit beruhigt, ihre Schwermut bedrückt den Mann so sehr, daß er sie in beiden Fällen allein läßt. Leiden und Mißverstanden-Werden scheint der Sinn ihrer Existenz. Sie ist das Kaninchen, an dem das Schicksal und der Dichter ihre vivisezierenden Künste üben. Schnitzler hat in seiner Literatur etwas Weiches, Weibliches. Aber er hat auch, glaube ich, eine Fähigkeit, in Frauenherzen hineinzuhören, sinnfällig zu formen, was amorph in ihnen steckt, und artikuliert klingen zu machen, was nur trübe und dumpf in ihnen rauscht. Das ist Dichters Sache: die Stummheit von Frauen, Kindern und Tieren zu hören. Sie brauchen immer den Dolmetsch (den der reife Mann, in seinen hellsten Augenblicken zumindest, sich selber abgeben kann).

*

Aber das, diese Begabung der Frau, durch Dichters Gnaden, mit der Fähigkeit der Sprache, das bedingt andererseits auch die große Unwahrheit aller Natürlichkeits-Dramen, der Ibsenschen Gesellschafts-Stücke sowohl wie der schäbigsten Boulevard-Komödien. Denn wo auf Erden gibt es so schöne Debatten mit einer Frau, Rede und Gegenrede, Verbleib beim Thema, Antworten, die gegen die Frage schlagen und nicht daneben ins Leere oder gegen ein nie gesprochenes, fiktives Etwas? Wo gibt es eine Debatte zwischen Mann und Weib — über Dinge, heißt das, die an beider Lebensnerv rühren — die so schöne logische Disposition hielte, nicht in tausend fliegende Späne dünn sich versplitterte, und am Ende noch wüßte, wo ihr Anfang war? Und was nützen die schönsten und schärfsten Waffen der männlichen Schwindel-Dialektik gegen die echte, aufrichtige, weibliche Debattierkunst, mit ihrer elementaren, erhabenen Drei-Einigkeit von Träne, Schweigen und hysterischem Anfall?

*

Das Sympathische an dem neuen Schnitzlerschen Drama ist: seine Lust, seine Gourmandise an Fragen, auf die es keine Antwort gibt. Wo scheiden sich Wahrheit und Lüge in erotischen Dingen? Wo gut und böse, dumm und weise, falsch und richtig? Der Trieb ist blind oder übersichtig. Und ob man ihm folgt oder nicht folgt, das erreichte Wegziel ist immer dasselbe: die Einsamkeit. Das ist die einzige Antwort, die der Dichter gibt. Er gibt sie leider pathetisch, mit einer großen Gebärde der Resignation und Wehmut, mit schmerzlichem Augen-Aufschlag, wie wenn er sagen wollte: man hat als Dichter gewisse Verpflichtungen.

Aber immerhin ist es diese Moll-Melodie vom unentrinnbaren Allein-Sein, die am schönsten und weichsten durch sein Drama klingt. Von jenem Allein-Sein, das den Tod weniger schwer macht. Weil man vielleicht gelassener sich in die ewige Einsamkeit schickt, wenn man's einmal verspürt hat, wie sehr ihr schon der Lebende verfallen ist. Auch wenn er liebt und geliebt wird.

„DIE MAKKABÄER" IM BURGTHEATER (1912)

Baron Berger, von dem ewigen Vorwurf gereizt, daß er die große Tragödie vernachlässigte, hat „Die Makkabäer" neu inszeniert zur Aufführung gebracht. Nach diesem unheimlichen Abend wird niemand mehr darauf beharren, das Burgtheater in die Klassiker hineinzuhetzen. Es war gespenstisch. Und ein Triumph fürs Kino. Die historischen Dramen im Kinotheater sehen ja ähnlich aus; ihre Helden haben die gleichen furchtbar-leidenschaftlichen Attituden, ihre Massenszenen zeigen denselben liniierten Aufruhr, ihre Kriegertrupps stürmen unter Wahrung der gleichen Gesangvereins-Zucht über den Film, wie sie von Syriern und Juden auf der Burgtheaterbühne gewahrt wurde. Aber im Kino fehlt das Geschrei, das Gebrüll, die schmetternde Nachtigall, der murmelnde Waldquell, das Eisengeklapper, kurz, der ganze Bergersche Mißbrauch der Akustik. Es war gespenstisch. Ein Landsturm von längst ausrangierten komödiantischen Posen, der Lächerlichkeit verfallenem Gebärdenspiel schien einberufen. Und der deklamatorische Lärm, mit dem er daherzog, war die reinste theatralische Veteranenmusik. Welch ein Krawall! Man wurde zwiefach traurig gestimmt bei dieser Blamage im Fortissimo: traurig, weil das alte Burgtheater gar so tot, und traurig, weil das neue gar so lebendig.

DER HINTERHALT (1914)

„Der Hinterhalt", Komödie in vier Akten von Henry Kistemaeckers. „Man kämpft" — sagt Kistemaeckers — „vorzüg-
lich in den Schlachten, auf die man vorbereitet ist. Aber
plötzlich gerät man ganz ahnungslos in einen Hinterhalt.
Solch ein Hinterhalt, der zeigt erst die Charaktere." Wie
wahr! Strindberg zum Beispiel, das war ein Hinterhalt, in
den das Deutsche Volkstheater ganz ahnungslos geraten.
Da zeigte sich der Charakter. „Der Hinterhalt" aber, das
war eine von den Schlachten, auf die es vorbereitet war
und in der es sich demzufolge auch glanzvoll bewährte.
Zum Beispiel der vortreffliche Herr Homma; Herr Klitsch,
der im Salonstück einen so hübschen Ton innerer Sauber-
keit hat; Herr Kutschera, bieder um und um, vom Kragen
bis zu den Schuhsohlen; Frau Wallentin, die immer eine
gute Schauspielerin war, und deren Spiel, seit sie durch
Schmerz und Bitternis gegangen, von einem neuen Quell
der Wärme und Innigkeit durchrieselt scheint; das kluge,
ohne Weinerlichkeit empfindsame Fräulein Hochwald — sie
alle zeigten sich dem Kistenmacher durchaus gewachsen.
„Der Hinterhalt" ist eine tüchtige Komödie, voll Spannung
und Vornehmheit, für unser Volkstheater wie nach Maß
gearbeitet. Gleich im ersten Akt befindet man sich in Nizza,
auf einer feudalen Terrasse, Privatvilla am Meer. Herren
und Damen gehen plaudernd oder setzen sich in Korbstühle
und äußern sich über das Glück. Hierbei erfahren wir, daß
Herr Klitsch der verheimlichte Sohn von Frau Wallentin.
Zweiter Akt. Im Hintergrund wird ein Pneumatik wiederholt von rechts nach links und von links nach rechts getragen, was, wie beabsichtigt, die Illusion einer im vollsten
Betrieb stehenden Automobilfabrik erzeugt. Arbeiter und
Fabrikant haben eine Differenz, im nu ist Streik, und Herr
Klitsch, bisher dem Kapital dienstbar, geht, weil er sich ge-

kränkt erachtet, in soziale Opposition. Im dritten Akt ist Herr Homma eben im besten Zug, Herrn Klitsch zu erwürgen — der hat ihm mitgeteilt, daß, füge sich der Fabrikant nicht den Arbeitern, die Fabrik in die Luft gehen werde — da stürzt Frau Wallentin herein und ruft: „Töte ihn nicht, er ist mein Sohn!", worauf Homma sich betreten in den Hintergrund zurückzieht. Nachdem der erste Schock überwunden, wankt Herr Klitsch zum Schreibtisch, um die Explosion telephonisch abzubestellen, aber indes wir noch zitternd bangen, ob die Nummer besetzt sein werde, kracht es schon. Im vierten Akt — keinen wird das wundern — bietet das Deutsche Volkstheater ein Bild trauriger Verwüstung. Menschenleben sind selbstverständlich nicht zu beklagen, denn Kistemaeckers ist ein kräftiger, aber kein roher Dramatiker. Ein Herr erscheint (nicht der Direktor) und sagt: „Ich habe Kapitalien, die zu nichts taugen." Später betritt Frau Wallentin das Zimmer und lehnt in Ergriffenheit und Herzensnot am Türstock. Ach, wie oft im Lauf der Jahre sind schon Frauen so in die Salons des Deutschen Volkstheaters hineingewankt und in Ergriffenheit und Herzensnot an der Tür stehen geblieben! Herr Homma scheint unversöhnlich, auf Intervention des Fräulein Hochwald jedoch wird die Schlange Zwietracht vom Kaninchen Edelmut verspeist, und bei Vorhangfall sehen wir die Familie unter einem einzigen Zuckerhut versammelt. Hier bemerkt der Autor in der Klammer: „Sergine entfernt sich mit Annie langsam nach links, in der Aureole der aufgehenden Sonne, im Lichte des Lebens, das ohne Aufhören stets von neuem beginnt ...". Oh, vous méchant, vous!

WIENER PREMIEREN (1914)

Im Burgtheater gab Herr Harry Walden Richard den Zweiten. Er war ein Troubadour und sang sehr kunstvoll von den Schicksalen eines Königs, der nicht begreift, daß einem König Unkönigliches widerfahren könne. Das edle Timbre seiner Stimme rührte die Mädchen und die weiche Anmut seines Benehmens vielleicht auch die Knaben. Es gäbe einen König, den er spielen könnte: den gold- und langlockigen König David. Nicht den, „dess' Kiesel den Goliath warfen", aber den mit der Harfe. Um diesen Schauspieler ist etwas fürchterlich Galantes. Selbst in seinen Monologen ist er von vollendeter Höflichkeit. Er haßt aufs liebenswürdigste; das Martyrium, das er trägt, ist aus einem ersten Schicksals-Salon, er stürzt reizend in den Abgrund und stirbt charmant. Sein Richard war der Glanzpunkt einer Vorstellung, deren Glanzpunkt zu sein noch nicht viel bedeuten will. Knieweich, schläfrig, kraftlos, im vollsten Ornat der Gewöhnlichkeit trauermarschierten fünf Akte vorüber. Um die Pause zwischen zwei aufeinanderfolgenden, aber zeitlich getrennten Szenen ohne Wechsel des Schauplatzes zu füllen, erscheinen Diener auf der Bühne und rücken die Stühle zurecht. Dann kann's weitergehen. Dramaturgie des Burgtheaters. Die Regie der Massenszenen verrät lebhaftes Gefühl für Symmetrie. Da herrscht allenthalben strenge Ordnung. Die Damen auf dem Balkone (in der Zweikampfszene), rechts drei, links drei, sind in grader Linie und in regelmäßigen Abständen ausgerüstet, während die zwanzig Stück Volk mehr diagonal durcheinanderwimmeln. Wenn König Heinrich in der Abdankungsszene empört aufspringt, springen gleichzeitig rechts fünf und links fünf von der Suite auf. Jedes Turnerherz pocht höher bei solchen exakten Übungen. Herr Devrient als Bolingbroke finsterer, als man sich den feinen Herzog gerne denkt. Düsterkeit, gemildert durch Embonpoint. In zwei kurze Szenen preßt Frau Medelsky konzentriertesten Kummer; eine Messerspitze voll genügt für mehrere Liter Herzeleid. Die Lebendigen des toten Abends: Fräulein Maria Mayer als Herzogin York, Herr Siebert als Northumberland, Herr Ernst Arndt als Gärtner. Komisch wirkten einzelne schüchterne Unternehmungen, das steife Kostümfest naturalistisch zu beleben. Northumberland versuchte das durch seine Maske und Percy durch kräftige Markierung des Sprachfehlers, der ihm nachgesagt wird. Aber mit so was sollte man im Burgtheater nicht scherzen.

*

Wedekinds „Simson" ist als dramatisches Kunstwerk (sofern ein solches beabsichtigt war) mißraten. Daß auch in einem mißratenen Wedekind noch Züge einsamer Genialität blenden, daß es in „Simson" Bühnen-Augenblicke von höchster Eindringlichkeit gibt und, in seine dunkle, zerwundene dialektische Materie eingesprengt, Formulierungen von kristallener Schärfe und Endgültigkeit, hilft nicht über das wirrsälige, von Absichten mehr geschwollene als geschwellte Theaterstück hinweg. Körper und Geist des Spieles hausen neben-, fast gegeneinander. Das Wort allein ist lebendig, die Menschen, aus denen es klingt, Holz, mit pathetischen und skurrilen Farben im Indianer-Stil bemalt. Und vor lauter Problemen sieht man das Problem des Stückes nicht. Wohl aber hört man seinen starken, machtvoll angeschlagenen und durchgehaltenen Grundton: den Schmerzensschrei, nicht der gequälten Kreatur, sondern des gequälten Kreators. Hier ruhen Wert, Interesse, Bedeutung des „Simson", der ein Bekenntnisstück ist, ein Epilog zum Gesamt-Wedekind, der Verzweiflung und des Triumphes, des Hohnes und der Anklage, des Hasses und der Liebe voll.
Eine große Leistung ist der Simson Albert Steinrücks. Sehr schön verinnerlicht er das Stärke-Motiv, gibt eines Riesen Seele noch im geschwächten und gedemütigten Leibe. Für

126

Wildheit, Ohnmacht, tiefste Not findet er Töne des Über-
maßes, die wie natürlichste Musik eines gigantischen Herzens
klingen; und seine Gesten, Schritte, Griffe scheinen oft Ur-
laute der Gebärdensprache. König der Philister: Herr Wedekind, komisch-opernhaft angetan und von einer überwälti-
gend-antitheatralischen, steifen, pergamentnen Sachlichkeit.
Ein Magistratsbeamter seines eigenen Ich. Wenn König
Wedekind-Og von Basan etwa sagt: „Ich hasse Dich", so
klingt das so, als ob ein gleichgültiger, unpersönlicher Diur-
nist des Königs die Partei verständigte, der König lasse ihr
mitteilen, daß er sie hasse. Eine sehr dekorative Delila: Frau
Wedekind, mit inbrünstig-forciertem Gehorsam in alle Absichten des Dichters sich schickend. Ein Talent, dessen
überheizte Schmächtigkeit jeden Augenblick zu explodieren
droht.

*

Im Stadttheater: „Die spanische Fliege" von Franz Arnold
und Ernst Bach. Ein fideler Schwank, bescheiden in seinen
Mitteln, aber auch in seinen Ansprüchen, urdumm, aber
spaßig. Nicht ohne Geschick werden aus einem kleinen Ver-
wechslungseinfall so viel Mißverständnisse und Irrungen
herausgeholt, daß sie für drei Akte reichen und bis zum Ende
eine Steigerung des komischen Wirrwarrs zulassen. Verrun-
zelte, treue, längst ausgediente Possen-Figuren und -Situatio-
nen sind eingerückt, tun wacker ihren Dienst und erbeuten
einen tüchtigen Posten Gelächter. Daß die altmodischen Tor-
heiten dieses Schwanks so viel ehrliche Heiterkeit wecken,
läßt auf einen rechtschaffenen Unsinnshunger der mit Sinn
schlecht gefütterten Publikumsseele schließen.
Der gute Geist des Abends ist Konrad Dreher. Oder eigentlich
der gute Leib. (Es ist lockend, einmal auch die Einfachheit
solcher volkstümlichen Komik kritisch zu betrachten.)
Schon sein hügeliges Format ist etwas sehr Gemütliches. Er
hat einen Bauch, aber einen flinken Bauch, der nicht behin-

dert, sondern sich als Elastizitätsvermehrer nützlich macht. Konrad Dreher ist die verkörperte Bonhomie und hausgemachte gute Laune. Sein bajuvarisches Idiom klingt wie etwas gesprochenes Appetitliches, und von seinem süffigen Phlegma kann man immer noch eins trinken. Seine Spaßigkeit hat das beste Tempo ohne Spur von Eile. Er ist immer in Bewegung und kommt doch nie aus der Ruhe. Er ist die gutmütigste bürgerliche Verneinung alles Romantischen. Wenn er den vermeintlichen Sohn seiner Jugendgeliebten (einer „die spanische Fliege" genannten Tänzerin) fragt: „Wie gehts denn der alten spanischen Fliag'n?", so ist das die komischste Entzauberung einer romantischen Sache durch den Dialekt; und die drolligste Einstellung eines Jugendabenteuers in die Wurschtigkeits-Perspektive des Alters. Wenn Herr Dreher in Verlegenheit seine hellen, großen Augen rollt, so blickt aus ihnen die hoffnungslose Leere, und wenn er's im Triumph tut, die freundliche Fülle eines Maßkrugs. Im Spiel dieses Veteranen der Lustigmacherei wird sozusagen die ganze „Komik des einfachen Mannes" lebendig, die Komik der engen geistigen Grenze und die Komik einer nach dem Kilo gemessenen bürgerlichen Würde. Seine schauspielerische Routine ist die gerade Fortsetzung seiner Natur; man weiß nicht, wo die eine aufhört und die andre anfängt. Und das lustige Geheimnis seiner „Technik" ist es, gar keine zu haben.

WOZZEK (1914)

Georg Büchners „Wozzek" ist die Tragödie einer armen Seele, die eine tiefe Ahnung von der Trübsal des Lebens hat, ohne daß sie aus solcher Ahnung Kraft und Waffen der Abwehr gewänne. Nur eine Art Gefühls-Mystik des Verfolgt- und Gehetztseins wächst in dem braven Wozzek groß und macht sein Herz undicht, daß alle Finsternis der Welt einströmen kann. Nirgends Ausruhen und Friede. Die guten Menschen sind ahnungslos, die wissenden töricht, die einfachen roh, die Natur eine boshafte Institution zur Pflege von Elend und Unrecht. Täuschung alles. Die Sterne goldfarbene Pappe, die Erde ein umgestürzter Häfen (die Großmutter erzählt hievon im Stück ein beziehungsreiches Märchen), und in des Schicksals Hand ruhst du, Mensch, so sicher wie im offenen Raubtierrachen. Das ist der seelische Dekorationsplan zur Tragödie des armen Füseliers Wozzek. Als sein Mädchen — einem einfachen, bestialisch-gesunden Naturgesetz gehorsam — ihn betrügt, wirft das den ohnehin labilen, schweren Mann vollends aus dem Gleichgewicht und macht ihn zum Mörder. ... Interessant an der dramatischen Skizze ist ihr starker anti-christlicher Zug. Sie zeigt das Leid als Knechtzeichen um eine Seele geschmiedet und nennt die tausendjährige, heilige Mode fragwürdig, die es als Herrscherdiadem getragen wissen will.

Der Stil des „Wozzek" gibt eine Art Kreuzung zwischen Romantik und Naturalismus: Aus den Fugen des Dramas wollen Lieder blühen, die Sümpfe der Tatsächlichkeit opalisieren geisterhaft, pünktlich in der Stunde des Mordes ist der Mond blutrot, und wie burleske Blitze, weiß und kalt, schneiden Grimassen durch die Finsternis des Spiels. Als „Skizze" in des Wortes Sinn möchte ich den „Wozzek" nicht ansehen. Diese Folge von szenischen Notizen (von Szenen kann man kaum sprechen) scheint weniger Skizze als vielmehr Fieberarbeit eines Menschen, der keine Zeit hat. Er hatte ja auch wirklich keine Zeit, der Jüngling-Dichter, dem schon das ganze Abrakadabra moderner Theatermagie auf den Lippen war, als der Tod sie eilig schloß (wie um einen Vorlauten am Ausplaudern noch nicht reifer Geheimnisse zu hindern). Im „Wozzek" wird schon ein Schicksal aus dem Blut des dramatischen Helden, darin es von allem Anbeginn steckte, folgerichtig befreit; die Technik ist eine ganz modern verkürzende und verdichtende Fleck-Technik; die Worte haben eine weithin ausstrahlende Prägnanz, die Tatsachen oft eine stumme Ironie, die lautlos und doch gellend, ein Ausrufungszeichen, hinter dem Gesprochenen steht; und der Spiegel, der hier dem Gaukelspiel des Lebens aufgerichtet ist, hat schon den Doppelschliff neuester Fabrikate. So genommen, als Frühgeburt der Entwicklung, ist der „Wozzek" ein Stück merkwürdigster genialer Literatur. Als absolutes Kunstwerk kommt er — zu spröde, eng und kurz von Atem — für die heutige Bühne nicht in Betracht. Deshalb ist auch die Wozzek-Ekstase der jungen und ältern Knaben, die meinen, man glaube ihnen inneren Zündstoff, wenn man sie brennen sähe, weitaus peinlicher als das Kopfschütteln der Bürger. Wenn man die Nullen und Commis und Bettler im Geiste, die das Wiener Theaterleben „machen", an Georg Büchner sich reiben und glühen sieht, wird der Wunsch nach einer mehrhundertjährigen Schutzfrist des garantierten Verkannt-Seins für Genies lebhaft rege.

Dem Füselier Wozzek diente, auf der Residenzbühne, des Gastes Albert Steinrück starke, zwingende Schauspielkunst. Mit einfachsten Mitteln spielt er die dunkle Pein und Unruhe eines wehrlosen Herzens, das unterm Joch schon keucht, ehe es ihm noch auferlegt wurde. Sein wie vom Steinmetz gearbeitetes Antlitz kennt vielerlei gemimte Schreie, und seine Augen haben eine hochausgebildete Technik des Ächzens. Ergreifend gibt er das Gestockte, Dumpfe in des Wozzek

Art, die Qual einer unartikulierten Seele, das Schmerz-Pathos einer Natur, die kein Pathos hat. Und wahrhaftig tragisch wirkt es, wenn sein Jammer, von Branntwein durchtränkt, ins Singen kommt, und seine Vierschrötigkeit im Rhythmus der Verzweiflung lustig zu hüpfen beginnt.

WIENER KRIEGSSTÜCKE (1914)

Im Deutschen Volkstheater: „Sturmidyll", Lustspiel in drei
Akten von Fritz Grünbaum und Willy Sterk. Auf dieses
Lustspiel paßt die Charakteristik, die seiner Heldin wiederholt zuteil wird: harmlos, aber verdächtig. Es dürfte als Operette zur Welt gekommen, für eine steile Karczag-Karriere
bestimmt, später jedoch von seinen konjunkturverständigen
Eltern der Laufbahn eines Kriegslustspiels gewidmet worden
sein. Unwahrscheinlich, daß zwei trotz vorangegangenen
mehrfachen lustigen Gesangstexten immerhin zurechnungs-
und verantwortungsfähige Menschen den Plan gefaßt haben
sollten, aus der blutigsten Gegenwartserde ein „Lustspiel"
herauszukratzen. Wahrscheinlicher, daß ihre Operette irgend-
wann und irgendwo gespielt hat, dann aber, als der Krieg
kam, mobilisiert und, entsprechend ausgerüstet, auf die
polnischen Schlachtfelder geschickt wurde. Dort geht's,
wenn man dem „Sturmidyll" glauben darf, recht gemütlich
zu. Ein schneidiger, herzhafter, rundherum und mitten-
durch charmanter österreichischer Offizier erobert, zwischen
den Schlachten, eine scharfe polnische Gräfin; ein russischer
Major wird unblutig, mit der Hand, gefangen, daß eine Freud'
ist, ein netter Einjährig-Freiwilliger aus Wien verlobt sich bei
dieser Gelegenheit; und ein alter polnischer Jude träufelt
Güte und Klugheit. Im zweiten Akt flattern etwa zehn
junge Mädchen im Nachtkleid auf die Bühne, es riecht nach
munterm Chorgesang mit Lachrefrain oder dergleichen, aber
alles bleibt dialogisch. Und so könnte man mit dem ganzen
freundlich-törichten Spiel zufrieden sein, trüge es nicht den
peinlichen Makel des Einbruchs in eine brennende Jahreszahl
an sich. Das Wohlbehagen der Zuhörer an diesem „Sturmidyll" war dessenungeachtet groß und zum Teil auch ver-
ständlich. Spannung, Spaß, Rührung erscheinen in den drei
Akten sinnig gemischt, und der alte Leiser, ein Sproß der

Dynastie Isaac Stern aus „Einer von unsre Leut'", gibt dem Gemisch durch seine trauliche Pfiffigkeit das schmackhaft Rituelle.

*

Auf derselben Bühne: Rudolf Tyrolt in einer neuen Rolle, als guter Wiener Bürger namens Gruber. Man wurde wieder seiner erquicklichen, breiten, die Bühne füllenden Persönlichkeit froh. Kein Darsteller hat eine bessere, einfachere Art, das Herz sichtbarlich auf dem rechtesten Fleck zu tragen, als Tyrolt. Sein schauspielerisches Wesen ist ein Wärmequell, der die frostigste Szene behaglich macht. Dargestellt wurde: „Mit vereinten Kräften", ein älteres Volksstück von August Neidhardt. Jetzt ist es für den Krieg hergerichtet worden. Ein Wiener, ein Ungar, ein Tscheche, ein Pole, ein Italiener besitzen gemeinsam ein Haus und zanken sich. Der Hausinspektor trägt die Maske des Grafen Stürgkh. Herr Lehmann, durch steil gespitzten Schnurrbart als verkörpertes Deutschland erkennbar, tritt auf und meldet erregt, eine Spekulantengruppe, die Herren Point, Graham und Korsakow, beabsichtigten, durch einen Hausbau die Straße zu sperren. Daraufhin versöhnen sich die Zankenden. Im nächsten Akt haben sie alle Gewehre umgehängt. Herr Gruber sagt zu Herrn Lehmann: „Ich drücke deine starke Hand." Der Inspektor berichtet, das Nachbarhaus des streitsüchtigen Herrn Nischinsky (der einen bissigen Dackel namens Georg hat) gehöre eigentlich Herrn Gruber. Die frühere Hausbesitzerin Maria Theresia, respektive deren Inspektor, Herr Eugen Ritter, hätten ihm das Haus vermacht. Gruber zerreißt großmütig das Dokument. Und so weiter. Eine sinnbildliche Darstellung der Zeitgeschichte für den Hausherrenverein. Man kann es nicht erzählen, wie ergreifend kindisch das Ganze ist. Einiges fehlt in dem allegorischen Haus. Zum Beispiel eine Tabaktrafik, die zwanglos die befreundete Türkei repräsentiert hätte. Dann kulturelle Sinnbilder. Etwa, im ersten Stock ein Lehrer: die Wissenschaft. Im zweiten ein Librettist: der Handel. Im dritten ein Stukkateur: die bildende Kunst. Und Parterre, ganz Parterre, ein schwachsinniger Greißler: das Theater.

„Nathan der Weise". Man wandelte unter ziemlich schäbigen Palmen, und die Gemächer des Saladin zeugten von der Finanznot des gütigen Sultans. Herr Devrient spielt ihn mit klagloser Ergebung in die Rolle. Freude hat er keine an ihr. Noch mehr langweilt sich Fräulein Wohlgemuth im Gewand der Sittah, das sie mit fürstlicher Würde trägt. Ihre Stimme balanciert zwischen Alt und Sopran. Man hat immer Angst, daß sie umkippen könnte. Nathan: Herr Siebert. Er hat eine Art sublimiertes Jüdeln in Ton und Gebärde, die seiner Darstellung charakteristische Farbe gibt. Aber das ist auch ihre einzige Farbe. Sonst liegen ihre Werte in der saubern, verständnisvollen Zeichnung der Figur, die, mit lauter Schlichtheit fast protzig gefüllt, ihre Güte und Weisheit ins Unscheinbare zu rücken andauernd bestrebt ist. Sehr wohlschmeckend die einfältige Seele von Klosterbruder in Herrn Arndts Leiblichkeit und derb possierlich die Daja der Frau Schmittlein. Herr Treßler gibt dem temperamentvollen Derwisch gezähmtes orientalisches Feuer. Er wird nicht recht warm, wir auch nicht. Fräulein Leschka ist die Recha. Schüchtern, oft so sehr, daß ihr die Rede im Munde erstirbt. Aber es ist ein Flimmern von Talent um diese junge Dame mit der glockenreinen Stimme, in ihrem Spiel ein verstohlener Augenaufschlag von Empfindung, ein fernes Klingen irgendwo verborgener Musik, das den Zuschauer freundlich beunruhigt. Das tut auch die Glut des Herrn Gerasch. Man fühlt so sicher, daß sie nicht echt ist! Von absonderlicher, gleichsam öliger Schärfe Herr Heine als Patriarch. Er ist der einzig Originelle in der Neuaufführung, als deren Kennwort im übrigen dienen könnte: würdiges Klischee.

*

„Goldfische", von Schönthan und Kadelburg. Drei glückliche Paare, ein Leutnant, der Charme aus allen Poren schwitzt,

Geld in Menge, eine reizende Witwe, lockere Verwirrungen, die sich sanft und sicher lösen, alle Figuren wie mit Glanzlack überzogen, der nirgends den leisesten Sprung zeigt, kurz, ein Spiel, bei dem sich das Burgtheater sagen darf: Tua res agitur. Oder: Hier liegen meine Reiche. Wo träfe man auch diesen klaren, kühlen, saubern Porzellanton eines leblosen deutschen Lustspiels besser als im Burgtheater? Wo hat man noch eine reizende Witwen-Darstellerin gleich Frau Witt, so klug, fein, überlegen, mit so reifem Lächeln berückend, so versiert schelmisch, von so geschmeidig verliebtem Wesen, mit solcher Stimme, in der es wie Seide knistert? Und wo hat man derzeit noch einen Leutnant Harry Walden? Seine leicht federnde Elastizität ist etwas derart Vollkommenes, daß ihr Anblick im Herzen des Zuschauers — das ist das Los des Schönen auf der Erde! — fast boshafte Wünsche weckt. Man hätte, zum Beispiel, nichts dagegen, wenn dieser herrliche Mann einmal über den Teppich stolperte oder sonstwie von einer jähen Lächerlichkeit geknickt würde. Man empfände das als Rache des eifersüchtigen Apoll. Es ist Genuß, Herrn Walden vor einer reizenden Witwe feuerwerkern zu sehen, das nasale, kernige Tremolo seiner Innigkeit zu vernehmen, die Eleganz seiner knappen, runden Gebärden mit Blicken einzuschlürfen. Die Seele fühlt sich gleichsam massiert, wie von einem zartfühlenden Badwaschler durchgeknetet. So war es auch diesmal. Das ganze, vollbesetzte Haus wurde, man spürte es geradezu, warm vor Sympathie, wenn Herr Walden auf der Szene stand. Fräulein Kutschera atmet noch nicht lange Burgtheaterluft. Aber schon hat ihre wahrhaftige Jugend eine frostige Technik der Jugendlichkeit gelernt. Ein munterer Liebhaber ist Herr Romberg. Es war einmal, in der Hütte der Wasa-Gasse, da schien er mir mehr. Seit ihn der Palast verschluckt hat, bemerkt man ihn kaum. Das Burgtheater hat einen guten Magen; eine fatale Fähigkeit, hoffnungsvolle Begabungen raschestens bis zur Unsichtbarkeit zu verdauen. Herr Pittschau dürfte der beste Portier-Darsteller der deutschen Bühne sein. Weil die dramatische Literatur aber verhältnismäßig wenig Rollen dieses Fachs bietet, nötigt ihn solche Eigenart zu einer merkwürdigen Verrückung seiner darstellerischen Aufgaben. Er spielt dann immer den Hausmeister der Figuren, die er eigentlich zu spielen hätte. Ein seltsamer Fall darstellerischer Metonymie.

Neue Wiener Bühne: Zwei Komödien des berühmten Roman-
schriftstellers Heinrich Mann. Zuerst: „Die Unschuldige",
ein wahrscheinlich bedeutender, dunkel getönter Akt, in dem
Liebe, Tod, Schuld, Verlangen, Seele, Bestimmung der Frau
und Bestimmung des Mannes vielerlei Geheimnisse miteinander haben und sie bis ans Ende treulich bewahren. In einen
grell, aber doch ruhig gemusterten Tatsachen-Kanevas sind
wertvolle abstrakte Erörterungen hineingestickt. Die Arbeit
ist mehr kunst- als reizvoll und trägt die Marke einer durchaus
aristokratischen Langeweile. In diesem Akt erfüllt Frau Roland die Pflicht, edel aufgeregt zu sein, mit hoher artistischer
Gewandtheit. Ihrer Kunst, Absichtlichkeiten als Instinkte
zu verkleiden, gelingen auserlesene Täuschungen. Welch
feinste Vibrier-Technik in dem leidenschaftlichen Litanei-
Ton, den sie so sehr liebt! Durch das einfache Mittel, die
Stimme am Satzende nicht sinken, sondern steigen zu lassen,
übt ihre Rede einen geschickten Betrug an der Schwerkraft,
erhält eine Art musikalischer Originalität und trägt, auf-
schwebend, die ganze Person der Sprecherin, mit Haut und
Haar, sichtlich in höhere Regionen. Die schönen Posen der
Frau Roland sind ebenso wie die ekstatischen Unwillkür-
lichkeiten ihres Spiels wohl berechnet. Eine Schauspielerin,
die genau weiß, was sie will und ihren Willen mit herrischer
Energie selbst gegen die eigenen Unzulänglichkeiten durch-
trotzt.

Dann „Varieté", ein Spiel von der Unzucht, in der sich
beim niedrigen Theater Liebe, Kunst und Geschäft abscheulich und komisch vermengen. Steigt an wie eine Rakete,
leicht, bunt, brillant; dann endet der Zauber und nur die
Rückstände des Feuerwerkes glimmen noch eine überflüssige
halbe Stunde weiter. Erst ist der Humor der Sache beweglich,
später wird er seßhaft. Erst ist der Autor belustigend, später

belustigt. In diesem spätern Stadium ist das Vergnügen, leider und naturgemäß, ganz auf seiner Seite. Herr Pointner spielt in der Komödie, in der Witz und Billigkeiten untrennbar durcheinander gerüttelt erscheinen, einen sehr echten Talentstrolch, und Herr Iwald bewährt sich auch hier als Darsteller, der redlich das gibt, was die Rolle braucht, nicht weniger, nicht mehr. Das lustige, flockige, schillernde Persönchen im Mittelpunkt der Komödie ist Frau Roland. Erdgeist, dem die Dämonie abhanden gekommen. Gescheit ohne Hirn, verliebt ohne Empfindung, kindisch und raffiniert, hemmungslos plappernd, zwitschernd, piepsend, eine Wolke von Betrügereien, Dummheiten, Minauderien aus dem aufgeplusterten Gefieder stäubend und Niedertracht übend, wie der Vogel singt, der in den Zweigen wohnet. Frau Roland macht das so, daß man ihrer Begabung ganz froh werden könnte, wenn nicht der penetrante Zusatz von Schläue auch hier den Nachgeschmack verschlechterte.

JAKOB WASSERMANN
DIE UNGLEICHEN SCHALEN (1915)

„Die ungleichen Schalen", drei kleine Stücke von Jakob
Wassermann. Schalen, Krüge, Becher sind sehr beliebte In-
ventarstücke der feinern Wiener Literatur. Hier handelt es
sich jedoch offenbar um andre Schalen, nämlich um Waag-
Schalen. Die eine bedeutet: Mannes Würde und Wert; die
andre: Weibes Reiz und Huld. Es kann aber natürlich auch
anders gemeint sein. Das erste Stück heißt: „Der Turm von
Frommetsfelden", das zweite: „ Gentz und Fanny Elßler",
das dritte: „Lord Hamiltons Bekehrung". Es sind drei milde
Schauspiele, zierparkartige dramatische Anlagen, gepflegt
und gestutzt, von anmutig gewundenen, spiegelklaren Bächlein des Dialogs durchrieselt. Ruhevoll sitzt es sich an seinen
Ufern, kühl bis ans Hirn hinan. Dem Theater geben die drei
kleinen Stücke nicht viel; verlangen auch von ihm nichts
Wesentliches. Sie sind, was das betrifft, mit einer leutseligen
Geste anspruchslos. Ihre sorgsam geplättete Sprache, die
Politur ihrer Gedanklichkeit, ihre vorsichtige, spitzfingerige
Art in der Behandlung des Problematischen hat für den Zuhörer, der wach bleibt, Reize. Das zweite Stück, „Gentz
und Fanny Elßler", ist seidenfadendünn. Man merkt die
Dünnheit, aber man merkt auch die Seide. Und darauf kam
es wohl an. Das dritte rührt durch den trotzigen Willen,
frech zu sein. Unbegreiflich, wie man den Dichter der Pikan-
terie, der stürmischen Erotik und ähnlicher Jugendtorheiten
beschuldigen konnte. Er tut doch ersichtlich nur so derb, um
seine Angst vor der Derbheit zu überwinden. „Sei doll, du
Wilder!" sagt in der Operette die Dame zu ihrem vor Angst
und Schwäche zitternden Liebhaber.
Herrn Steinrücks körperliche und seelische Statur paßt nicht
recht in die gebrechliche Landschaft des Wassermannschen
Theaters. Um so bewundernswerter, wie subtil er — als Gast

der Neuen Wiener Bühne — zum Beispiel den Gentz spielt,
Verzicht und Eifersucht, Weisheit und Verliebtheit, Herzens-
schwäche und Seelenstärke zur opalisierenden Charakter-
farbe mischt und durch hunderterlei feine Obertöne dem
Klang der Figur harmonische Fülle gibt. Fräulein Hilde
Coste half sehr nett Altwiener Stimmung machen, und
Herrn Pointners ahnungslose Wurschtigkeit ließ sich ganz
gut als aristokratische Ruhe deuten. Zu Verführungszwecken
in Sachen Hamilton war das sehr begabte Fräulein Ritscher
aus München geholt worden. Ihre Entblößungen waren von
großer Heftigkeit. So macht das eben eine Sentimentale,
wenn sie zum Äußersten entschlossen ist. Deutlich, aber
mit mangelhafter Technik.

„Der verlorene Sohn", Komödie in drei Akten von Emil
Ludwig, Verfasser anregender Bücher über Bismarck, Afrika
und Richard Wagner, in denen mit glänzender journalisti-
scher Geschicklichkeit der Journalismus, der sie zeugte,
wissenschaftlich und literarisch maskiert ist. Auch dort
also, wie jetzt in der Komödie, eine Art talentvoll über-
brückten Zwiespalts zwischen Sohn und Vater. „Der verlorene Sohn" ist ein spaßiges Stück. Handelt von Lebens-
bestimmung nach bürgerlichen und künstlerischen Grund-
sätzen, von fröhlichem Exzeß freier Empfinder und Denker
nach ihrem Wiederhineinfinden in den Schoß der guten
Familie. Talent und Geschäft schließen am Ende eine gute
Vernunftehe, als deren symbolisches Kind eine Operette
zur Welt kommt. Die beste Figur im Stück ist ein ruppiger
Philosoph, der dem Willen des „Weltgeistes" Geltung zu ver-
schaffen bestrebt ist, und dessen phlegmatischer Radikalis-
mus sich in einer Spruchweisheit von lustigstem Freimut
auslebt. Irgendwie spürt man an der Komödie, daß in ihr
Erlebtes oder Gesehenes zur drolligen Überkonsequenz
weitergeführt sein mag. Partei nimmt der Autor weder für
den Vater noch für den Sohn. Er scheint beide für harmlose,
in ihrer Art liebenswerte Narren zu halten. Das Stück hat
Geist. Aber er sitzt im Dialog wie in einer Schaukel, die von
einem guten Einfall zum andern immer erst durch eine
läppische Zone schwingen muß. Manchmal ist die Länge
dieser Amplitüden kaum auszuhalten. Geld spielt in der
Familie keine Rolle; also verbreitet sich auf der Bühne wie
im Zuschauerraum bald jene schöne, behagliche Wärme, in
der alle Lustspielkeime rasch und üppig und gern aufgehen.
Mit der nettesten trockenen Fidelität spielt, an der Residenzbühne, Herr Salfner den Naturphilosophen. Eine vornehme
Schauspielerin ist Fräulein Brandt; sie scheint mehr Herz zu

haben als Humor. Die saftige Routine des Herrn Odemar ist
so verläßlich wie angenehm, und der Bühnengebrauch, den
Fräulein Schmidt von ihrer hübschen Erscheinung macht,
läßt sich, edel sei der Mensch, hilfreich und gut, ohne weiteres auch als Talent deuten.

FRANZ LEHAR, DER STERNGUCKER (1916)

Die Erstaufführung einer Operette von Franz Lehár ist bekanntlich nicht nur ein musikalisches, sondern leider auch ein gesellschaftliches Ereignis. Kein Wunder also, daß ــ
ie Wiener Premiere des „Sternguckers" alles im Josefstädter Theater versammelte, was an der Wiener Operette als an dem vollwertigsten Ausdruck heimischer Geisteskultur Anteil nimmt und gibt. Die Versammlung hatte in jeder Hinsicht einen ausgezeichneten Verlauf. Das neue Werk Franz Lehárs lobt seinen Meister, und der Referent kann nichts andres tun. Man lernte eine Lustspielmusik vornehmer Art kennen, die, leicht und lieblich dahinströmend, allerorten den schöpferischen Reichtum ihres Erfinders verrät. Der schöne Walzer des zweiten Aktes, ein besonders feines Stück zärtlicher und träumerischer Musik, erwies sich als die sieghafteste Nummer der Partitur. Er hat den charakteristischen langen Atem Lehárscher Melodien und die schwelgerische Innigkeit, mit der dieser Musikmacher auch die nicht rührseligen Gemüter sentimental zu verhexen weiß. Stellenweise hebt sich die Partitur zu dramatischen Höhen, als deren steilster Gipfel die musikalische Illustrierung eines Schiffbruches gelten kann. Auf diesem Gipfel ereignet sich ein leidenschaftlicher Gesangsausbruch des Herrn Treumann in die Worte: „Näher, mein Gott, zu Dir!" In den lyrischen Tälern der Operette, näher, mein Karczag, zu dir, blüht es allenthalben von melodischem Einfall. Wo immer diese delikaten Weisen ertönen werden, werden sie den Hörer geneigter machen, sich in seine jeweilige Nachbarin zu verlieben. Was ja, von Trauermärschen abgesehen, als die sozial belangreichste Wirkung angenehmer Musik gelten darf. Die instrumentale Zubereitung der Lehárschen Einfälle, von manch einem Feuertropfen aus Richard Wagners Zauberkessel besprengt, wird allen Feinhörern ein Wohlgefallen sein. Wesentlich zugute kam der Musik auch die

Wiedergabe durch ein hochwertiges Orchester; an den Pulten der ersten Violinen und der Holzbläser dürften Künstler von Rang gesessen haben.

Über das Buch des „Sternguckers", das Herrn Fritz Löhner zum Verfasser hat, wagt der Referent kein Urteil abzugeben, da ihm Operettendichtungen eine fremde Welt sind, in deren rätselhaften Sitten, Bräuchen und Gesetzen er nicht Bescheid weiß. Die Lebewesen, die in einer Operette durch Gesang, durch teils langsame, teils rasche rhythmische Bewegungen oder durch andre feierliche und fidele Zeremonien mit einander sich verständigen, sind eine Geheimsekte, über deren Tun und Lassen ein Schleier gebreitet ist, wie etwa über das Seelenleben oder die Mitteilungsmethoden der Goldfische. Nach Information Sachkundiger steht das Buch des „Sternguckers" über dem gewöhnlichen Operettenniveau, ist auf eine nicht rohe Art lustig und bietet dem Komponisten schmiegsame Texte. Ein Verdienst des Librettos, das ich zu würdigen weiß, ist die Heranziehung mehrerer junger, frohgemuter Mädchen zu intensiver Beschäftigung auf der Szene. Eines dieser Mädchen ist die Schwester des Sternguckers; seine brüderlichen Empfindungen gipfeln in dem Satz: „Für die ich lebe und strebe und bebe, das ist allein mein Schwesterlein." Hernach tanzen die Goldfische eins.

Glänzend inszeniert und dargestellt, hatte das neue Werk sehr großen Erfolg. Träger der männlichen Hauptrolle ist Herr Louis Treumann. Es geht mir mit ihm wie mit dem Genre überhaupt: ein rätselvolles Wesen, das wohl aus den Spezialgesetzen seiner sonderbaren Welt heraus verstanden und gewürdigt werden müßte. Er hat den prononciertesten Glauben an seine Unwiderstehlichkeit, und die Glaubensgenossen gewähren ihm — dank der temperamentvollen Öligkeit seiner ganzen Art — leicht und gern Eingang in ihre tiefste Sympathie. Als Tänzer ist er unübertrefflich und auch sonst von ausdrucksvoller Beweglichkeit. Er kann mit den

Schulterblättern trillern und hat ein schönes Tremolo in der Leistengegend, das ihm besonders bei Liebeserklärungen zustatten kommt. Weniger befreunden könnte ich mich mit dem fortwährenden Überschlagen seiner Sprechstimme in einen zärtlichen Diskant. Aber Eigenart will eben hingenommen werden, wie sie ist.

WIENER VOLKSBÜHNE (1916)

Es kommt darauf an, was beabsichtigt ist. Eine Art dramatischer Volksküche, in der anspruchslosem Publikum Nahr-
haftes und Anregendes in bühnenmäßiger Zubereitung
verabreicht werden soll, oder ein Theater wie die andern,
ein Institut also für mehr oder minder qualifizierte Nerven-,
Hirn- und Seelenkitzel. Nach dem Namen der neuen Bühne,
der Weitläufigkeit des Lokals und dem Höhenmaß der gebo-
tenen Regie- und Schauspielkunst zu schließen, hat die
erste Annahme alle Wahrscheinlichkeit für sich. Abstrahiert
man von der Rührung, die das unbeirrbare Streben des
Herrn Doktor Rundt, dem Volk von Wien einen Löffel
warmer Kunst zu vermitteln, wachruft, so war die Eröffnungsvorstellung – „Ein Sommernachtstraum" – nicht sehr
erquicklich. Der merkbar gute Wille des Regisseurs und seiner
Mitarbeiter fand aber in dem noch besser merkbaren guten
Willen der Zuhörerschaft Ergänzung, und so geriet der neuerliche Anfang der „Volksbühne" Fortsetzung versprechend.
Direktor Roller hat zum „Sommernachtstraum" Dekorationen entworfen, die, für bescheidene szenische Mittel,
aber immerhin von Direktor Roller erdacht, wie die üppige
Stunde eines Asketikers aussahen. In der grimmigen Lustigkeit des ersten Bühnenbildes lag viel entschlossene Kirchweih-
stimmung. Die Akteure fügten sich ihr. Es wurde nicht nur
von den Rüpeln, grell und übertrieben, in einer Art Klecks-
manier gespielt. Herr Barnay war Theseus, Fräulein Sering
Hippolyta, die Herren Rehberger und Momber wenn auch
genarrte, so doch quietschvergnügte Liebhaber. Eine niedliche Titania, Fräulein Serènyi, und ein schön deklamieren-
der Oberon, Fräulein Lisa Scholz, trugen zur Hebung des
Waldeszaubers bei, den auch der Puck des Fräulein Lilly
Groebl in keiner Weise störte. Zettel der Weber war Herr
Lackner. Ein sicherer Schauspieler, der Laune und lenkbaren

Übermut besitzt; und Intelligenz übergenug, um deren völligen Mangel wirksamst darzustellen. Fräulein Reimann als athenische Hocharistokratin traf aufs beste Ton und Haltung einer muntern Zofe, indeß Fräulein Straub als Prinzeßchen Helena immer wieder mit Hoch- und Nachdruck aufmerksam machte, daß sie vorhanden, begabt und überlegen sei. Man hätte ihr gerne zugerufen: Ja! Beruhigen Sie sich doch bitte!

Die „Volksbühne" hat im „Colosseum" Quartier genommen, wo vor ihr ein Varieté sein Publikum zu verlieren gewußt hat. Es war ein schlechtes Varieté. Und das kommt dem neuen Unternehmen zugute, denn ein schlechtes Theater ist ohne Zweifel um eine dünne sittliche Nuance höherwertig als ein schlechtes Tingl-Tangl. Hingegen wäre grundsätzlich zu bemerken, daß ein originelles und lustiges Varieté-Programm viel freundlicher und sicherer so Volk wie Adel und Bürgertum über die Greuel des Daseins hinwegzutäuschen vermag, als etwa die Aufführung eines klassischen Lustspiels, die, der Poesie, Anmut und Heiterkeit entbehrend, jeden Augenblick vor Mühsal und Trockenheit zu platzen droht.

DIE MACHT DER FINSTERNIS (1917)

„Die Macht der Finsternis" ist eine der respektvollsten Aufmerksamkeit werte Tragödie, weil sie von Leo Tolstoi ist. Damit sind aber ihre Qualitäten so ziemlich erschöpft. Vier Akte lang Finsternis, damit im fünften ein Lichtlein, das aus ihr herauszuführen taugt, feierlich angesteckt werden kann. Vier Akte lang wird eine Seele im Hexenkessel hart gesotten, um im fünften à la ciel weich gedünstet zu werden. Schnaps, Wollust, Einfalt, Habgier und Roheit sind am Werk, um einen armen Sünder den untern Mächten zu sichern; aber am Ende tönt die Stimme von oben: „Ist gerettet!" Da uns der arme Sünder menschlich niemals nahe kommt, lassen uns seine Abenteuer in den Stationen des Lasters so gleichgültig wie seine steile Himmelfahrt. Nikitas Herz wird experimentell versteinert, um einen göttlichen Funken aus ihm schlagen zu können. Das Psychikalien-Kabinett, in dem der erste Teil dieses Versuches vor sich geht, ist grauslich genug. Aber da keinen Augenblick zu übersehen, daß wir in einem zweckmäßig eingerichteten Laboratorium sind, berühren uns die peinlichen Vorgänge, die wir dort mitanschauen müssen, nur quälend, niemals tragisch. Vor zwanzig Jahren bereits, als die Bühnen es mit dem Naturalismus hatten, schien die „Macht der Finsternis" ein krassestes und doch innerlich schwächstes Produkt dieser Beziehung. Vor zehn Jahren ließ das Stück schon völlig teilnahmslos. Heute ist es trotz der russischen Konjunktur unerträglich. Schade um die Mühe, die die Wiener Volksbühne und Herr Herbert Ihering der toten Sache gewidmet. Die Regie hatte ein hochdeutsches Dorf versammelt, in dem es nach altem Theaterbrauch russisch herging. Ach, wie fade sind schon diese Brüderchen-Zeremonien, diese ganze Nachtasyl-Etikette der Mühseligen und Beladenen, dieses stöhnende Hinauf- und Hinunterkriechen an dem zweistockhohen Ofen, dieses ächzende Stiefel-An- und Ausziehen, diese umständlich eingefatschten Greise, dieses ganze theatralische Konserven-Rußland! Herr Kortner war Nikita. Man sah sein Talent, und man sah die Figur, die er darstellte. Beide gingen nebeneinander her. Herr Marlitz erfreute durch die kunstlos wirksame Einfachheit seiner Rede. Herr Momber hustete ein gutes Finish der galoppierenden Schwindsucht. Fräulein Agnes Straub ist von der Angst heimgesucht, daß man ihre Begabung nicht spüren könnte. An ihr echtes Talent hat sie — zu Vergrößerungszwecken — einiges erheucheltes Talent angestückelt. Sie macht immer um das entscheidende ärgerliche Plus zu viel. Wer hat ihr geheißen, am Ende des ersten Aktes den Oberkörper wie ein geschlachteter Wurstel beim Fenster heraushängen zu lassen? Warum wimmert sie, wo ein leichtes Beben der Stimme genügte? Warum schneidet sie Grimassen, wo Mienenspiel ausreicht? Kurz: warum affektiert sie Temperament, das sie ja hat?

Molière-Abend des Deutschen Volkstheaters. Besorgt von
dem Reinhardt-Ersatz, dem Berliner Regisseur Halm, den
sich der reiche Provinzonkel in Wien bei schwereren literarischen Anfällen als Consiliarius kommen läßt. Die Kur
kostet ein sündhaftes Stück Geld und nützt einen Schmarrn,
aber man soll nicht sagen, daß das Deutsche Volkstheater
zwecks Behandlung seiner chronischen Uninteressantheit
und Mittelmäßigkeit an Arzt und Medizinen spart.

„Sganarell" ist ein völlig ausgetrocknetes, vermutlich schon
in den Tagen seiner Blüte ganz dürftiges Pflänzchen aus dem
literarhistorischen Herbarium. Zu Ehren der unscheinbaren
Antiquität ging es bunt und hoch her. Die Bühne prangte
in Farben der Freude, die Kostüme strotzten von Ausge-
lassenheit, die Darsteller schwitzten vor Elastizität. Man
spielte naives Theater — der Diener hinter der Kulisse, der
den Abgehenden, um ihnen das Abgehen zu erleichtern,
von draußen die Tür öffnete, mußte sich bei jeder solchen
Gelegenheit in ganzer Figur zeigen; eine lebendige Bitte,
die reizvolle Primitivität der Inszenierung doch ja nicht zu
übersehen! — man spielte naives Theater, ironisches Theater,
drastisches Theater, bizarres Theater, Marionettentheater,
Hanswursttheater, Stegreifkomödie, preziöses Theater, Fräulein Müller schwebte, Herr Onno pirouettierte, der arme
Herr Götz wirbelte, zum Doppelkreisel aufgeblasen, durch
die Tür hinaus (die Zuhörer atmeten erleichtert, als es ohne
Unfall gelungen war), Herr Weiß trug den komischsten Hut,
Herr Edthofer stolperte, ein reiner schellenlauter Tor, höchst
burlesk über die Szene, dazu falsche Bäuche, riesige Nasen,
Fistel und Diskant, Chinoiserien und stil- und zeitgerechte
Drolligkeiten mannigfacher Art, und kurz und gut: es war
eine der feinsten, konsequentesten, üppigsten Schmockereien,
mit denen jemals ein Theaterpublikum köstlich gelangweilt

worden. Niemand hatte was zu lachen; die Zuhörer nicht, die Darsteller schon gar nicht. Das Ganze zeigte einen Stich ins Widernatürliche. Frost, der sich hitzig gebärdete. Venezianisches Nachtfest bei den Eskimos.

Vorher: „Der Geizige". Es ist nicht wahr, daß diese berühmte Komödie ohne Unterstützung durch eine schauspielerische Persönlichkeit von hinreißender Kraft und Originalität Menschen des zwanzigsten Jahrhunderts eine frohe Theaterstunde bereiten kann. Auf der lebendigen Bühne wirkt das Meisterlustspiel gespenstisch. Freilich erscheint es auch bei Rampenlicht mit den hohen Zeichen der Genialität geschmückt, aber wie ein Skelett in Kron' und Purpur. Tot, im Buchsarg, ist die Dichtung unsterblich; zum Leben erweckt, stäubt der Moder von ihr. Einfacher gesprochen: ein Zehntel des Werkes ist noch amüsant, neun Zehntel durchaus langweilig, der Witz verschrumpelt, die Satire zu antiquarischem Staub zerfallen. Darüber hin nun schüttete Herrn Halms Farbentopf unheimliche Frische. Mummenschanz, Mumienschanz. Der Regisseur und seine Darsteller nahmen an — oder gebärdeten sich, als ob sie's annähmen —, daß die ehrwürdige Komödie noch heute von Lachgelegenheiten übersprudle. Auf dieser Lüge als Fundament stand die ganze Aufführung; und das Fundament gab naturgemäß alle Augenblicke nach. Die Schauspieler taten so, als schwömmen sie in Humor und Übermut; aber ihre angestrengten Tempi waren ein herumrudern in leerer Luft. Zwang- und mühevoll strahlten alle von Freiheit und Leichtigkeit. So war ein gutes äußeres Tempo da; das innere fehlte. Herr Thaller ist kein Harpagon, kann keiner sein. Er hat nicht die Schärfe, nicht die grellen Lichter, nicht die tiefen Schatten für die Rolle. Seiner prächtigen, wienerisch-weichen Komik geraten die Kanten der Figur ganz stumpf. Durch die Maske von Geiz und Bosheit schaut die blanke Treuherzigkeit; und die Dämonie des von Habsucht Besessenen wird Caprice, Schrulle.

Harpagon fils mimte Herr Onno mit dem Anstand, den er hat und in allen theatralischen Lebenslagen stets haben wird. Der wackere Herr Kirschner zwang seiner breit-behäbigen Art einen flinken, redelustigen Taugenichts von Diener ab. Es tat ihm sichtlich weh; und uns nicht minder. Im Publikum: Er: „Kommt jetzt schon der vierte Akt?" Sie: „Nein, erst der dritte." Er erblaßte.

KRITIK EINER NICHT GESEHENEN
THEATER-VORSTELLUNG (1918)

Herr Direktor Bernau hat seine künstlerische Tätigkeit am „Deutschen Volkstheater" mit einer Aufführung von „König Ottokars Glück und Ende" begonnen. Das ist ein schönes, langes, in den österreichischen Mittelschulen obligatorisch gelesenes Trauerspiel von Franz Grillparzer. Es genießt hierzulande klassische Ehren und erfreut sich, da es gewissermassen ein literarisches Denkmal für den Ahnherrn der Dynastie darstellt, einwandfreier Billigung der besten Gesellschaftskreise. Die Zensur steht gesenkten Bleistifts vor dem Werk, und die Kritik hütet sich, an ihm herumzunörgeln, um nicht in den Verdacht der Bilderstürmerei oder zumindest pietätloser Monumentbefleckung zu kommen.

So kann also die Wahl, die Herr Direktor Bernau mit dem „König Ottokar" getroffen hat, um an diesem Drama erstmalig seine Regie- und Inszenierungskunst zu erweisen, als gut, vernünftig und praktisch gelten. Es läßt sich nichts dawider sagen und was sich dawider sagen ließe, läßt sich eben nicht sagen. Die poetischen Werte des Trauerspiels sind den Gebildeten bekannt, die patriotischen stehen außer Debatte, und die von der Dichtung in edlen Versen dargelegte und kommentierte Wahrheit, daß einer, der sich nur aus überschüssigem Kraftgefühl zum Herrscher berufen fühle, jenem, der seine Herrschaft auf die Fundamente: Weisheit und Gerechtigkeit stütze, zu weichen habe, erzeugt, auf der Bühne siegend, im Hörer Lustgefühle. In Deutschland wird „König Ottokars Glück und Ende" sehr selten gespielt.

Ideell also bedeutete die Aufführung von „König Ottokar" kein Wagnis für den neuen Direktor. Wohl aber stofflich. Denn unter all dem Winzigen, Kleinen, Mittleren und Grossen, das das Herz des Mitlebenden bewegt, von der Frage nach den unerforschlichen Zielen der Gottheit angefangen, bis hinauf zur Sorge um Kartoffelbeschaffung, wüßte ich kein Ding, das ihm augenblicklich wurschtiger sein könnte als der unglückliche Ehrgeiz Ottokars II. und der Sieg überlegener österreichischer Weisheit und Kraft im Jahre 1278.

Die Vorstellung, soweit ich das als nicht Dabeigewesener beurteilen kann, erwies, daß an ihr Zustandekommen Fleiß und Studium gewandt worden. Alle mühten sich, die Illusion wahrhaftigen So-Seins zu erwecken, kannten ihre Rollen auswendig und waren bestrebt, ihr Kostüm so zu tragen, als wäre es ihr Kleid. Die intelligenteren Schauspieler zeigten sich bedacht, die Verse derart im Vortrag zu fassonieren, daß sie Verse blieben und doch wie natürliche Prosa klangen. Die anderen klapperten mit dem Metrum wie mit Kastagnetten, damit es einen entschiedeneren Klangeffekt gäbe. Die Statisterie, insbesondere wo sie in größerer Menge auftrat, suchte durch freies Gebärdenspiel den Eindruck der Dressur zu verwischen, und die Regie hatte dafür gesorgt, daß auch bei bewegten Massenszenen der Solist dem Publikum deutlich zu Gehör und Gesicht kam. Ein neuer Mann, Herr Becker, gefiel denen, die ihn schon kannten und von seinem Talent überzeugt oder überredet waren, indes er die andern, die ihn noch nicht kannten, erst allmählich in Sympathie hineinlotsen mußte, was ihm nur bei einem Teil dieser anderen und bei diesem wieder nur in wechselndem Ausmaß gelang. Herr Kutschera sprach die schönen Verse Ottokar von Hornecks so ergreifend ergriffen, daß das zwischen dem Kind Italien und dem Manne Deutschland eingezwickte Mittelalter Österreich ehrlich gerührt wurde, Herr Klitsch rollte ein mildes Feuerauge, Herr Weiß ein männliches R, Herr Aslan pflückte an Herzklopfen der Mädchenschaft, was Herr Klitsch übrig ließ, und Frau Erika v. Wagner entzückte durch den Adel ihres Profils.

Für die herzhaft generöse Sorgfalt, die Direktor Bernau

der Neuinszenierung des „Ottokar" angedeihen ließ, spricht die Tatsache, daß er, laut vielfacher rühmender Zeitungsmeldung, für Kostüme allein mehr als 100.000 Mark verausgabte.

Gestatten Sie, daß ich, mit so geringem jüdischen Akzent als ich hiezu imstande bin, hier ausrufe: Großer Gott!

Hunderttausend Mark für Wämse, geschlitzte und geschlossene, bestickte und glatte, für Kettenpanzer, Topfhelme, Ritterhandschuhe, Rüstungen aus echtem und imitiertem Blech, dicke Schwerter, dünne Schwerter, lange Schwerter, kurze Schwerter, Speere, Spieße, Streitäxte und anderen martialischen Mumpitz aus Holz mit Eisenfarbe bemalt, für Fahnen, Embleme, Wappen, für Schwertgehänge, Schärpen, Gürtel, Schnabelschuhe, Pantoffel, Zelte, Zeltstangen, Tuniken, Schnauzbärte, Knebelbärte, blonde Perücken, schwarze Perücken, weiße Perücken, Thronsessel, künstliches Gras, Papiermaché-Felsen, Federnhüte, Kappen, Trommeln, Trompeten, Pappendeckelschilde!

Wie dieser ganze lächerlich furchtbare und furchtbar lächerliche Plunder wirken mag, wenn ihm die Schauspieler ausgezogen sind! Er macht ja schon in den Stunden, da er zweckvoll bemenscht erscheint, hinreichend läppische Figur.

Ich denke der Komödien und Tragödien, der Problemstücke und Satyrspiele — zwischen Lebewesen in Gang-und-gäbe-Tracht —, deren Zeit: heute, deren Schauplatz: eine Menschenstube. Die Straße. Eine Gartenbank. Ein Herd. Vom Wirtshaus ganz zu schweigen. Ich denke der Fülle hoher dramatischer Dichtungen, zu deren szenischer Erweckung ein Bruchteil jener hunderttausend gereicht hätte.

Aber freilich: ein bereits klassisch gesprochenes, also immunisiertes und überdies patriotisches Lesebuch-Drama mit gewaltigem Kostenaufwand funkelnagelneu anzuziehen und herzurichten: ist in gewisser Hinsicht das Billigste.

156

Herr Direktor Bernau gilt als kluger, wissender und fähiger Theatermann. Seine weitere Tätigkeit wird sicherlich zeigen, daß ihr Anfang nur als eine Art Opfer am Altar wienerischer Konvention gedacht war.

BIZARRER ABEND (1920)

Zu Beginn: „Die schwarze Dame der Sonette", ein Akt von Bernard Shaw. Vermutlich ein Gelegenheitsscherz, eine Art Proverbe etwa zur Eröffnung eines neuen Theaters. Es treten auf: William Shakespeare, die jungfräuliche Königin ... die schwarze Dame der Sonette. Shakespeare als Literat. Er botanisiert nach gut klingenden Sätzen. Er fängt den Leuten die originellen Wendungen vom Munde und sperrt sie in sein Notizbuch. Diese Wendungen sind natürlich Shakespeare-Zitate (deren Geburt wir also beiwohnen). Ulkig. Sonst steckt wenig Lustigkeit in dem zähen Trialog. Matt und klein brennt das Esprit-Flämmchen. William erbittet von der Königin die Schaffung eines englischen Nationaltheaters: dieses zu propagieren war wohl Bestimmung des Spiels. Ein Glück, daß es von Shaw; sonst wäre es nämlich albern. Harry Walden ist Herr Shakespeare. Als Frau Courths-Mahler könnte ich mir ihn besser vorstellen.

Den Beschluß des Abends machte gleichfalls ein Akt von Shaw: „Die verhängnisvolle Siphonflasche". Es geht toll her. Exzentrik-Bühne. Vielleicht eine Verhöhnung englischen Theaters und englischen Publikum-Geschmacks. Clownerien, Mordgeschichten, Skurrilitäten, Errettungen ex machina, Tölpelei, Schwachsinn, Liebe, Übermut und Unterwitz. Leitmotiv, vielleicht: das englische Theater — ein Narrenhaus. Die Amerikaner, glaube ich, machen derlei Unsinn besser. Sie sind Virtuosen der Klex-Malerei in ultrakomischen Farben. Ihr harter Witz schmeißt Löcher in die Logik und durch die Löcher dringt Licht aus einem fernen Urheiterkeits-Lichtquell, durchstrahlend Naturgesetze und irdische Bedingtheiten. Hier, bei Shaw, hat der Ritt gegen Sinn und Logik trotz aller Geist- und Körper-Verrenkung donquichotische Steifheit und die Narretei etwas Geheim-Oberlehrerhaftes. Welche Anstrengung und Häufung! Du

siehst den Wald nicht vor lauter Purzelbäumen. Verzweifelter Humor tobt die Wände entlang und hindurch. Die Bühne
schwitzt. Ein Sandsturm von Komik fegt her, und das Lachen
verdorrt in den Kehlen. Kein Spaß solcher Spaß!

Rettung: Karl Ettlinger. Er hat die schöpferische Laune,
die echtbürtige Narrheit, die Komik von Blutes Gnaden.
Der Urheiterkeits-Lichtquell strahlt aus ihm, lockernd Widerstand der Vernunft, tief verstecktes Lachen befreiend.

Das Beste lag in der Mitte des Abends: „Die Kulissen der
Seele", eine ernste Groteske von Nikolai Nikolajewitsch
Evreinoff. Spielt in der Herzgegend des Menschen (anatomisch gemeint). Bühnenhintergrund bilden Wirbelsäule und
zwei Rippenpaare. In der Bühnenmitte pocht das Herz.
Nervenstränge sind gespannt. Neben ihrem Köfferchen,
immer reisefertig, schläft die unsterbliche Seele. Als Akteure
treten auf „der Verstand" und „das Gefühl". Was sie dem
„Ich", in dem sie wirken, zu sagen haben, telephonieren sie
dem Gehirn hinauf. Dieses Ich hat Frau und Kind verlassen
um der Tänzerin willen. Der Verstand plädiert gegen die
Tänzerin, das Gefühl gegen die Ehefrau. Der Verstand enthüllt den trügerischen Zauber der Hüpfdame: Zähne, Haare,
Waden, alles falsch. Das Gefühl enthüllt den trügerischen
Madonnenzauber der Kindchen-schaukelnden Ehefrau: sie
ist eine boshafte Keiferin, „ins Himmelblaue umgelogen".
Das Verstandes-Ich und das Empfindungs-Ich geraten aneinander. Und am Ende schlägt das Gefühl den Verstand
tot, gerät außer sich und telephoniert dem Hirn: Browning!
Schuß. Aus dem zerlöcherten Herzen rieselt Rotes. Ein
Schaffner kommt und sagt der unsterblichen Seele: „Umsteigen: In einen anderen Menschen". Sie folgt resigniert,
seufzend: „Es ist doch immer dasselbe . . ." Eingeleitet
wird das bizarre Spiel durch den Professor der Psychologie
als Prologus. Notwendig, damit breites Publikum sich doch
ein wenig zurechtfinde in den Voraussetzungen.

159

Mit dem Einfall erschöpft sich Wert und Sinn dieser originellen Kabarettnummer. Aber der Einfall ist glänzend. Gerne
hätte ich den Verstand vom falschen Zauber der echten
Haare, Zähne, Waden einiges vortragen und das Gefühl den
falschen Zauber des wirklichen Ehe-Idylls zerpflücken hören.
Denn daß die Tänzerin Perücke und Zahnarzt-Gebiß trägt,
und die süße Gattin eine Bißgurn ist: solche Komplikation
scheint ein wenig possenhaft platt und leer. Aber dem Dichter schien der fundamentale Witz vermutlich (und mit Recht)
schon so stark, daß er ihn nicht anders denn populär-beschei-
den sich auswirken lassen wollte. So bleibt dieses sonderbare
Stück, das im Innersten spielt, an der Oberfläche. Es ist
spaßig, verwegen und auch ein wenig unheimlich. Manchmal
mutet es an, wie ein intellektuell verschärfter Raimund. Wie
bei Raimund wird hier „die Sprache beim Wort genommen."
So, wenn „der Verstand stehen bleibt", oder wenn „das Gefühl an den Nerven reißt". Warum die unsterbliche Seele
schon erwacht und aufsteht, ehe der Schuß gefallen, weiß
ich nicht. Auch nicht, warum der zum Umsteigen mahnende
Schaffner so erschrecklich pathetisch tut, schwarzflügelig
mit Grabesstimme. Steht das im Buch oder kniete sich die
Regie so tief ins poetisch Stimmungsvolle hinein?
Die Bühne hat Herr Oskar Friedrich Werndorff originell-
anatomisch hergerichtet. Das ist einmal eine wirkliche
„Innendekoration". Das Gefühl wird von Ettlinger vorge-
flattert, den bebrillten, trockenen Verstand doziert Herr
Knabe, die Tänzerin springt Fräulein Sering, das Eheweib
seufzt Fräulein Fasser. Die Zuhörer waren begeistert. Zweitens deshalb und erstens, weil sie, so was schlagend Geist-
reiches so ganz kapierend, sich selbst geistreich und ihr Antlitz mit der Falte des literarischen Gourmets geschmückt
fühlten.

Im Redoutensaal der Hofburg übt nun Max Reinhardt seine
besondern theatralischen Künste. Es ist das technische Pech
dieses ausgezeichneten Mannes, daß er keinen Ludwig den
Zweiten gefunden hat, der ihm ein enthusiastisches Herz,
Milliarden und fürstliche Möglichkeiten der Entfaltung gewidmet hätte. Immerhin fand er etwas Erzbischof, und nun,
wenn auch keinen König, so doch einen königlichen Raum,
ein huldvolles Lokal, unter dessen allerhöchster Patronanz
es nicht fehlen kann.

Dieser Redoutensaal ist voll Prunk, Würde, Festlichkeit.
Ein Prachteinband, der von vorne weg zu höherer Wertung
des Buches, das in ihn gefaßt, verleitet. Er ist so weit entfernt
von profaner Örtlichkeit, wie Reinhardt von einem Gang-und-
gäbe-Regisseur. Die Distanzen sind gesetzt, und ihr Pathos
umnebelt den Zuschauer (noch eh' er zugeschaut) wie Weihrauch den Kirchengänger.

Die Nachteile liegen im Materiellen. Das gesprochene Wort
gibt von seiner Klangfülle einen guten Teil an die ungebän-
digte Höhe und Weite des Saales ab. Die Bühnenfläche gestattet wenig Gliederung, keine Licht- und Schatten-Plastik,
keine Heimlichkeit, keinen Atmosphären-Wechsel. Alles liegt,
der Illusion entschält, auf dem goldenen Präsentierteller.
Das Bühnenbild ist nicht abzugrenzen, am wenigsten in der
Höhenrichtung; aus der besonderen Stimmung des marmor-
nen Himmels, des Kronleuchter-Firmaments ist es nicht weg-
zurücken. Zum Verfließen mit der Umgebung aber kommt es
sinngemäß nur dann, wenn ein fürstliches Gemach dargestellt
wird. Daraus schon ergibt sich, daß auf dieser Szene, im Tragischen wie im Heitern, eigentlich nur höfisches Theater gemacht werden kann. Oder, die Grenze weiter gezogen: nur
preziöses Theater. Eine Arme-Leut-Stube im Redoutensaal,
ein schlecht angezogener Mensch in diesem Rahmen (es sei

denn zu groteskem Zweck) müßte und würde immer nur wirken wie Spielzeug für reiche Kinder. In den ersten beiden Vorstellungen, die Reinhardt hier inszenierte, „Clavigo" und „Dame Kobold", kam die Stil-Absicht, im Tragischen wie im Burlesken, dem Erzwungen-Preziösen glücklich entgegen. Alle Leidenschaftlichkeit im · „Clavigo" wie alle Clownerie in „Dame Kobold" schienen, so frei sie sich auslebten, doch auch wie durch eine Art spanischen Zeremoniells gezirkelt und gesteift. (Zufall, aber sehr bezeichnender Zufall, daß beide von Reinhardt zur Eröffnung gewählten Stücke in Spanien spielen.)

In der kühlen, dünnen Sphäre des allseits offenen und doch hochmütig isolierten Bühnenraums verweht Stimmung sehr rasch, wenn nicht Gebärde, Wort, Blick der Spieler sie konsequent festhalten. Der angeschlagene Grundton hat in diesem (auch geistig unakustischen) Raum geringes Echo, wenig Bleibe. So wird jedes Detail wichtig (freilich auch das Grössere zum Detail). Sehr schön bewährt sich da Reinhardts Kunst der Zwischen-Farben und -Töne, der reich abgestuften — selbst das Tempo der Vorhangfalten regelnden — Bühnendynamik, der Gruppierung von Menschen zu einem sehr bestimmten optischen Akkord. Sein Szenenbild ist in jedem Augenblick, auch ohne gesprochenes Wort, eindeutig; immer durchaus, nicht ohne Koketterie, photographiereif.

Reinhardts Regie hört den Grundton des dramatischen Werkes ab und zwingt lebende wie tote Instrumente, die Stimmung zu halten. In ihrer Musikalität liegt der oft bezaubernde Reiz dieser Regie, in ihrer sinnlichen Wärme das Verführerische. Die verstandesmäßige Beziehung des Spielleiters zur Dichtung kommt nicht zu kurz, aber die erotische Beziehung ist immer die stärkere.

Der Redoutensaal ist ein prächtiger Raum, voll Glanz, Würde, Feierlichkeit. Aber im hölzernsten, gipsernsten Theater wirkt mehr Magie, mehr Traum, mehr hold-betäubender Duft einer

Unwirklichkeit, die wirklicher als die Wirklichkeit, bessere Kraft der Entrückung und Entzückung als in der gobelinegefütterten Marmorschachtel.

Das alte Theater in der Josefstadt, durchschwebt von freundlichen Schatten aus Wiens guten Theatertagen und glorreich
behaftet mit Erinnerungen an Wiens musikalische Heroen-
zeit, hat der Architekt Witzmann zu einem neuen Theater
gemacht, in dem des Raums Vergangenheit reizvoll gegenwärtig wird. Zartfühlend war der Baumeister bestrebt, die
Ruine so aufzufrischen, daß ihren Geistern das Umgehen
nicht verleidet würde. Es geriet eine liebliche Komposition
aus heute und ehegestern, ein Neubau mit Patina, eine
Lokalität für Fest und Spiel, die, strahlend in funkelnagel-
neuer Gewesenheit, dem Geschmack von damals mit allem
Witz von heute dient. Architektur ist bekanntlich gefrorene
Musik; dann wäre das Musik-Gefrorne, das hier erzeugt worden, ein gemischtes: Menuett und Romanze. Form und Maße
des Zuschauerraums sind geblieben, wie sie waren: er bekam
nur neue rot-goldene Bekleidung, die den weichen graziösen
Schwung seiner Linien schmeichlerisch unterstreicht. Ein
warmer, froher Raum, durchatmet von aller sinnlichen Lust
des Theaters. Sollte hier auch die Not des Menschen tragiert
werden, so hätte sie wohl nur den Sinn des Bittern, das die
Speise würzt. Über den stilgerechten Reiz der Nebenräume,
erhöht durch Bilder, Kristall, Baracköfen, Reliefs, Fresken
und alte Türen, deren Reiz wiederum dadurch erhöht wird,
daß Professor Reinhardt sie persönlich in Italien eingekauft
hat, ist Wien aus den Gesängen der Harfner (die im Festzug,
der Reinhardt einholte, voranschritten) ausreichend unter-
richtet. Ich kann nur sagen, daß alles sehr wohlgefällig,
heiter und deliziös ist, angefangen von dem vielbelobten
Kassenraum bis zu den charmanten Sträußl-Sälen, in denen
man speisen wird, in denen also die Idee einer Restauration
des Theaters ihren wiengerechtest-sinnfälligen Niederschlag
findet. Das Ganze macht durchaus harmonischen, vorneh-

men, nirgendwo protzigen Eindruck. Es wird, in zwiefachem Sinn, deutlich, daß in diesem Theater der Prominenten die Prominenz der Weltbühne, das Geld, keine Rolle spielt. (...) Für sein Wiener Theater haben sich die besten Leute deutscher Bühne, wie es heißt um bescheidenen Sold, Reinhardt zur Verfügung gestellt. Es spricht für die Stärke seiner Persönlichkeit, daß die Menschen, die ihm dienen, die Freude an solchem Dienst als einen Großteil ihres Lohnes erachten (was diesen Teil betrifft, stoßen sie auch niemals auf engherzige Knausrigkeit bei der Leitung der Reinhardt-Bühnen). Wenn die Schauspieler, die Künstler, an Reinhardt schwärmerisch hängen, so läßt sich dies, abgesehen davon, daß das Gold nur Chimäre, verstehen, denn sie dienen sich selbst, wenn sie ihm dienen, dem Schatzgräber versteckter Talente und Auf-die-Spitze-Treiber darstellerischer Möglichkeiten. Aber es sind nicht nur Schauspieler, die von dem theatralischen Ingenium dieses Mannes so kräftig angezogen werden. Das dumpfe Geschlecht der Dramaturgen, Beamte, Helfer jeglicher Art am Werk, verströmen sich bis zur völligen Anämie für den herzlichen Menschenfresser, haben hiebei gar nie den Wunsch, daß es ihnen, immer nur den, daß es ihm bekommen möge. Gerade vom „Theater der Schauspieler", gerade von diesem prangenden Kind einer plutokratischen Laune, wäre es nun vollkommen abscheulich, wenn es zwischen echtem Barock und handgewebten venezianischen Vorhängen an seinen lebendigen Mitarbeitern kargte. Daß das nicht der Fall, dafür bürgt der Professor, dessen ästhetischem Sinn so was Häßliches doch viel weher tun müßte, als es dem Geschäftssinn seiner Administratoren wohl tun könnte.

In der abgelaufenen Woche erlebte Wien, dem auch gar nichts erspart bleibt, das dreidimensionale Auftreten Reinhold Schünzels. Das Ereignis vollzog sich auf der Renaissance-Bühne. Herr Schünzel kommt vom Film. Er scheint sehr bekannt und sehr beliebt zu sein, denn als er am Premierenabend die Bühne betrat, Großaufnahme, ging ein herzliches Raunen durch die Zuschauerreihen, wie es nur Lieblinge zu umraunen pflegt. Ich habe Herrn Schünzel in dem Film „Der Roman eines Dienstmädchens" gesehen, wo er einen ziemlich gemeinen Kerl von Kellner macht, einen linden Schubiak. Die Pfiffigkeit und Nonchalance, mit der er da seinen Vorteil suchte und fand, entbehrte nicht der Grazie. Von so leichten, heitern Talenten kann er in dem Drama „Spiel der Sinne" — in welchem Spiel auch der Schwach-Sinn nicht unerheblich mittut — keinen Gebrauch machen. Denn hier ist er Jack Morel, Privatsekretär des rücksichtslosen alten Verdieners und Ausnützers Edward Griffith, dessen junge Frau mit Gerald Stanford ein Verhältnis hat, was jenem Jack Morel zu Ohren und Augen kommt und von ihm zu sexuellen Erpressungen an Frau Griffith benützt wird, deren Stieftochter Ruth sie dem Alten denunziert, was zur Folge hat, daß im fünften Bild alle Teilnehmer des dramatischen Unternehmens, mit Ausnahme Ruths, bei dem in einen rostbraunen Nachtanzug der Firma Ernst Fischer, VI., Schmalzhofgasse 22, gekleideten Stanford versammelt sind und die Spannung ins Unerträgliche wächst, wer wen erschießen wird. Es ist Frau Griffith, die Jack Morel erschießt. Ein ziemlich überraschender Einlauf, den der Totalisator — bei spannenden Theaterstücken sollte er in Betrieb sein — gewiß mit einer fetten Quote honoriert hätte. In solcher Rolle also konnte Herr Schünzel mit Lustspiel-Liebenswürdigkeiten nicht viel anfangen. Er gab daher reichlich stummes Spiel — Nicht-Sprechen ist ja sozusagen die Muttersprache seiner Kunst —, etwas Dämonie durch die Nase und war überhaupt sehr verhalten. Selbst auf Gipfelpunkten der Leidenschaft, man konnte das aus seinen Mienen lesen, verkniff er sich die großen Ausbrüche. Nur die Augen sendeten heißen Strahl, der Frau Griffith versengte. Wie ganz anders sein Gegenspieler, Herr Forest! Im Cabaret hörte ich kürzlich einen Berliner sagen: „Mir kann keener!", worauf der wienerische Partner erwiderte: „Mich können alle!". Das ist wirklich eine sehr präzise Fassung zweier lokaler Einstellungen auf die Welt. Sie kam auch in dem Duo Schünzel-Forest zur Geltung. Herr Forest mühte sich pflichtgetreu, die Ulkstimmung, in die ihn das Spiel der Sinne versetzte, zu überknurren. Aber sie war stärker als er. Vorschrift der Rolle und inneres Gelächter des Schauspielers über sie mischten sich zu einer erquicklichen finstern Fidelität. Unvergeßlich Forests Erscheinen im Schlußbild als rächender Gatte: so zürnend und entschlossen tritt der Taxameter-Fiaker ein, der dem Klienten in die Wohnung nachgegangen ist, Ergänzung des Fahrlohns fordernd. Noch bin ich mit den Sensationen des Abends nicht fertig. Es ist noch von Frau Berta Gast zu berichten, des argen Griffiths Weib. Sie ist schön, und taktvoll bemüht, das optische Vergnügen an ihr durch vorgemachtes Theater nicht mehr als unbedingt nötig zu stören. Was sonst Wesentliches über den ereignisvollen Abend zu berichten, sagt der Theaterzettel. Ich entnehme ihm, daß das Negligé aus dem Atelier Martha Zelinka stammt, das Pelzcape aus der Kürschnerei Rudoffsky & Co., die Tasche von Nissel & Sikora, und das Stück aus der Maison Ludwig Hirschfeld.

König Hakon will die Macht, weil er ihrer bedarf, um seine großen Pläne und Entwürfe zu verwirklichen. Jarl Skule strebt nach der Macht, weil er stark ist, so stark, daß er einen Menschen über sich nicht zu denken fähig. Er müßte sich das moralische Genick verdrehen, um zu einem Sterblichen aufzublicken. Erst da es ihm gebrochen ist, vermag er's. Der Bischof Nikolas strebt nach Macht, um des blanken Lustgewinnes willen, dessen teilhaftig wird, wer sie übt. Bewundernswert, wie der dreißigjährige Ibsen den drei Typen des Machthungers Gesicht zu geben weiß, großes menschliches Format, Persönlichkeit (sie zu verleihen, ist höchstes Glück und höchste Kunst der Schauspiel schreibenden Erdenkinder!). Drei gewaltige Kerle, fest wurzelnd in heimischer Erde, mit dem Scheitel rührend an die Sphäre der schicksalbestimmenden Ideen, die alle Erde und alles Menschentum umspannt. Diese Figuren beziehen Geltung nicht von ihrem geschichtlichen Kredit — den sie ja außerhalb Skandinaviens gar nicht haben —, sondern ganz und gar aus der Hand des poetischen Gestalters. Sie sind von Dichters, nicht von der Historie Gnaden. An ihnen zeigt sich auch schon der Meister des seelen-anatomischen Präparats. Lebensnerven liegen bloß: ihr Zucken setzt sich um in dramatische Aktion. In den „Kronprätendenten" sind die Versuchsmenschen mit weltgeschichtlicher Pathetik vergiftet, mit heroischer Diktion. Sie wirkt wie das indianische Pfeilgift Curare. Später nahm, zum gleichen Zweck, Ibsen das nicht minder virulente Pathos, das zwischen den Zeilen des gleichgültigen Gesprächs blüht. Wahrlich, nie hatten die Apotheker einen größeren Dichter, nie die Dichtkunst einen größeren Apotheker als ihn.

Das historische Geschehen, um die drei Figuren geschichtet, an dem und durch das deren geistige und moralische Energien sich auswirken, hat starke, bunte Reize. Aber manche besonders großartige Partie in der edlen Wildnis scheint gestellt (den Bedürfnissen romantischer Touristen gemäß), mancher besonders steile Fels aus Pappe. Die Legitimität, um die in den „Kronprätendenten" gekämpft wird, interessiert uns nur, so weit sie ins Innere der Machtwerber verlegt erscheint. Das Entsetzen darüber, daß „zwei Könige im Land!", können wir nur als quantitative Steigerung des Entsetzens mitfühlen, das schon die Tatsache: ein König im Land! zu verbreiten geeignet ist.

Die Architektur des Werkes ist gotisch: Pfeiler und Spitzbogen gliedern die Masse und lockern ihre Ruhe zur aufwärtsstrebenden Bewegung. Ibsensche Psychologie, allenthalben eingesetzt, wirkt wie bemalte Fensterscheiben, den Raum füllend mit problematischer Farbigkeit, mit farbiger Problematik. Man könnte auch sagen: der geschichtliche Blasebalg, mächtig getreten, treibt Luft des dreizehnten Jahrhunderts durch Orgelpfeifen, die ein Organist des neunzehnten Jahrhunderts abgestimmt hat. Bischof Nikolas übt am eigenen Ich sogar seelen-prüferische Methoden des zwanzigsten Jahrhunderts. Er erläutert sich, in der Todesstunde, mit großer Schärfe als Überkompensierer seiner Minderwertigkeiten.

Ein schönes Schauspiel, voll Gewitter, Sonn' und Regenbogen. Aber ob es sich lohnte, ihm diesen monströsen Theaterabend zu widmen, scheint fraglich. Langsam wälzt er sich einher, mit seinen ungelenk aneinander gefügten neun Riesengliedern Interesse und Teilnahme des Hörers sachte erwürgend. Sechs schwer geschlagene Stunden dauert die dramatische Prozedur unter Führung Alfred Bernaus. Die Dekorationen hat der Architekt Harry Täuber geschaffen. Schlichte Monumentalität der Szene — meist graues Mauerwerk, in das ein paar ganz hohe, ganz schmale Fensteröffnungen eingeschnitten sind — scheint angestrebt und erzielt. Symbolisch wird die Dekoration in dem Bild, das Jarl Skule als König zeigt. Dieser Thron auf der schwanken Spitze einer Schichtung von Steinbaukasten-Hölzern ... da spürt man gleich die Wackligkeit von Skules Königstum. Die Regie entschied sich nicht eindeutig. Teils gab sie Spektakelstück, teils Stil-Theater, teils ging es steif unwirklich her, teils so wirklich, daß in der Kirche wirklicher Weihrauch gestreut wurde (vielleicht in Erwartung entsprechenden Gegendienstes seitens der Kritik). Lärm und Aufruhr der Schlacht gerieten karg. Auf der Bühne kreischten ein paar arme Choristen, hinter ihr übte die Feuerwehr klägliche Signale. Schade um so unendlichen Aufwand an Fleiß und Arbeit, szenischer Mühe und darstellerischem Können! Bernaus Bischof Nikolas: eine runde, volle, saftige Theaterfigur. Der Zug von Jovialität in der harten, übers Grab hinaus wirkenden Zielbewußtheit des schlimmen Klerikers störte nicht. Sehr schön, sehr nobel, mit Innenbeleuchtung sozusagen: König Hakon des Herrn Günter Hadank. Er braucht keinen Scheinwerfer, um in Helligkeit zu stehen. Sache und Person des Jarl Skule vertrat Herr Klitsch mit allem soliden Pomp seiner Leidenschaft und Beredsamkeit. Als des Skules Sohn zeigte der junge Herbert Waniek schönes Talent zur Ekstase. Stark und fein der Skalde des Herrn Onno, altnordisch und doch modern, ein edler Literat aus dem Café „Edda". Die Frauen in diesem Männerstück sind bloß pathetische Staffage. Sie haben nichts zu sagen, nur zu entsagen. Frau Thimig ist Spezialistin für liebende Entsagung. Ganz zart, ganz transparent. Vom Vater Skule hat sie wenig. Diese ihrem König hingegebene Königin könnte eben so gut ein Schreibmaschinenfräulein sein, das für den Chef entbrennt. Käthchen Thimig aus Heilbronn.

DER SOHN (1923)

Dieses Drama hat literarhistorische Bedeutung. Es steht am
Anfang einer ganzen Reihe von Theaterstücken, in denen
die Söhne Abrechnung mit den Vätern halten. Mit ihm begann die große Hausse in Ödipuskomplexen, die dem dramatischen Geschäft der letzten Jahre das Gepräge gab. Wegen
einer gewissen Ähnlichkeit des „Sohn" mit den „Räubern"
— in tyrannos, Libertiner, Freiheit und Gerechtigkeit, hymni-
scher Überschwang, Knirsch-Ekstasen, und Weltbrandstif-
tung einer Feuerseele — nennt man in Berlin den Dichter
des „Sohn" gern: Hasenschiller. Seinem Stück kommt auch
eine andere geschichtliche Bedeutung zu als die des frühesten
Sturms gegen die Bastille der Vaterschaft. Es bekannte sich
als eines der ersten zu jener Technik, für die man den Spitzna-
men „expressionistisch" erfunden hat. Die Figuren tragen
das Eingeweide außen, predigen gern über den tiefen Text
ihrer Seele und bedienen sich nach freiem Ermessen aller
Privilegien sowohl der Wesenhaftigkeit wie der Schemen-
haftigkeit. Bei entsprechendem Erhitzungsgrad der Luft
gerinnt ihre Prosa zum Vers. Solche Dichtungsart erfordert,
wie man weiß, auch ein besonderes Theaterverfahren, Dekorationen, an denen schon das halbe Innenleben der handeln-
den Personen klebt oder, falls ein solches nicht oder nur
okkult vorhanden, schwarze Samtvorhänge.

Von den lyrischen Schönheiten des Stücks hat die Zeit nichts
abnagen können. Hingegen sieht seine Gedanklichkeit schon
ziemlich zerfranst aus, und aus der tragischen Inbrunst
schlägt das Puerile mächtig vor. Natürlich hält der Zuhörer
heute wie ehedem zum Sohn und zu dessen Sache, spürt
die Abgrundtiefe der Kluft, die hier mit wildem Griff
aufgerissen ist . . . aber er empfindet heute auch sehr
stark die Erschwernis, die der Sohn jeder Möglichkeit einer
Verständigung mit dem Vater dadurch bereitet, daß er

auf dessen exakte Rede immer mit Gedichten anwor-
tet.

Die Neue Wiener Bühne, Regie Siegfried Geyer, hatte ein
theatralisches Festmahl zugerichtet. Man merkte das schon
an dem vielen Fett, das zur Bereitung des Theaterzettels
verwendet worden war. Nicht weniger als vier Darstellern
wurde die Ehrung des Sperrdrucks zuteil. Mit dünnen Lettern
mußten sich die vortrefflichen Herren Rudolf und Kammauf
begnügen, der, wie immer, charmante Lovric und Herr Teub-
ler, der den „Freund" sprach, die unmephistophelische innere Stimme des Sohnes. Als Regisseur hätte ich ihm ins Ohr ge-
raunt, daß das Vorschieben der Unterlippe kein ausreichendes
Mittel zur Andeutung von Dämonie sei. Herr Egon Jordan ist
ein Komiker; er scheint es aber nicht zu wissen.

Der Sohn: Ernst Deutsch. Er hat die Rolle kreiert und spielt
sie auch aus dem eben so anmutigen wie pathetischen Handgelenk. Eine fertige, kunstfertige Leistung. Ernst Deutsch'
starke, schöne Deklamation trifft alle Nägel auf den Kopf,
aber den Hörer nicht ins Herz. Solcher Effekt weigert sich
seiner Rede, die, trotz aller klingenden Hitze, Herkunft aus
einem kühlen Grunde nicht verhehlen kann. Das „Fräulein"
der Frau Else Heims ist ein sanftestes Wesen voll kranken-
schwesterlicher Zartheit und Behutsamkeit. Frau Salmanova
verrät mit jedem Wort, das sie spricht, die ausgezeichnete
Filmschauspielerin. Der „Vater" aber ist Paul Wegener.
Herrlich. Er sieht, mit den asiatischen Chiffren in dem stren-
gen Professorengesicht, wirklich aus wie der Götze der
Autorität. Alles in diesem alten Burschen, Blut, Gedanke,
Empfindung, ist gestockt, dumpfig. Meisterlich, wie er das
apoplektische Ende von weither vorbereitet, wenn er sich
mit zwei Fingern ans Herz tippt, wenn er die Wut, die ihm
in der Kehle steckt, sachte, sachte, daß sie ihn nicht ersticke,
hinunterwürgt. Ich möchte sagen: Man sieht das Schwarz,
das ihm vor den Augen wird.

DAS ZEICHEN AN DER TÜR (1923)

Zweimal — das erstemal als Kellner, das anderemal als Untersuchungsrichter — greift der treffliche Herr Uiberacker von den Wiener Robert-Bühnen entscheidend in das Schicksal der Mrs. Regan, geborenen Hunniwell, ein, die von Frl. Marie Hofteufel so sanft wie stark nicht nur verkörpert, sondern auch verseelt wird. Schrecklich ist die Klemme, in die der dritte Akt Mrs. Regan geraten läßt. Vor fünf Jahren kam sie schuldlos in eine verfänglichste Situation, von deren Verfänglichkeit ein zwingendes Beweisstück existiert ... aber wer beweist die Schuldlosigkeit? „Ich", sagt der Untersuchungsrichter, „denn ich, damals ein junger Polizeikommissarius, war, als Kellner verkleidet, in jener chambre particulière, in welcher ..." Ich kann es gar nicht schildern, wie erlösend diese Mitteilung des Untersuchungsrichters wirkt. Dreifach erlösend: erstens einmal von der Ungewißheit über Mrs. Regans Schicksal; es wird nun alles gut für sie ausgehen. Zweitens von der Bestürzung ob der vermeintlichen Schmutzerei der Renaissancebühnenleitung, die ja bis zum Augenblick jener Mitteilung beim Zuhörer in Verdacht stand, für zwei Rollen des Abends den gleichen Schauspieler verwendet zu haben. Drittens aber erlösend von der Nötigung, „Das Zeichen an der Tür" ein gemeines Kolportagestück nennen zu müssen. Denn diese Schleife, mit der die Figuren des Untersuchungsrichters und des Kellners in eine geknüpft werden, hat Grazie und Laune. In der Physiognomie des schunddramatischen Spiels blitzt da gewissermaßen ein plötzliches Lächeln auf, ein Humor-Strahl zerreißt den Reißer, die Ulkigkeit des ganzen sinistren Humbugs wird mit einemmal offenbar, das Unwahrscheinliche spottet seiner selbst und weiß sehr genau, wie. Dennoch verlassen die Zuschauer geärgert das Lokal und kompensieren ihre Scham ob der lustvollen, die Magengrube wärmenden Spannung und Neugier, mit der sie dem Spiel gefolgt sind, durch Schimpf wider dieses. Ich aber sage euch: so wahr es ein übelster Theaterschmarren ist, den die Zuschauer da gestern Abend erlitten haben, so wahr ist es, daß, wer sie beobachtete, die Gespanntheit ihrer Herzen hören und das Herzklopfen ihrer Züge sehen konnte (oder umgekehrt).

Es wird glänzend gespielt. Von Herrn Korff aus dem Hand-, von Herrn Werner-Kahle mehr aus dem Faustgelenk. Korff angelsächseln zu hören, ist schon an sich eine große Freude. Wenn er sagt: „Helloooh, verbinden Sie mich mit dem Klöbb", hat man den Geschmack echtester Worcester-Sauce auf den Lippen und fühlt beklommen die ganze Überlegenheit der Angelsachsen im Foot- und Erdballspiel. Herr Werner-Kahle ist ein meisterlicher Darsteller aller Sicherheiten und Festigkeiten, die aus dem Bewußtsein physischer Kraft erfließen. Mit solchem Muskelgefühl, wie Mr. Regan es hat, muß es freilich ein Vergnügen sein, lumpigen Frauenbetörern auf die Bude zu rücken. Daß aber die erste Regung Mr. Regans, nachdem er den elenden Deveroux niedergeschossen, die ist, überall seine Fingerabdrücke zu verwischen, hat was Verletzendes. Solche Geistesgegenwart gelernter Einbrecher hätte ich von einem Mann seines Schlages nicht erwartet.

DAS WINTERMÄRCHEN (1923)

Wenn der Vorhang aufgeht, enthüllt er eine goldene Barock-
wand. Sie erstreckt sich über die ganze Bühnenbreite und
gestattet durch drei Torbögen Ausblick auf ein sommer-
blaues, sanftes Meer. Soweit es in Sizilien spielt, lehnt sich
das Wintermärchen an diese Wand. Wechsel der Örtlichkeit
wird durch Verdunklung, Fall des Vorhangs und etwas Musik angedeutet. Hebt sich die Gardine wieder, so sind wir
dort, wo wir waren, nur anderswo. Du siehst, mein Sohn,
zum Raum wird hier die Zeit. Zu Anfang des Spiels bleibt
die Szene ein Weilchen leer, bis das Auge seinen ersten
Hunger an der gleißenden Wand gestillt hat, und inzwischen
wird ein Musikstück exekutiert. Dann beginnt Shakespeare.
Begreiflich, daß „Das Wintermärchen" Komponisten mächtig
anzieht. Schon die Gliederung des Werkes ist ja durchaus
musikalisch — Allegro furioso; Pastorale quasi un scherzo;
Andante molto con espressione — das Geschehen, aller
Schwere ledig, wird Melodie des Geschehens, und Wirrsal
ird'scher Sphären löst sich zur Musik ird'scher Sphären.
König Leontes von Sizilien ist Herr Heine. Er geht ganz
in Rot, hat aber ums Kinn einen knappen, dunklen Vollbart, der seiner Erscheinung etwas so Düsteres wie Solides
gibt. Bürgerlich und romantisch in einem. Später, in den
langen Jahren des Grames um die todgeglaubte Hermione,
geht er in Schwarz, behält nur die roten Artistenschuhe.
Wenn Herr Heine tobt, ist er stark, wenn er nicht tobt, ist
er gleichgültig. Neben die Ekstase dieses vorzüglichen Schauspielers, gleich daneben, haben die Götter die Wurschtigkeit gesetzt. Sie wird besonders fühlbar in der Schlußszene,
da Leontes aller Wunder Wunder, die Auferstehung eines
geliebten Toten erlebt. Er nimmt das Unfaßbare mit einer
melancholischen Gemütlichkeit hin, die zeigt, wie sehr in
den langen Jahren der Reue und Trauer des Königs Spann-

kraft gemindert ward. Freilich geht ja der Ausdruck solcher Gemütsbewegung, wie sie das Wiederkommen eines teuren Toten hervorrufen mag, übers Menschenmögliche. Deshalb hat auch der weise Shakespeare schon die erste Begegnung mit dem vielbeweinten Kinde hinter die Szene verlegt, läßt nur durch einen Zeugen von ihr Bericht geben ... allerdings ein unvergleichliches Meisterstück plastischer und lebendiger Reportage.

Polyxenes, König von Böhmen, Herr Höbling, ist blond, Haupthaar und Schnurrbart fließen in weichen, slawischen Wellen. Seine Rede aber springt wie ein Sturzbach, fortschwemmend Klang und Sinn. Herrn Höblings Deklamation hat so viel Schwung, daß sie gern aus dem Gleichgewicht kommt und sich überkollert. Dieser sehr dekorative Künstler ist immer hingerissen von sich — eigentlich sollten das die Zuschauer sein — und seine Rede hat alle Mühe, die Haltestellen nicht zu überfahren. In Shakespeares dunstloser, von heidnischen Grazien belebter Lustspielluft ist unserem mehr nach Nord und Nebel orientierten Polyxenes nicht recht wohl. Er ist da verlegen und unsicher wie der Böhm in Sizilien. Frau Bleibtreu gibt der Hermione alle Hoheit einer rechten Königin und Dulderin. Sie ist schon durch den Klang ihrer Stimme Labsal. In der trockenen Gerichtsszene z. B., unter Larvenstimmen das einzig fühlende Organ. Herr Paulsen repräsentiert in dieser Szene den „Beamten", der das Orakel des delphischen Apoll — zu dem man in früheren Verlegenheiten sandte, wie heutzutage zu Schermann — vorliest. Er hat einen herrlichen weißen Eremitenbart und ist sicher der rangälteste Sektionschef im sizilianischen Kultusministerium. Aus dem höfischen Personal treten Paulina, des Antigonus Gemahlin, von Frau Witt — ihre rollenden R treffen den König, daß er umfällt — als herzliche Bißgurn dargestellt, und Schmöles braver Camillo stärker hervor. „Die Zeit" spricht Herr Aslan, Merkurs Flügel und eine

Sanduhr auf dem Haupt, grandseigneural. Wenn ich nicht irre, werden diese Verse gewöhnlich einer Frauenstimme anvertraut, und in der Tat scheint die Geste, mit der da sechzehn Jahre im Buch des Geschehens überblättert werden, nach fraulicher Grazie und Zartheit zu verlangen. Deshalb war man, im jetzigen Burgtheaterfall, auch froh, als es wieder hell und die Zeit von den Späßen der guten Hirten vertrieben wurde.

Das Pastorale im Böhmerwald geriet nicht allzu heiter. Schon die düstergrüne, blumenleere Landschaft, mit ihrem Existenzminimum an Sonne, stimmte mehr zu Schwer- als zu Übermut, und aus dem widerlichen obstinaten Holz, das als Treppe den Wiesenplan vorne abschneidet, wollte, begreiflicherweise, kein bukolischer Frohsinn blühen. Das ländliche Fest mit Tanz und Juchhe war eine schwerblütige, matte Lustbarkeit; was an guter Laune fühlbar wurde, wehte aus den Buntbändern der Kostüme. Fräulein Seidler und Hans Thimig (Perdita und Florizel) sind jung und das ist gut, die Herren Hugo Thimig und Huber Schäfer nach der freundlichen Thaddädl-Tradition, Herrn Treßlers Autolykus ein springlebendiger Bajazzo, der unermüdlich darauf hinweist, daß er es ist. Er klirrt, ganz behängt mit Fidelität und Gelächter, vor lauter Schellenklang hört man den Humor und vor lauter Späßen sieht man den Spaß nicht. Dieses Autolykus' Einfälle sind ja sehr munter, aber von einer Du-sollst-und-mußt-lachen-Beflissenheit, die den Hörer renitent macht. Und wenn der Zuschauer auch anfangs über das Stolpern und Stelzen und Sichverhaspeln, das Schnattern und Kikerikien und Haha! und Hoho! lachen muß, auf die Dauer wird ihm diese Art Übermut ganz Hanswurst. Schade, daß ein ausgezeichneter, qualifizierter Könner wie Herr Treßler den Verführungen seines Könnens, gerade dort wo es am billigsten ist, so hemmungslos unterliegt.

Im ganzen, nach der pathetischen wie nach der hellen Seite,

177

ein mattes Wintermärchen. Aber der Hymnus auf die süße Irrationalität des Daseins, der in dem Märchen klingt, wirkte doch seinen Zauber.

Die hebräische Bühne Moskaus gibt Proben einer bezwingend intensiven Szenenkunst. In uralte jüdische Lebens-Form ist der neue russische Geist gefahren. Ritus und Theater finden einander in leidenschaftlicher Umarmung. Das Heimliche, das Unheimliche einer besonderen Gefühls- und Gedanken-welt, Komik, Seelen-Bindendes, Bizarrerie und Pathos dieser Welt sind heraufbeschworen und in starken szenischen Zeichen festgebannt.

Das großartige Bildermaterial von René Fülöp-Millers Werk „Geist und Gesicht des Bolschewismus" (Amalthea-Verlag), bringt ein Porträt des frühverstorbenen Wachtangoff, der den „Dybuk" der Habima geschaffen hat. Dreieinig furchen Liebe, Leiden, Ekstase das todgeweihte Antlitz.

So widerleuchtet's auch aus der szenischen Arbeit. Die Pas-sion des Schöpfers spiegelt sich in der Schöpfung.

Wachtangoffs Szene ist sehr einfach. Schiefe Bühnen-Ebene gestattet Spiel in die Höhenrichtung. Die Gegenstände ste-hen so im Raum, als wäre Flächen-Perspektive (mit ihren notwendigen Verkürzungen) dreidimensional nachgebaut. Ein paar hölzerne Recht- und Drei-Ecke, nichts und alles bedeutend, winklig aufeinander gestellt und im Schnürbo-den verankert, hängen wie Stücke schiffbrüchigen Raumes: da hat der Blick doch bißchen was Festes, an das er sich klammern kann. In der Luft schweben hebräische Lettern: das materialisierte geistige Klima der Örtlichkeit. Wachtan-goff bindet das Spiel in Bilder und löst es in Musik. Die Darsteller sind ihm lebendige Teile der Bühnenarchitektur. Bewegung und Gebärdensprache, aufeinander zeichnerisch abgestimmt, inhalts- und ausdrucksvoll, könnten ohne Text bestehen. Der Dialog ist gesprochenes Duo, Trio. Ge-wissermaßen: Trocken-Musik. In der Pantomime und im Tanz, beide von höchster Drastik, redet dieses Theater

179

sein eigentlichstes Idiom. Da ist es frei, schöpferisch, bekennt seine wahre Natur und beste Phantasie. Auf die Wirkung schauspielerischer Persönlichkeit verzichtet die Habima. Programmgemäß. So geraten die Szenen, wo der einzelne Darsteller leuchtendes und tönendes Gefäß des dramatischen Augenblicks sein soll, schwach. Zum Beispiel im „Dybuk" der Exorzismus des Dämons durch den Rabbi.

In der Berliner Aufführung des An Ski'schen Mysteriums war diese Szene der unvergeßliche Höhepunkt. Dort hat Sokoloff (ein Künstler großen Formats, von Tairoff zur deutschen Bühne abgewandert), den Rabbi gespielt. Wundervoll, in der Beschwörung, sein stummes Sammeln aller geistigen Kraft. Dieses äußerste Anspannen seelischer Potenz. Dem Zuschauer blieb der Atem weg.

Das Habima-Theater gibt: großartigen Ersatz für Schauspielkunst.

Das kommt schon, symbolisch, in den Masken zum Ausdruck. Gesichter von eindeutiger, physiognomischer Schärfe, entlarvende Larven des Ich, das sie decken. Herrliche Masken — aber sie erlauben, starr durch Farbe und Schminke, kein Mienenspiel.

Auf ein solches hat das Einzel-Antlitz in dieser bewundernswerten Truppe keinen Anspruch.

Es kommt ihm nur die Rolle eines Zuges im Kollektiv-Gesicht zu.

„Geliebte Tante! Ostern, das liebliche Fest ist gekommen. Du freust Dich jetzt, daß ich sie mit Pfingsten verwechsle, aber das geschah ja nur, damit Du Dich freust. Erlaube mir, da also Ostern ist, einige lenzliche Worte, laß mich sagen (was schadet's Dir?), daß der Schlaf der Natur dünn wird, die Luft nach unreifer Wärme schmeckt, und Blumen riechen, die noch nicht da sind. Ihr auf dem Lande habt ja das ganze Jahr Natur, aber der Großstädter eigentlich nur im Frühling: da spürt er, daß Erde ist unter den Pflastersteinen, und die Sonne noch was anderes als ein Hindernis für Lichtreklamen. Hinzu kommt weiter die im Lenz viel kräftigere innere Sekretion. Der Mensch, sonderbar gelockert, fühlt sich zu vielem fähig und zu noch vielerem bereit, Verlangen nach Bewegung faßt auch die Faulen, das Geräusch der Stadt klingt nun wie Musik, auf stilleren Straßen jedoch treiben die Kinder, in ihren Spielen konservativ wie die Tiere, den Kreisel, welcher, dem Berliner hierin ähnlich, sich immerzu drehen muß, um zu stehen. Wunderliche Dinge passieren zur Osterzeit. Eheleute wandeln Arm in Arm, Hasen legen Eier, ernste Männer, die Stirn zerfurcht von Falten des Geschäfts, tragen Veilchen in der nervigen Hand. Durch alle Wohnungen weht der Scheuerlappen, Matratzen und Kanarienvögel kommen ans offene Fenster, Hausfrau und Mädchen, in vornehmeren Quartieren nur diese, machen rein, und auch die Seele fühlt ein kleines Bedürfnis, in ihrem Bezirk desgleichen zu tun. Du auf dem Lande, in Deiner friedevollen Einsamkeit, kannst Dir ja nicht vorstellen, wieviel Mist und Dreck in so eine Großstädterseele von Herbst bis Frühling sich einfressen, wie trübe und schlaff sie nach solchem Winter des Mißvergnügens und Vergnügens aussieht, wie verklebt von Zeitungspapier, wie abgenutzt von eitlem Wollen und Müssen, wie hergenommen von den Spannungen und Erregungen eines Rennens ohne Ziel, aber auf Tod und Leben. Und was tut die Seele, tief bestürzt ob der Verwüstung, die der österliche Blick in sich ihr offenbarte? Sie hofft! Worauf, weiß sie nicht. Aber dies eben ist ja das große Mysterium des Frühlingswinds: daß er ein Hoffen ganz ohne worauf ins Herz weht.

Natürlich sollst Du Dir einen Remarque anschaffen. Kriege breiten sich nicht aus, hast du den Remarque im Haus. Von Onkel Siegmund kann ich Dir nichts Gutes melden. Er ging häufig in Gesellschaft und durch die vielen Grimassen der Freundlichkeit, der Anteilnahme und des Interesses, die er da schneiden mußte, hat er sich eine schmerzhafte Gesichtsmuskelzerrung zugezogen. Die Zeiten sind hart, auch für jene, die sich's leisten können, noch andere Sorgen zu haben, als die um Brot, Kleidung, Obdach! Ja, den Film „Fräulein Else" habe ich gesehen. Die Mimik der Chinesin May Wong ist von unvergleichlicher Ausdruckstiefe, ihr Antlitz ein idealer Spielplatz für alle Regungen des Gefühls und der Intelligenz. Ob mich „Rivalen" im Theater so bezaubert hat wie im Kino? Nein. Schon nicht zufolge der Erinnerung an Mac Laglen, den herrlich kindhaften Naturmenschen, den täppischen Riesen aus einem Amerika-Märchen. Welche Zartheit in seinen Pratzen, wenn er die kleine Frau berührte, und was für ein Indianer recht nach Lederstrumpfs großem Herzen ist er als Krieger und Kamerad! Im Theaterstück „Rivalen" wird Kapitän Flaggs Gegenspieler zur durchaus dominierenden Figur, dank dem elementaren Albers, einem ausgezeichneten Kerl-Spieler, einem wirksamsten Darsteller des rohen, nicht domestizierten Menschen, dem kein Recht geht über das Faustrecht, das mit ihm geboren ist. Das Stück zeigt den Krieg als Rauf- und Sauf-Dorado für Leute mit Muskeln und ohne Nerven, und obgleich Amerikaner die Helden, im zwiefachen Sinne: die Helden des Spiels sind, muß es, mit seiner Verherrlichung des unbedingten, disziplinariter eisern gesicherten Kampfwillens bis aufs letzte, doch ein kostbares Fressen sein auch für deutsche Militärs und Patrioten. Der Regisseur Piscator hat „Rivalen" großartig, ohne Film, nur mit Benützung aller Unzulänglichkeiten von Grammophon und Radio, inszeniert. Über den „Tag des Buches", von dem Du hören willst, kann ich Dir nur erzählen, daß er mir eine große Enttäuschung gebracht hat, indem der Antiquar nicht annähernd die Summe gab, die meiner Erwartung entsprochen hätte. Und dabei waren es doch lauter Bücher, die in keiner Bibliothek fehlen dürfen! Ja, Liebe, Du vermutest recht, es hat sich viel getan in diesem Winter, auf vielen Gebieten körperlichen und geistigen Lebens, und ich könnte Dir von einer ganzen Reihe unvergeßlicher Eindrücke berichten, wenn ich sie nicht vergessen hätte.

Schuld daran trägt das Frühjahrslicht, in dessen Schein so viele Wichtigkeiten zu Gleichgültigkeiten verblassen. Sein milder Glanz macht die Stadt schöner, aber auch häßlicher, zeigt sie dem lustvoll tränenden Auge als die „Wüste aus Ziegelsteinen und Zeitungspapier", die sie ist, und rührt im Busen des Großstädters die Sehnsucht auf nach Gras, Landpartie und dem Weibe des Nächsten. Ich will Dir, Tanti, bei dieser Gelegenheit mitteilen, daß mein „Buch vom Erotiker" schöne Fortschritte macht. Zwei Aphorismen sind, bis auf die letzte stilistische Ausfeilung, fast fertig. Der erste, ganz tiefe und fundamentale, lautet: „Eine ist zu viel . . . alle sind zu wenig!" Der zweite: „Monogamie ist Zucht wider die Natur." Weißt Du vielleicht jemand, der mir das Verfilmungsrecht für beide abkauft?

Leb wohl, Gute. Ich wollte, ich wäre bei Dir auf Deiner Terrasse, das Herz geöffnet dem Frieden ringsum und voller Sehnsucht nach dem mörderischen Berlin."

Das im Deutschen Volkstheater heißt „Wasser für Canitoga",
von Georg Turner. Es gehört thematisch zur angenehmen
Gattung der sachlichen Stücke. Wir erfahren etwas von
Aquädukten, Wasserbau-Ingenieuren, Caisson-Arbeit. Ein
erregendes Schaltbrett mit Hebeln, farbig aufleuchtenden
Glühlämpchen und dergleichen läßt die Ignoranz des Zuschauers wohlig erschauern. Es ist unmöglich, von so viel
Technik nicht gefesselt zu sein. In deren interessantes Spiel
mischt sich das der menschlichen Leidenschaften. Verbrecher planen Schlimmes gegen die Wasserleitung. Ein
Prachtkerl von Ingenieur, Rauhbein und versoffen, aber
genialisch und ein Held, rettet das Werk vor den Anschlägen
der Bösen. Hiebei geht er an galoppierender Caisson-Krank-
heit zugrunde. Der Liebe kommt in all den Verwirrungen
und Aufregungen eine entscheidende Rolle zu. Aber wie
sie sich kundgibt und ausspricht, das ist nicht sentimental,
beziehungsweise von jener (amerikanischen) Sentimentalität zweiten Grades, wo das Gefühl, hartgefroren, nur in den
seltensten, höchsten Augenblicken taut. Die Vorfälle er-
eignen sich in Kanada, bei einer Durchschnittstemperatur
von 40 Grad unter Null, und da der Zuschauerraum des
Deutschen Volkstheaters nicht überheizt wird, ist die Kälte-
Impression eine zwingende. So viel dicke Monstre-Pelze
wie in „Wasser für Canitoga" waren wohl noch selten auf
einer Bühne versammelt zu sehen, und es ist an der Zeit,
endlich einmal der Firma Penizek & Rainer, die fast in allen
Aufführungen aller hiesigen Bühnen hervorragend beschäftigt
ist, ehrend zu gedenken. Ohne sie wäre die Wiener dramatische Kunst vielleicht längst erfroren. „Wasser für Canitoga"
ist keineswegs, weil ein krasses, auch ein schlechtes Stück.
Es hat Theaterqualität, stellt standfest Figuren hin, die das
romantische Bedürfnis des Zuhörers befriedigen; und in

das derbe Gespinst sind auch ein **paar feinere Fäden** (menschlicher Beziehungen) hineingewirkt. Wiederum fällt Fräulein Degischer auf. Durch die Schärfe, mit der sie eine wenig ergiebige Bühnengestalt konturiert, durch die Einfachheit und Sicherheit, mit der sie ihren Text und was hinter ihm an Wesentlichem steckt, glaubhaft **lebendig** macht. Der unbändige Held, von Männlichkeiten strotzend, ist Attila Hörbiger, Spiel und Wort des überaus sympathischen Künstlers erinnern oft an Albers (dem die Aufgabe zugedacht war). Nur ist Hörbiger viel natürlicher, viel weniger selbstgefällig als der unwiderstehliche Hans. Er kann zudem bei aller produzierten Rauhheit gewinnend lieb sein (weich quand même), und durch all das Rabiate, Störrische, Kraft-Überladene, das er vorzumachen hat, klingen erfrischende humorige Töne: Naturlaute aus der geistigen und geographischen Heimat des vortrefflichen Schauspielers aus Wien.

*

In der Scala hingegen wird der „Mordprozeß Folkner" von Ain Rand verhandelt. Das Urteil fällen zwölf Männer aus dem Publikum. Sie werden jeden Abend zu Beginn des Spiels, das dann lange nicht mehr so amüsant weitergeht, ausgelost. Da ebenso viel dafür spricht, daß Frau Luli von Hohenberg den schwedischen Finanzmann umgebracht hat, wie dagegen, könnte das Urteil mal so, mal so ausfallen. Doch wird wohl die Jury im Hinblick auf die sehr exculpierenden zarten Beine der Frau von Hohenberg, sowie darauf, daß ihr jugendlicher Verteidiger, Herr Lieven, sich weit mehr Sympathie erwirbt als der mit Lust grausame Staatsanwalt Dr. Beer, meistens zu einem Freispruch kommen. Ich für meinen Teil verharre gern in der Ungewißheit, ob sie ihn ermordet hat oder nicht, aber die allgemeine Meinung geht dahin, daß der Fall Folkner spannend ist. Jedenfalls gibt er Gelegenheit, das schon oft kennengelernte Zeremoniell des amerikanischen Gerichtsverfahrens nochmals kennenzulernen: die so schneidige wie saloppe Art, in der dort die Findung der rechtlichen Wahrheit betrieben wird, das unaufhörliche, vom Zuschauer als Abwechslung immer froh begrüßte „Einspruch!" der Anklage oder der Verteidigung gegen eine Frage an die Zeugen (nachdem die Frage getan ist), „Ihre Ehren" mit dem Ruhe gebietenden Hämmerchen, die Gittertür, die den Angeklagten direkt aus dem Käfig in den Saal speit wie im „Handschuh" von Schiller das geöffnete Haus den Leoparden, und vor allem das aufreizend süffisante Lächeln, mit dem Staatsanwalt und Verteidiger „Danke" sagen, wenn sie etwas für sie Brauchbares aus einem Zeugen oder dem Angeklagten herausgequetscht haben. Beifallskundgebungen des Publikums unterbrachen öfters die Verhandlung, ohne Ihrer Ehren die unvermeidliche, in diesem Falle allerdings deplacierte Bemerkung zu entlocken: „wir sind hier in keinem Theater".

LIEBE EINES FREMDEN (1936)

In den „Kammerspielen" — einer Filial-Bühne des Josefstädter Theaters — folgen die Zuschauer der „Liebe eines
Fremden", sechs Bildern von Frank Vosper (aus dem Englischen), mit teils angehaltenem, teils beschleunigtem Atem.
Denn die Ungewißheit ist groß, was es mit dem unglaublich
charmanten Herrn für Bewandtnis hat, der dem guten Gilbert
die Braut, welche zwanzigtausend Pfund in der Lotterie gewonnen hat, sozusagen vom Munde wegheiratet, mit ihr aufs
Land zieht, wo dieses am entlegensten ist, und dort durch
rätselhaftes Benehmen dem Publikum sehr verdächtig wird.
Im sechsten Bild auch seiner Frau, aber zu spät, denn als sie
schaudernd erkennt, mit wem sie es zu tun hat, sitzt sie bereits in der geschlossenen Falle. Aus dieser befreit sich Cecily
mittels eines wahrhaft ingeniösen Einfalls, indem sie nämlich, Scheherezaden gleich, den Mörder durch eine aus dem
Stegreif vorgetragene Mordgeschichte so lange hin und in
Erregung hält, bis infolge dieser Erregung das Herzleiden,
an dem jener krankt, zum Schlaganfall gereift ist. Sehr interessant, wie hier der Held einer Kriminalerzählung, von
der nicht gefesselt zu werden unmöglich ist, selbst der Un-
möglichkeit, durch eine Kriminalerzählung nicht gefesselt zu
werden, erliegt.
Zwei Darsteller führen das Spiel sicher an den Abgründen
der Absurdität, längs deren der Weg sich hinzieht, vorbei:
Ernst Deutsch, der nicht nur als vollendeter Techniker
Hochspannung der Bühnenatmosphäre erzeugt und fest-
hält, sondern die Spannung auch als ausgezeichneter Dialek-
tiker durch Einsatz geistiger Mittel immerzu steigert; überdies
das Kunststück zuwege bringt, ein sozusagen geschmackvoller
Lustmörder zu sein, ein Unhold, dem gerne zu glauben ist,
daß ihm die Frauen hold sind. Und Kitty Stengel, deren
Talent, fünf Bilder lang sanft und lieblich redend, in der Not

des sechsten Bildes plötzlich fließend hochdramatisch spricht. Peter Altenberg erzählte einmal von dem lebensgefährlichen Abenteuer mit einem bosnischen Soldaten, den er durch seine Beredsamkeit herumkriegte. „Sprechen Sie denn bosnisch?" fragte jemand. Worauf Altenberg den Frager anschrie: „Erlauben Sie? In der Todesangst?!"

DIE NEUE „MADAME SANS-GENE" (1937)

Ein großer Erfolg im Theater an der Wien: „Madame Sans-Gêne", als Komödie mit Musik bearbeitet von Hans Weigel. Komödie mit Musik? Richtiger hieße es: Musik mit Komödie. Kaum ein paar Sätzchen Dialog — und schon ist der Taktstock des Kapellmeisters bedrohlich in der Höhe. Es wird viel gesungen, dafür aber, immerhin eine Entschädigung, gar nicht getanzt. Die Arbeit des Komponisten, Bernard Grün, hält sich auf einer mittleren Linie, die weder zu tief noch zu hoch hinaus will. Manche seiner hübschen, bescheiden montierten Einfälle kommen dem Hörer bekannt vor, müssen das aber durchaus nicht sein. Denn welcher paradoxen Eigenschaft bedarf erstmals gehörte leichte Musik, um gleich „einzuschlagen"?: Wohlvertrauter Originalität! Auch in der neuen Zurichtung behauptet sich die Lebenskraft des guten alten Sardou-Stücks. Ergiebigste Quellen des Publikum-Vergnügens fließen da: Vornehmheit wird lächerlich gemacht; ein Mensch spricht unbefangen aus, im Idiom seiner Zunge und seines Herzens, was er denkt, sagt die Wahrheit Leuten ins Gesicht, die nicht gewohnt sind, sie zu hören; Große werden mit der Zeit konfrontiert, da sie noch klein waren: Weltsachen und Privatgeschichten, Privatsachen und Weltgeschichte in einen lustig kochenden Topf getan. Der Bearbeiter, Hans Weigel, gab den Spielern Text zu sprechen und zu singen, dessen weder sie noch die Zuhörer sich zu schämen brauchen. Seine kleine Satire windet sich geschmeidig durch den Engpaß zwischen: Gerade-noch- und Schon-nicht-mehr-Erlaubten, sein Witz hat in vieler zensurgebundener Kabarett-Übung gelernt, unverfänglich scharf zu sein, watteweich ins Schwarze zu treffen. Jedenfalls: eine geistig und sprachlich so saubere Operette, wie sie hier zustande kam, hat Seltenheitswert. Das Couplet von den Regierungen, die zwar immerzu wechseln, aber sich nie ändern, habe ich nicht verstanden. Erfahrung rundherum lehrt das strikte Gegenteil, nämlich, daß die Regierungen zwar bleiben, aber sich immerzu ändern. Nett ist das Lied vom sympathischen Wiener (Herr Emil Stöhr trägt es leicht und nobel vor), der alles ist, aber auch von allem das Gegenteil, und angeblich eben diesem charakterologischen Kuddelmuddel seine Beliebtheit verdankt; und am hübschesten das vollendet gut geformte und gesteigerte Polizeicouplet, dessen pointierter Wiedergabe durch Herrn Lessen (als Fouché; etwas von Nestroyscher Teufelei geistert um die Figur) die Wertung: meisterlich zukommt.

Madame Sans-Gêne, Christl Mardayn, zieht mit An- und Übermut viele Register feineren und derberen Humors. Sonderbarerweise ist sie als Wäscherin lange nicht so drastisch Wäscherin, wie dann später als Herzogin. Herrn Leo Reuß kostet es sichtlich Überwindung, einen nicht richtigen Napoleon vorzustellen (wofür er durchaus das schauspielerische Format hätte), sondern einen, der hart am Rande lustiger Musik wandelt und von Glück sagen kann, daß er nicht persönlich sich in diese begeben muß. Mit einem Bänkellied, das die Akte einleitet, hält Paul Walter das ohnehin nicht kurze Spiel sehr charmant auf. Die Regie (Direktor Hellmer) ließ ein Problem ungelöst, nämlich: wie, da auf der Bühne sehr viel gesungen wird, also auch sehr viel zugehört werden muß, diese Zuhörer sich, während sie das sind, benehmen sollen. In der Szene z. B., wo Madame Sans-Gêne den Schwestern Napoleons den Text singt, verkneifen sich die zwei Heruntergeputzten, um die Sängerin nicht zu stören, jeden Laut, ja selbst jede Gebärde des Widerspruchs, indes die vielen sonst auf der Szene Anwesenden für längere Zeit zum lebenden Bild gefrieren. Das kommt davon, wenn einem Theaterstück, welches jahrzehntelang abstinent gelebt hat, soviel Musik eingegeben wird, daß ihm diese zu Kopf steigt, und es plötzlich in die Wahnvorstellung verfällt, eine Oper zu sein.

JEAN COCTEAU, DIE HÖLLENMASCHINE (1937)

Der Dramatiker Cocteau geht abseitige Wege. Er hat Geist: und das ist eine Flagge, unter der es sich gut schmuggeln läßt an den unscharfen Grenzen zwischen Tiefsinn und Unsinn, Weisheit und Narrheit. Er hat Witz: und der darf springen wie das Rößl im Schachspiel, kreuz und quer, auch über besetzte Felder hinüber. Er hat Phantasie: und dieser steht das neidenswerte Recht zu, für das, was sie treibt, Verantwortung abzulehnen. Er ist ein Dichter: und zu dessen Privilegien gehört es, mit dem Unmöglichen verfahren zu dürfen, als wäre es das Mögliche, hinter den Dingen (im Bedarfsfall) auch zu sehen, was nicht hinter ihnen steckt, durch die engenden Mauern der Vernunft durchzuschreiten, als wären sie aus Luft.

In seinem Drama „Die Höllenmaschine" macht Cocteau von ihnen, den Privilegien, umfassenden Gebrauch. Er hat sich da den klassischen Ödipus-Stoff vorgenommen, ihn gründlich aufgelockert, modernisiert, mit Ironie und tieferer Bedeutung durchschossen, in das Gesicht der antiquarischen Figuren neue Züge eingezeichnet, was sie tun und leiden neu gedeutet, und Quellen des schicksalhaften Geschehens entdeckt oder erfunden, die bei Sophokles nicht fließen. Jetzt ist Ödipus kein Opfer dunklen Verhängnisses mehr, in das komplizierte Netz, in das er gerät, sind Fäden aus seiner eigensten Charaktersubstanz eingewirkt; gewissermaßen hat er also persönlich daran mitgeknüpft. Er ist ein junger Mann mit großer Ambition. Wie er, geblendet, seinen traurigen Bettlerweg antritt, sagt Teiresias von ihm: „Er hatte den Ehrgeiz, der glücklichste, und hat nun den Ehrgeiz, der unglücklichste Mensch zu sein." Der Sphinx gegenüber, die eine mit Hintergründen gut ausgestattete Sphinx ist, ein in mehrere Tiefen gestaffeltes Unlebewesen, benimmt er sich schnöde. Da sie ihm hilfreich die Lösung ihres bekannten Rätsels („4 Beine am Morgen, 2 am Mittag, 3 am Abend", es könnte von Schiller sein) verrät, nennt er das Rätsel: „blöde". Nachher tut er so, als hätte er aus eigenem das blöde Rätsel erraten. Also, es läßt sich schon mit einiger Rabulistik so etwas wie eine Schuld des Cocteauschen Ödipus errechnen. Ein schöner Einfall, daß den von den Göttern zerschlagenen Mann auf seiner Wanderschaft ins Elend der Schatten der Jokaste begleitet: der Mutter, nicht der Gattin. An derlei überraschend aufblendenden feinen Lichtern ist das Werk nicht arm; man könnte sagen: es phosphoresziert dichterisch.

Seine stärkste Wirkung erzielt es dort, wo es dem vorgezeichneten dramatischen Weg der Ödipus-Legende treulich folgt. Wo es einhergeht auf der eigenen Spur, wirkt es beunruhigend-amüsant. Cocteau beläßt der Tragödie auf Gipfelpunkten den gebührenden großen Tonfall, zwischendurch aber entschlüpfen ihre Gestalten dem hohen Stil, sagen einander „Sie", gebrauchen Worte und Wendungen heutiger Umgangssprache, und ihre Wechselrede wird Konversation. Der Hörer gerät vor so durchlöchertem Pathos in einige Ratlosigkeit, ob er sich mehr um das Pathos oder mehr um die Löcher zu bekümmern habe. Das Neben- und auch Ineinander von hohem Stil und etlicher Moquerie über diesen erzeugt ein Zwielicht, in das er, der Zuschauer, verlegen blinzelt (dem Maultier nicht übel vergleichbar, das im Nebel seinen Weg sucht). Genau besehen geht es in der „Höllenmaschine" darum, den Sophokles zu ergänzen und zu vertiefen, über ihn ideelich „hinauszugehen" (wie der Film das, in Zeit und Raum, mit den Theaterstücken tut, deren er sich bemächtigt). Der Ödipus-Stoff ist stark und widerstandsfähig genug, auch diese Behandlung zu vertragen, zumal da sie von einer so hohen geistigen Potenz, wie Jean Cocteau sie vorstellt, vorgenommen wird.

Man spielt „Die Höllenmaschine" (meisterlich ins Deutsche übertragen von Herbert Mühlbauer) in dem Wiener Studio, das „Podium im Hagenbund" heißt. Und wiederum ist es, wie in diesem kleinen Abseits-Theater immer, eine Aufführung, die Respekt abnötigt vor der reinen, nichts als künstlerischen Absicht, von der sie hochgetragen wird, vor dem Maß an Arbeit und Können, das in ihr steckt (Regie: Dr. Rohner). Ob alles im Sinne Cocteaus auf der Bühne des „Podium" abläuft, weiß ich nicht. Vielleicht wäre an mancher Stelle freieres Bekenntnis zum Komödischen, an anderer vielleicht weniger hochdramatisches Gehaben und auch weniger Stimmaufwand das Richtige.

Im Zwielicht, wie es im Cocteau-Bezirk herrscht, haben Konturen jedenfalls ein Recht, zu verschwimmen.

Maria Fein, Jokaste, kann einmal am tauglichen Objekt erweisen, was für eine starke und noble Schauspielerin sie ist. Ihr gelingt das zwanglose Ineinanderfließen leichten und getragenen Tons, großer und natürlicher Haltung. Herbert Berghof scheint auf bestem Wege zum freien Gebrauch seines Talents (durch Krampf zum Sieg). Sein Ödipus klingt und leuchtet, ohne daß der Klang schrill, das Licht grell würde. Maria Becker gibt der entsphinxten Sphinx die vom Dichter verlangte mädchenhafte Süßigkeit. Das Vampirische gerät weniger überzeugend. Selbst die kleineren und kleinsten Rollen sind in Händen begabter junger Schauspieler; keine Nebenfigur, die nicht auch als solche im Gesamtbild des Dramas gute Figur machte.

DRITTER NOVEMBER 1918 (1937)

Csokor ist Dramatiker, vom Blut und vom Geiste her. Seine Leidenschaft ist die Leidenschaft. Nur in Regionen erhöhter Zustände, Gefühle, Worte grast sein Pegasus, in Gegenden unter 2000 Meter überm planen Spiegel der Alltäglichkeit frißt er nicht. Franz Theodor ist schwer (und oft glücklich) verliebt in das Pathetische. Es macht seinen Geist brünstig: eine Betonung des Verlangens, die sich auch im Spirituellen als der Zeugungskraft förderlich auswirkt. Das Pathos zieht Csokor mächtig an. Er stürzt lustvoll hinein, wie eine feuersichere Motte in die Flamme. Das Pathos ist gewissermaßen: die Idee seiner Dichtung; jener Idee, die hinter dem Pathos steckt, kommt die Neben-Aufgabe zu, es zu legitimieren. Am großen Ausdruck, am szenischen und sprachlichen großen Ausdruck hängt das Herz dieses Dramatikers; das was ausgedrückt wird, scheint von sekundärer Wichtigkeit. Ekstase, Rausch (auch jener der Verzweiflung) und dergleichen: das sind für den Theaterdichter hohen Stils Werte, an und für sich gleichgültig, welche Droge den Zustand bewirkte. Wohlig steigt der Dampf vergossenen Menschenblutes dem Priester Dramatiker in die Nase, egal, welcher Gottheit er opfert.

Csokor hat Visionen und die Kraft, sie zu formen, er hat den Atem für großes Theater nebst allen nötigen Anlagen zu dieses Atems Erhitzung, und nicht selten gelingt es ihm, seine Hörer zum Glauben zu verführen, daß er, was er so stark sagt, auch so stark empfindet.

Sehr schön gelingt ihm das in seinem neuen Schauspiel „Dritter November 1918", dem besten, das die Bühne bis nun von Csokor empfangen hat. Es gilt dem Zusammenbruch der österreichisch-ungarischen Monarchie, beziehungsweise ihres Sinnbildes, der k. u. k. Armee. Csokor war jenen tragischen Tagen Zeitgenosse. Ob er sie schon, als er sie miterlebte, in solcher Art tragisch empfand wie jetzt in sei-

nem Stück, weiß ich nicht. Mancher hat damals die Schmerzen und Krämpfe, von denen die Welt geschüttelt wurde,
als Wehen gedeutet, in denen ein neuer, glückhafter, besser
gesicherter Menschheitsfriede geboren würde, und sieht nun,
schaudernd vor der Mißgeburt, die herauskam, seinen Irrtum
reuig ein. Der „Dritte November 1918" führt in ein militä-
risches Rekonvaleszentenheim, nahe dem südlichen Kriegs-
schauplatz. Dort sind akkurat sämtliche Nationen des alten
Donaureiches durch akkurat je einen Offizier vertreten. Nur
ein Dichter, der stilisiert wie Csokor (Hodler als Theater-
schriftsteller; oder Egger-Lienz?) durfte sich die Zimmerung
einer solchen Arche Noah erlauben. Sie findet keinen Berg
Ararat, sondern ihre Planken reißt die Flut auseinander,
und die Insassen retten sich durch Schwimmen an die verschiedenen nationalen Ufer. Nur der Oberst, ein „Grenzer",
Soldat und brav, dem mit der k. u. k. Armee der Sinn seiner
Existenz abhanden gekommen ist, tötet sich. An der Tafel
wenige Stunden vorher brachte er das erste Glas „dem
Obersten Kriegsherrn" („Alle auf" ordnet die szenische
Bemerkung an); später, nachdem das Schicksal in den Saal
getreten, erinnert sich niemand des allerhöchsten Kriegs-
herrn. Auch der Oberst hat wunderlicherweise keinen Gedan-
ken für ihn, keine Frage nach ihm. Es ist, wie wenn ein
Frommer gerade in der letzten Stunde das Beten vergäße.
Die Krankenschwester (ins Spiel hineingetan, damit etwas
Weibliches in ihm sei) sagt von dem toten Oberst: „Der
Oberst stirbt nie!" Getragene Worte von solcher Unverbind-
lichkeit wie dieses sind erfreulicherweise selten in Csokors
Schauspiel. Es spart mit sprachlichen Großaufnahmen; und
gewinnt hiedurch an Wort-Wirksamkeit. In früheren Stücken
neigte der Verfasser manchmal zu einer Diktion, der das
Auflegen essigsaurer Tonerde anzuraten gewesen wäre, damit
sie abschwelle. Hier, in seinem neuen, guten Stück redet der
Dichter schon fast einfach!

Da er so tut, zudem ein Bühnenmeister ist, der bauen kann, zusammendrängen, steigern, und im „Dritten November 1918" überdies an ein Thema rührt, das vielen österreichischen Menschen noch heute im Herzen brennt, manchen auch schon wieder auf den Nägeln, machte sein Stück ganz starken Eindruck. Es ging den Hörern nahe, und Csokor hatte bedeutenden moralischen Erfolg; die Freuden des Materiellen, schäbige, aber immerhin auch von einem Dichter nicht zu verachtende Freuden, werden hoffentlich folgen. In der vortrefflichen Aufführung des Burgtheaters, Regie Waniek, bringt Treßler als Oberst, durch selbstverständliche Würde der äußeren und vollendete Adeligkeit der inneren Haltung, die schauspielerischen Höhepunkte. Sein zivilistischer Abgang in den Tod („Habe die Ehre, meine Herren"), ein schöner Einfall vom Dichter her!, hat Größe.

WIEN, JAHRHUNDERTWENDE
DER JUNGE ALFRED POLGAR

TREUENHOF: *Worte sind nichts.*

WINKLER: *Worte sind alles. Wir haben ja*
nichts anderes.

Arthur Schnitzler, Das Wort

Wien, am 11. Oktober 1911

Hochverehrter Herr Präsident!

Am Samstag abend ist die Première von Schnitzlers Drama
im Burgtheater. Es wäre also gerade für mich als Referenten
der „Sonn- und Montagszeitung" und vermutlich auch für
die anderen Herren, die in den Montagsblättern das Burg-
theaterreferat führen — Vorbedingung, der Generalprobe
beiwohnen zu dürfen, um überhaupt im größeren Umfang
über das Schnitzler'sche Drama berichten zu können, da wie
Sie, hochverehrter Herr Präsident, ja wissen, der Hauptteil
der Montagsblätter am Samstag bereits gedruckt wird. Nun
hat Herr Baron Berger, wie ich erfahre, die Referenten der
Montagsblätter von der Generalprobe ausgeschlossen.

Ich bitte Sie nun, sehr verehrter Herr Präsident, um eine
Äußerung dahingehend, ob die Theaterreferentenvereini-
gung, der anzugehören ich die Ehre habe, gegen diese offen-
kundige Maßregelung eines unliebsamen Kritikers seitens
des Baron Berger irgend etwas zu unternehmen gedenkt,
oder ob ich allein und ohne Unterstützung der verehrlichen
Vereinigung mich dagegen zur Wehre zu setzen gezwungen
werden soll. Mit der Bitte, die Bemühung gütigst entschuldi-
gen zu wollen und dem Ausdruck des ergebensten Dankes,

in vorzüglicher Hochachtung.

Alfred Polgar [1]

Genauer als in diesem sehr kakanischen Protestschreiben
kann man die umständlichen Regeln konventioneller Ehr-
erbietung wohl kaum einhalten. Der Hochverehrte, an dessen

199

Gerechtigkeitsempfinden so eindringlich appelliert wurde, war der Präsident der Concordia, Siegmund Ehrlich, in der Diktion von Karl Kraus *der ehemalige Börsenjournalist, der das geistige Wien vertritt*, und den keineswegs zufälligen Anlaß dieser Kraftprobe zwischen einem Burgtheaterdirektor und einem unliebsamen Kritiker bildete Arthur Schnitzlers Tragikomödie „Das weite Land", die am 14. Oktober 1911 gleichzeitig an neun Bühnen uraufgeführt wurde. Die Besorgnis, der angesehene Rezensent würde wieder einmal mit Burgtheater[2] und Autor recht unsanft verfahren, war im übrigen nicht von der Hand zu weisen, hatte doch Polgar bereits zur Genüge bewiesen, daß er sich vor den Gespenstern der Hofbühne unter der Leitung von Baron Berger nicht fürchtete und außerdem im Fall Schnitzler mit mehr als professioneller Bosheit manches Gelungene zu übersehen imstande war, das Mißglückte aber nie.

An dem auf die Premiere folgenden Montag protestierte Polgar in einer Kurzkritik auch öffentlich gegen seine „Aussperrung" und kündigte gleichzeitig eine ausführliche Besprechung der *interessanten, stellenweise recht subtilen Komödie* an: *Die Ansichten über seine Direktionsführung wird Baron Berger durch derlei Verfügungen kaum zu ändern imstande sein. Nicht einmal wenn er seinen unbotmäßigen Kritikern ernste Garderobeschwierigkeiten im Burgtheater bereiten läßt oder ihnen den Ankauf des Theaterzettels erschwert oder den Wagenrufer gegen sie aufhetzt oder sonst eine Verfügung trifft, die dem Ausschluß von den Generalproben an Takt, Geschmack und Räson gleichkommt.*[3]

Auf Wiener Boden, und das ist gewiß keine Neuigkeit, scheint Persönliches — Kameraderie oder Animosität — ja seit jeher das Sachliche, auch die Beziehungen im Bereich von Literatur und Kunst, zu überlagern. Kein Wunder, daß gerade aus dem Umkreis der Wiener Literatencafés die treffende Wendung stammt: *einander vom Wegschauen kennen.*

200

Die Geschichte der diversen Freund- und Feindschaften, Ab- und Zuneigungen, oft in kaum durchschaubarem Verhältnis gemischt, erschöpft sich hingegen nicht in ihrem anekdotischen Reiz. Die teils feinen, teils groben Fäden jenes längst zerrissenen Netzes, heute noch aufzuspüren, machen nämlich zum mindesten, um eine vornehme Formulierung Hofmannsthals zu gebrauchen, den *sociablen Charakter*[4] des Wiener Lebens deutlich — eine Eigentümlichkeit, die sich allerdings gelegentlich zu Beziehungswahn auswuchs. Natürlich läßt sich das positiver ausdrücken: Man lebte und arbeitete damals eben erheblich weniger nebeneinander als mit- und gegeneinander.

Bedenkenswert, wenn auch nicht über Gebühr zu strapazieren, ist ferner eine psychologische Überlegung. Was — weil es allen gemein ist — verbindet, trennt gerade deshalb; das Eigene, Vertraute im anderen wiederzuerkennen, zieht an und stößt zugleich ab.

Alfred Polgar selbst hat den Zustand der inneren und äußeren Verflechtung einer spezifischen Gesellschaft in der ,,Theorie des ,Café Central'" beschrieben: *Die Gäste des Café Central kennen, lieben und geringschätzen einander. Auch die, die keinerlei Beziehung verknüpft, empfinden diese Nichtbeziehung als Beziehung, selbst gegenseitiger Widerwille hat im Café Central Bindekraft, anerkennt und übt eine Art freimaurerische Solidarität. Jeder weiß von jedem. Das Café Central ist ein Provinznest im Schoß der Großstadt, dampfend von Klatsch, Neugier und Médisance.*[5]

Das kulturelle Wien der Jahrhundertwende, die fröhliche Apokalypse, Finale einer alten und Auftakt einer neuen Welt — all das hat in jüngster Zeit viel an Anziehungskraft[6] gewonnen, vielleicht auch, weil bald die letzten von uns gegangen sein werden, die aus persönlicher Erfahrung sagen könnten, wie sie es sahen. Damit ist diese Epoche erst wirklich Geschichte geworden, hat aber in ihren Ausläufern, Fernwirkungen und Perspektiven größeren Einfluß erlangt als je zuvor, zumal das meiste davon auf dem Umweg über die Vereinigten Staaten in die ursprüngliche Heimat zurückkehren mußte. Anderes ist dank der gründlichen Ausrottungstechnik, die hiezulande auf alles Jüdische angewendet wurde, endgültig in Vergessenheit geraten.

Sigmund Freud, Gustav Mahler, Adolf Loos und Karl Kraus haben wir inzwischen als Pioniergestalten des 20. Jahrhunderts für uns entdeckt. Wieder andere, bewußte Außenseiter oder hartnäckige Randfiguren wie Peter Altenberg[7] und Alfred Polgar, befinden sich, wenn man so sagen darf, in statu renascendi.

Das Wiener Café, und das war ihre Welt, wurde allerdings an Haupt und Gliedern so lange dezimiert, bis angesichts der kümmerlichen Restexemplare wehmütiges Interesse an der aussterbenden Spezies erwachte.

Suchen wir nun einen Zugang zur legendären Caféhausgesellschaft der „Centralisten", ist es wahrscheinlich gar nicht so wichtig, von wem wir uns einführen lassen. Man kann mit gutem Grund, unter anderem dem der Anciennität, Peter Altenberg in den Mittelpunkt stellen, mit beinahe ebenso gutem aber Egon Friedell oder Alfred Polgar.[8] Denn hier war die — vergebliche — Mahnung des Philosophen „Störe meine Kreise nicht" so zwecklos wie widersinnig. Wohl war der einzelne natürlich primär auf sich konzentriert und doch — es ist wie mit Steinen, dicht beisammen ins Wasser geworfen —: jeder bildet Kreise, und unzählig sind die Überschneidungen.

Daß sie einander kannten, ist klar. Daß sie einander — wenn schon nicht liebten — zumindest geringschätzten, wird sich herausstellen, in manchen Fällen sogar, warum.

Es geht hier zwar um Alfred Polgar, zugleich aber um mehr. In ihm, seinen Äußerungen und den Aussagen über ihn, spiegelt sich auch seine Umwelt, für die er bestimmte Rollen spielte, zu spielen hatte.

202

Im Anfang war das Café Griensteidl, heute vor allem durch
Karl Kraus' Satire „Die demolirte Literatur" berühmt. Damals aber kamen dort alle zusammen, die Rang und Namen
im künstlerischen Wien hatten, aber auch die anderen, noch
Namenlosen, wobei streng zwischen den bereits anerkannten
und den unbekannten Größen geschieden wurde. An einem
Tisch hielt das „Junge Wien" Hof. Der Musikkritiker Max
Graf erinnert sich: *Hier präsidierte Hermann Bahr, mit der
dampfenden Virginia-Zigarre in der Hand. Arthur Schnitzler
mit seinem gepflegten Vollbart und vom Ruf seiner Liebes-
nächte umgeben und Richard Beer-Hofmann, der eben mit
seiner ersten Novelle hervorgetreten war, deren Worte er
in wochenlanger Arbeit ziseliert hatte, saßen zu seiner Seite.
Der junge Felix Salten hörte gespannt zu. Von Zeit zu Zeit
kam Hugo von Hofmannsthal, der kurz zuvor noch mein
Gymnasialkollege gewesen war.*[9]
Man sieht: ein Gruppenbild, fein arrangiert und mit allen
Attributen der Wahrhaftigkeit versehen. Ob es sich tatsächlich so zugetragen hat, ist eine andere Frage. Bahr und
Schnitzler haben bereits 1903 in einem Gespräch mit einem
Journalisten vom „Neuen Wiener Journal" gegen klischee-
hafte Vereinnahmung protestiert: *Und das Café Griensteidl?
Die legendarische Kaffeehausliteratur? Bahr lächelt und
Schnitzler greift in die Debatte ein. Der Eine erklärt, in
seinem Leben nur zweimal mit Schnitzler und Hofmannsthal zusammen in dem genannten Café gewesen zu sein,
der Zweite ist geärgert darüber, daß man noch immer in
„trefflich" informirten Zeitschriften von ihm als Kaffee-
hausdichter spricht.*[10]
Dem Parnaß gegenüber sollen unter anderen Polgar, Otto
Stoessl, Schönberg, Loos und Kraus gesessen sein, immer
wieder in Gesellschaft von Peter Altenberg: *In das manu-*

skriptraschelnde Café Griensteidl kam er, mit wehender Pelerine, und hielt Reden über das Christentum. Zahlkellner Heinrich schwenkte das versoffene Haupt. Seine Macht war machtlos gegen dieses Geistes Tempo. Die Literatur, um Tischchen amikal und strebevoll versammelt, lächelte dem wilden Menschen zu.[11]

Bereits am 18. Oktober 1896 notierte übrigens Schnitzler in seinen Tagebüchern: *Im Kfh. Altenberg u seine Gemeinde von der wir, besonders ich (. . .) unsäglich gehasst werden.*

Bald entwickelte sich ein besonderes Verhältnis zwischen Altenberg und dem um 17 Jahre jüngeren Polgar. Wieder berichtet Max Graf: *Der Spott Alfred Polgars, der sich mit vielen ironischen Stacheln gegen Peter Altenberg kehrte, war der Spott eines Liebenden und Verehrenden.*[12]

Im April 1900, und das war dann schon zur Zeit der Herrschaft des „Café Central", erhielt Stefan Großmann, Polgars Freund aus den Jahren ihrer gemeinsamen „anarchistischen" Umtriebe, eine Grußkarte, an der zu erkennen ist, was man sich unter diesem Spott vorzustellen hat. Sie zeigt das „Central" von außen und innen und trägt auch die Unterschriften Altenbergs und Polgars. P. A. setzte die seine unter die Bemerkung: *Heute haben Sie viel versäumt, sie war wunderbar schön. Aber versäumen wir nicht Alles zu jeder Stunde, da sie ferne ist?!* a. p. schloß nüchterner: *P. A. hat natürlich, wie immer, die letzte Wahrheit geschrieben.*[13]

Großmann wiederum erzählt über ihrer beider Beziehung zu Altenberg: *Wir liebten es, wie er die Welt ansah; insbesondere Alfred Polgar hat ihm vom ersten Tag eine schwärmerische Zuneigung entgegengebracht, eine Schwärmerei, die er, damit sie um Gottes Willen nicht langweilig wirke, hinter einer etwas gegen sich selbst gerichteten Ironie zu verstecken trachtete. Was mich anlangt, so wurde ich Altenbergs Jünger noch mehr wegen der Dinge, die er sprach, als wegen der Dinge, die er schrieb.*[14]

204

Karl Kraus sah sich zwar bei Erscheinen dieser Bekenntnisse veranlaßt, die Jüngerschaft Großmanns ebenso energisch zu bestreiten wie dessen Freundschaft mit Polgar: *Altenberg könnte ich, aus genauester Kennerschaft der einschlägigen Umstände, zur Not gegen die posthume Annäherung schützen, schwerer leider Alfred Polgar, dem nun der jahrzehntelange Umgang verbleibt, den er nicht genommen hat.*[15], aber hier irrt Kraus, d. h. wahrscheinlich will er sich sogar irren, denn er müßte es besser gewußt haben.

Arthur Schnitzler, der positiven Voreingenommenheit für beide wohl unverdächtig, machte am 8. März 1898 folgende Eintragung in seinem Tagebuch: *Stef.(an) Großmann bei mir, von der Wr. Rundschau aus, Mitarbeiterschaft. — Er sagte mir u. a. er beurtheile die Menschen danach, wie (sc. sie) sich zu Peter Alt.(enberg) stellen. — Anarchist, verworren, wenig ehrlich* . . . Und etwa drei Monate danach heißt es dort anläßlich eines Praterbesuchs: *im Gasthaus Peter Altenberg, mit seinen widerlichen Jüngern, Pollak und Grossmann.*[16]

Die persönliche Bekanntschaft mit dem „widerlichen" Altenberg-Jünger Polgar recte Polak reicht in die Jahre 1895/96 zurück. Die Vermittlerrolle kam dabei Schnitzlers angeheiratetem Cousin, Julius Gans von Ludassy zu, dem Chefredakteur der liberalen „Wiener Allgemeinen Zeitung", in die Polgar eingetreten war. 1905 erinnert sich Schnitzler, empört über Polgars Kritik am „Zwischenspiel", an den ersten Kontakt: *In den letzten Tagen (durch eine zufällige Mittheilg gesteigerter) Hass gegen Polgar. Eigentlich der erste von meinen Feinden, der wirklich Talent hat. Während mein Aerger über die Plattheiten u Albernheiten, die schlechtgeschriebnen andrer (z. B. Goldmann) nur Minuten bis Stunden währt, dauert mein Zorn gegen diesen giftigen Kerl, der eigentlich seit zehn Jahren wartet, gegen mich losgehn zu können, ununterbrochen an. Vor etwa 10 J. schickt(e) ihn Ludassy*

zu mir, — aerztlich; ich fand einen beträchtl.(ichen) Spitzen-
katarrh. Er war Bluthuster (Seltsam dass er in seinem Feull.
übers Zwischenspiel einen Bluthustvergleich verwandt.) Kurz
darauf hinterbrachte mir Salten haemische Bemerkungen
über eine Novelle von mir (Abschied.).[17] Gegen Ende von
Polgars „Zwischenspiel"-Rezension hatte es geheißen: *Fast*
könnte man zu einer schlimmen Diagnose des Schnitzlerschen
Talentes kommen. Ich glaube, selbst die guten Freunde waren
ein wenig erschrocken. Wie man erschrecken mag, wenn man
von einem scheinbar kerngesunden Menschen plötzlich hört,
er spucke seit Jahren Blut.[18]
Was immer es auch mit der frühen „Häme" Polgars gegen
den Dichter auf sich haben mag, als Beginn einer Beziehung
ist diese Arzt-Patient-Konstellation so verheißungsvoll wie
konfliktträchtig, zumal Polgar Schnitzler in einem Brief
geradezu zum Komplizen seiner Heimlichkeiten machte.
Was seine, Polgars, Schonungsbedürftigkeit betreffe, möge
Schnitzler mit Rücksicht auf dessen Vorgesetzten diploma-
tisch vorgehen: *Es ist ganz zweifellos, dass mein Chef den*
Hinweis auf einen Urlaub als von mir inspirirt ansehen
wird und das könnte die Aversion, die er in letzter Zeit
gegen mich zu haben scheint, ins Unheilbare steigern. Ich
bitte recht sehr, Herr Doctor, mir die neuerliche Belästigung
nicht übel zu nehmen und zeichne mit aufrichtigstem Dank
hochachtungsvoll erg.[19]
Groß ist hier die Versuchung zur Überinterpretation. Aber
ist nicht Schnitzler selbst diese seltsame Projektion aufge-
fallen? Und ist es nicht in der Tat eigenartig, noch nach
zehn Jahren das eigene Gebrechen indirekt auf den zu übertragen, von dem man in einer Situation der Schwäche ab-
hängig war und der nun wieder — auf anderer Ebene — einem
selbst, dem Urteil des Kritikers, ausgeliefert ist? Ob nun diese
Episode als frühes Anzeichen eines gestörten, sogar (auf beiden Seiten) neurotischen Verhältnisses zu deuten ist oder

206

nicht, in jedem Fall scheint damit die Grundlage für erheblliche Komplikationen im persönlichen und literarischen Verkehr gegeben. Schnitzler, durch Kritik im allgemeinen verletzbar, legte sich eine eigene psychologische Theorie über Polgars Haltung ihm gegenüber zurecht. Das Ungenügen an sich selbst, die Unfähigkeit zur eigenen künstlerischen Leistung sei das Motiv, andere, Schöpferische, mit perfider Bosheit zu verfolgen. In zahlreichen Variationen taucht dieser Gedanke in den Tagebüchern auf: *Zu erklären bleibt das ganze Wesen solcher Leute doch nur aus der Eigentümlichkeit u Unzulänglichkeit ihrer eigenen Producte. Sie schreiben im wesentlichen talentlos, ohne Eigenart, verständig und lassen sich von dem in ihnen steckenden Kritiker die Producte gleichsam erst corrigiren, so dass sie leidlich werden.*[20] Wenige Monate danach heißt es dann unter anderem in bezug auf Polgar: *Über die unproductiven Leute mit dem tief-natürlichen Hass gegen die productiven, besonders über die, die in einer Art Verzweiflung an den Grenzen wandeln, immer den Hauch der andern Welt um ihre Stirn wehn spüren — und doch nie hinüber können.*[21]
Bei aller abwertenden Tendenz und negativen Einschätzung anerkannte Schnitzler jedoch wiederholt Polgars intellektuelle und stilistische Brillanz, weshalb ihn ja die Attacken besonders erbosten. Nachdem er sich im Gespräch mit dem Regisseur Otto Brahm (über dessen Ibsen-Inszenierungen Polgar eine als Buch veröffentlichte Kritikenserie schrieb) äußerst abfällig geäußert hatte, folgte etwas unvermittelt: *Doch empfahl ich Br.(ahm) zugleich den wirksamen Einakter P.(olgars) aus der Schaubühne (Talmas Tod.),*[22] und an Polgars „poetischem" Erstlingswerk „Der Quell des Übels" fielen dem Leser Schnitzler vor allem *Die bohrende Intelligenz — und totaler Mangel an Gestaltungskraft* auf.[23]
Während der Arbeit an seinem Roman „Der Weg ins Freie" vermeinte Schnitzler sogar in sich selbst eine Wesensver-

wandtschaft mit Polgar zu bemerken. Er glaubte, seinem „inneren Polgar" auf der Spur zu sein: *In schlechter Stimmung, gegenüber dem Roman. Stunden, in denen ich meinen eigenen Producten als misgünstig hämischer gegenüberstehe — Meine Fähigkeit mich in andere Seelen zu versetzen geht doch etwas zu weit. Ich verpolgarisire mich in solchen Stunden total.* —[24]

Als Hauptleidtragende von Polgars nach außen gerichtetem Selbsthaß sah Schnitzler sich und seinen Freund Richard Beer-Hofmann, dem er anläßlich der Reaktionen auf die Premiere von „Der Graf von Charolais" einen veritablen Kondolenzbrief schickte: *(. . .) Mir war am zuwidersten Polgar, der mir nebstbei Talent zu haben scheint und gut schreibt . . .*[25]; aber auch Hermann Sudermann konnte seines verständnisvollen Trostes gewiß sein: *Mit Brahm im Wald. Über Polgar. Ich erzählte Brahm dass ich Sudermann, der sich über die Rosenkritik P.(olgars) in der S.(onn) u(nd) M.(ontags)-Z.(eitung) ärgerte, damit beruhigte, dass ich P.(olgar) ein neidzerfressenes wanzenhaftes Subjekt nannte.*[26]

Im Grunde lassen sich die Vorwürfe Schnitzlers auf einen Nenner bringen. Was macht er denn anderes — so sei mit allem psychoanalytischen Respekt gefragt — als Polgar und seinesgleichen der künstlerischen Impotenz zu zeihen und die Angriffe gegen sich, den vor aller Welt sichtbar „fruchtbaren" Dramatiker, mit einer Art literarischem Sexualneid zu erklären? Auf der anderen Seite, und das scheint kein Zufall, scheute sich Polgar nicht (so in seiner Kritik der Burleske „Zum großen Wurstel"), öffentlich anzudeuten, der Dichter Schnitzler sei steril geworden: *Es ließe sich wohl aus dem Leben vieler bedeutender literarischer Menschen nachweisen, daß sie ironisch und sich-selbst-durchschauend wurden, wenn das Gefühl der Sterilität ihr Herz bedrückte.*[27] Schnitzler war durch diese Anspielung tief getroffen und übersetzte die Attacke für sich: *Man folgert aus irgendeinem Werk, obwohl, ja weil es vollkommen gelungen ist, daß der Autor steril gelungen ist. (So A. P. nach dem Großen Wurstel).*[28]

In dieser ganzen Auseinandersetzung war Schnitzler von vornherein im Nachteil: Er konnte sich seinen Ärger bestenfalls im vertrauten Gespräch mit Gleichgesinnten bzw. vermeintlichen Leidensgefährten von der Seele reden oder ihn eben im Tagebuch begraben. Der Kritiker Polgar hatte hier die weit günstigere Position, da er es ja zudem verstand, die Lacher auf seine Seite zu ziehen, und gerade das machte ihn für Schnitzler erst gefährlich. Durch die aggressive Tendenz seines Witzes verwandelte er, wie es einmal bei Sigmund Freud heißt, den anfänglich indifferenten Leser in einen *Mithasser oder Mitverächter und schafft dem Feind ein Heer von Gegnern, wo erst nur ein einziger war.*[29] In abgeschwächter Form dürfte Freuds Formulierung den Kern auch dieser Sache treffen.

Daß Polgar für Schnitzler ein Problem, ein Ärgernis im genauen Wortsinn war, ist kaum zu bezweifeln. Wie konnte er ihm also das antun, wonach ihm der Sinn stand − *Kurz und gut; ich kann ihn nicht leiden u wünschte ihm sehr unangenehm zu werden,*[30] welchen unfrommen, jedoch verständlichen Wunsch Schnitzler in Zusammenhang mit der „Zwischenspiel"-Kritik niederschrieb. Und ein andermal, etwa drei Monate später, fragte er sich in einem Gespräch mit seiner Frau Olga, *an ein widerliches Feuilleton Polgars ("Das Wr. Feull")* anschließend: *Wenn ich nur schon wüßte, wo die Kerle anzupacken sind (literarisch).*[31]

Bei Begegnungen − 1906 im Burgtheater: *Großmann u Polgar krochen an mir vorüber und steigerten den Ekel, der mich den ganzen Abend umwallte. −,*[32] wo Ausweichen durch die Normen gesellschaftlichen Umganges unmöglich war, beugte sich Schnitzler dem Gebot der Höflichkeit. In dem von der

Wiener Werkstätte eingerichteten Kabarett „Fledermaus"
bestritten ab 1908 Alfred Polgar und Egon Friedell mit ihren
Kurzdramen und Sketchen den Hauptteil des Programms.
Besonderen Anklang fanden die Szene „Goethe" und die
„Musteroperette" („Der Petroleumkönig oder Donauzau-
ber"). Der kommerzielle Leiter der Wiener Werkstätte, Ban-
kier Fritz Wärndorfer, war auch *der Gründer und ökonomi-
sche Vater des Kabaretts.*[33] Am 5. Oktober 1908 besuchte
Schnitzler *über Einladung Wärndorfers* die „Fledermaus",
*wo einiges unbeträchtlich-praetentiöse u einiges nette geleistet
wurde; z. B. Polgar Fridell'sche Musteroperette. Man versteht
freilich den Hass dieser Leute (ich meine P.) wenn man sieht,
wie ihre Production über Spassettelei (wenn auch oft besten
Calibers) nicht hinauskommt. − Ich begrüßte P.(olgar)
übrigens händereichend, da er an Wasserm.(anns) Tisch beim
Eintritt sass. −*[34]
Bei anderer Gelegenheit versuchte Schnitzler den Widersacher
mit dessen eigener Waffe zu schlagen: mit Ironie. Am Weih-
nachtstag 1908 traf er im Verkaufslokal der Wiener Werkstätte mit Polgar zusammen und richtete auch das Wort an
ihn: *ich sagte P.(olgar), seine Operette (Petroleumkönig −
auf die vielen Reclame Notizen anspielend) werde auffallend
oft zum 100. Mal aufgeführt. −*[35] Eine Replik auf die etwas
maliziöse Bemerkung ist nicht überliefert.
Ein wenig abwegig mutet es in diesem Zusammenhang an,
daß Samuel Fischer 1910 Polgar damit betrauen wollte, als
Einstimmung zur geplanten Gesamtausgabe von Schnitzlers
Werken ein Buch über diesen zu schreiben. Fischers Ansin-
nen, das für den zu Ehrenden wohl doch eher eine Zumutung
war, wurde nie Wirklichkeit, und Richard Specht verfaßte
schließlich die Monographie.
Auch wenn man den möglichen Deutungen des Dauerkonflik-
tes Polgar − Schnitzler nicht folgen will, die Tatsache tiefer
Verstörung, die über das Maß der vielzitierten Urfeindschaft

Künstler — Kritiker weit hinausgeht, bleibt bestehen, und manches spricht für die Vermutung, wo so viel Ablehnung herrschte, müßte es auch das Gegenteil gegeben haben. Schnitzler selbst hat in späteren Jahren, kurz vor dem Ersten Weltkrieg, als der Groll zumindest gemildert schien, Ähnliches formuliert: *Sonn- und Montagszeitung über E.(insamen) W.(eg); immerhin bleibt zu erwähnen, daß er doch der interessanteste und bei aller Lausbüberei und Feindseligkeit (zum Theil aus unglücklicher Liebe) gegen mich anständigste Kritiker bleibt.*[36]

Die seltsam pathetisch anmutende Wendung *aus unglücklicher Liebe* sollte auf keinen Fall relativiert oder gar lächerlich gemacht werden. Der Psychologe Schnitzler wird sie nicht unbedacht gewählt haben, und vielleicht vermag diese Formel am besten die tiefe Ambivalenz von Liebe und Haß auszudrücken, die für dieses Wechselspiel privater und öffentlicher Unfreundlichkeit charakteristisch scheint.

Auch Schnitzlers letzte auf Polgar bezogene Tagebucheintragung steht wieder unter einem grundsätzlich positiven Vorzeichen.

Die Tagebücher Arthur Schnitzlers sind in erstaunlichem Grade zugleich Nachtbücher.[37] Er war — unter anderem — ein großer Träumer, interessiert und bemüht, das Geschaute zu ordnen oder gar zu entschlüsseln. Im Mai 1926 träumte Schnitzler das erste und letzte Mal von Polgar: *Berlin. Träume; von Polgar, Eisenbahnzug; freue mich, ihn persönlich kennenzulernen, sage ihm, daß Lili seine Sachen liebt (Deutung: daß ich gestern Hubermann sprach, ihm sagte, Lili war bei allen seinen Concerten gewesen; — ferner wirkliche Sympathie Lilis für Polgars Schriften).*[38]

Sehr weit geht diese Traumdeutung allerdings nicht, sie beschränkt sich darauf, das Geträumte auf den Tagesrest zu reduzieren. Warum aber Schnitzler gerade mit Polgar in einem Abteil fährt, dem lange Jahre Verhaßten so freundlich begegnet und außerdem seine innig geliebte Tochter Lili ins Traumspiel bringt, scheint den Interpreten nicht zu interessieren. Vielleicht täuscht dieser Eindruck jedoch, und hier die Traumsymbolik des Zugfahrens in Anspruch zu nehmen, wäre zwar gewiß nicht unrecht, wohl aber billig, und so wollen auch wir nicht weiter insistieren.

In seinem Vorwort zum ersten Band von „Ja und Nein" meinte Polgar: *Ich konnte immer rückhaltlos schreiben, was mir zu schreiben war, denn von dem Geschriebenen hing niemandes Wohl und Wehe ab als das meine. (...) Über gekränkte Eitelkeiten ist der Schaden, den ich angerichtet habe, nie hinausgegangen* ...[39] Von seinem Standpunkt mag diese Feststellung ihre Berechtigung haben, doch die Macht der Kränkung wird niemand unterschätzen, der Reaktionen wie jene Schnitzlers liest. Heute kommt es uns vor,[40] als ob manches von dem, wodurch der Kritisierte sich von den „Lausbuben" wie Kraus und Polgar angegriffen glaubte, weniger ihm galt, als vielmehr dem, was die herrschende Feuilletonkultur aus ihm und seinem Werk machte. Dies zu unterscheiden, dürfte dem Betroffenen hingegen schwer möglich gewesen sein. Und schließlich hat Polgar selbst, als er seine Kritiken zu sammeln begann, eine sehr durchgesehene Fassung seiner abfälligen Bemerkungen über den Theaterdichter Schnitzler präsentiert, so als könne er sich mit seinen einstigen Äußerungen nicht mehr identifizieren.

„DER CENTRALIST"

Als Siegfried Jacobsohn Anfang 1905 auf der Suche nach Mitarbeitern für seine geplante Zeitschrift „Die Schaubühne" nach Wien kam, ging er auch ins Café Central, um dort *Alfred Polgar ein möglichst gutes neues Jahr zu wünschen. Das ist ein wunderbarer Kerl*, heißt es in Jacobsohns Bericht, *als Mensch wie als Schriftsteller, ein zersplissener, hypersensitiver Kunstempfinder, von einer Morbidezza des Wesens, die mich bestrickt, und einer dichtergleichen Kraft, die verschwebensten Nuancen einzufangen. Wenn ein Stilist dieses Ranges ein Jahr in Berlin sitzt, ist er eine deutsche Berühmtheit. Hier kennen ihn zehn Literaten. Freilich arbeitet er nicht, wenigstens nicht in unserem Sinne, sondern spielt Schach.*[41] Mit dieser Begegnung begann Polgars Aufstieg als Kritiker in Deutschland, obwohl vorerst nicht er, sondern Willi Handl ständiger Korrespondent der „Schaubühne" wurde. Da saß er also und spielte Schach, in all der bestrickenden Morbidezza seines Wesens und arbeitete nicht. Einen genaueren Einblick in das Café Central mit besonderer Berücksichtigung Polgars verdanken wir aber nicht der Beziehung zur „Schaubühne" und ihrem Herausgeber, vielmehr seiner Tätigkeit bei der „Wiener Sonn- und Montags-Zeitung".

Rudolf K. Kommer aus Czernowitz,[42] welche Herkunft er mit prononciertem Stolz stets hinter seinen Namen setzte, Journalist, Übersetzer, vor allem jedoch jener Mann, der Gott — in diesem Fall Max Reinhardt — und die Welt kannte, beide aufs glücklichste zusammenbrachte und später der Vertreter des großen Regisseurs in England und den Vereinigten Staaten wurde — dieser Rudolf K. Kommer fühlte sich als junger Student in Wien zum Dichter berufen. Förderung seines Talentes — durch Veröffentlichung in der „Wiener Sonn- und Montags-Zeitung" — erhoffte er von Alfred Polgar.

Als dieser dann, Jahrzehnte danach, im amerikanischen Exil mit allen Versuchen, auf dem fremden Kontinent als Schriftsteller Fuß zu fassen, gescheitert und tief deprimiert war, schickte ihm der Freund zum Trost einen ausführlichen Bericht über seine eigenen Anfänge und darüber, wie hartnäckig auch der bescheidenste Erfolg erkämpft werden mußte. Kommers Novelle „Die Anarchistin" war von Polgar zum Abdruck angenommen worden. Dies geschah 1905. Der Text erschien am 8. Juni 1908.[43] Auf der Suche nach dem verschollenen Manuskript wagte sich Kommer ins Café Central. Er war ein scharfer Beobachter und besaß anscheinend ein beinahe photographisches Gedächtnis. *Frisch rasiert ging ich aus meinem Café Central in der Margarethenstrasse in Dein Café Central in der Herrengasse. Mein erster Besuch im Literaturcafé. Es wäre albern zu behaupten, dass ich nicht tief beeindruckt wurde. Die Säulenhalle erschien mir palastartig, die allgemeine Stille pompös, der Café war fast so gut wie in der Margarethenstrasse und die sanften Milchbrote mit den vereinzelten Rosinen waren ein neues Erlebnis. (. . .) Physiognomisch waren die Stammgäste in der Herrengasse nervös, durchgeistigt. Das sind eben ganz andere Menschen, sagte ich mir; das Wort: Intellektuelle, war mir noch nicht geläufig. Viel, viel mehr Juden als in der Margarethenstrasse, wo die Frequenten aus Hochstaplern der Vorstadt, aus Studenten, Huren, anrüchigen Aerzten, italienischen Obsthändlern e tutti quanti bestanden.*[44]

Der Gesuchte war, als Kommer das Lokal betrat, noch nicht anwesend. *Aber Du würdest wohl bald kommen, versicherte mir der Oberkellner, der sehr freundlich zu mir war. Alle zehn Minuten brachte er mir frisches Wasser und ein frisches Abendblatt, und dann schließlich den „Pschütt". Vertraulich teilte er mir mit, dass Herr Altenberg schon da sei, und auch Herr Soyka. Vielfaltig waren die Pelerine und die Stirn Peter Altenbergs, er sass an einem Tische unter seinem eigenen*

Crayon Portrait, und seine mächtige Glatze — „er ließ seine Haare, um einen Kopf zu bekommen", schrieb Karl Kraus um jene Zeit — fand meine degoutierte Missbilligung. (...) Plötzlich kam der freundliche Oberkellner herangeflogen und verkündete mir, Herr Polgar wäre da. Er deutete auf einen Tisch, um den vier Herren herum standen, und sagte der Herr im licht karrierten englischen Sacco sei Herr Polgar. (...) Um alle Vier witterte es geistig; nervöse Gesichter, scharf, hastig, überlegen. Du schienst mir beängstigend elegant und, ach, gar so intellektuell. Ich kam mir wie ein Rotzjunge vor, und Deine Welt schien mir unendlich ferne und unerreichbar. (...) Nun ging ich auf Dich zu. Ich stammelte eine Entschuldigung und stellte mich vor; bis dahin hatte zwischen uns nur ein Briefwechsel stattgefunden. Ich erlaubte mir anzufragen, ob „die Anarchistin" bald in der Sonn- und Montagszeitung erscheinen würde. Du sahst mich an, mit sehr scharfen und doch irgendwie gar nicht unfreundlichen Augen, und sagtest: „Ja, Ihre Novelle ist schon im Satz. Aber sie ist, glaube ich, neun Spalten lang. Sie müssen eben warten, bis sie hineinpasst." (...) Von da ab entwickelte sich wie von selbst eine exakte Routine. Zudringlich wollte ich nicht sein und darum erschien ich nur einmal monatlich im Café Central in der Herrengasse, um Dich taktvoll und ganz sachte an die schon gedruckten, aber noch nicht veröffentlichten neun Spalten meiner „Anarchistin" zu erinnern. (...) Einmal im Jahr schrieb ich Dir auch noch einen Brief. Sorgfältig und indirekt suchte ich in Deinem Bewusstsein den unaufhaltsamen Ablauf der Zeit zu registrieren, und Dich nebenbei auf die Vergänglichkeit alles Schönen, also auch meiner Anarchistin, aufmerksam zu machen.
Dies ging so über drei Jahre lang. Schliesslich, da Du zweifellos der Gescheitere warst, gabst Du nach.
Bei seinen regelmäßigen Besuchen hatte Kommer auch Polgars Freundeskreis beobachtet: Allmählich waren mir alle

Gesichter in Deinem Café Central wohl vertraut geworden;
namentlich kannte ich nur Peter Altenberg, Otto Soyka
und Dich. (...) Von all Deinen Freunden gefiel mir am
Besten ein junger Mann meines Alters, vielleicht ein oder
zwei Jahre älter. Er schien mir einzigartig schön, ein Märchen-
prinz. Schlank, blond, von accentuiert nachlässiger Haltung,
salopp elegant, künstlerhaft leger, nervös, durchgeistigt und
doch rührend jugendlich. Zum erstenmal sah ich Adonis
im offenen Hemdkragen. (...) Einmal stand dieser Liebling
der Grazien mit einem älteren Mann neben meinem Tische.
Ich hörte ihn sagen: ,,Gestern abend? Ja, was machte ich nur
gestern abend? Richtig ... bis neun war ich im Rebhuhn
und dann ging ich in den zweiten Akt der ,Bohème'. Und
dann war ich hier."
Der Märchenprinz stammte aus sozialdemokratischem Ur-
adel: Karl Adler, der jüngere Sohn Victor Adlers, war der
Centralist par excellence, begabt und gefährdet, zu bürgerlich
arbeitsamer Existenz kaum geeignet.
Über seine Jugend schreibt Otto Soyka: *Gleich nach der*
Matura reisten die beiden Achtzehnjährigen, er und sein
Schulkamerad Berthold Viertel nach Paris. Sie machten den
Ausflug ohne Wissen ihrer Familie und ohne Geld; damals
und auch heute nennt man das: Durchbrennen. Karl Adlers
Vater, Victor Adler, der Begründer von Österreichs Sozial-
demokratie, tat das Vernünftige (und auch, wie sonst, Güti-
ge): er sandte sofort Geld an alle Pariser Bekannten, bei
denen sein Sohn sich voraussichtlich melden würde, um ihn
vor Not zu bewahren. Nach ihrer Rückkehr fanden die beiden
jungen Leute den Anschluß an das geistige Wien.[45]
Von Haßliebe zu Karl Kraus erfüllt, gab er zwei gegen diesen
gerichtete Zeitschriften heraus: ,,Der Knockabout" und ,,Der
Querulant"; von der ersten erschien 1914 eine Nummer,
die zweite brachte es nach dem Krieg im Abstand von fünf
Jahren auf zwei.[46] Gerade in seinen publizistischen Angriffen

216

scheint er allerdings um den Feind zu werben. Victor Adler liebte er, die Sozialdemokraten beschuldigte er des Verrats an den Idealen seines Vaters und gründete eine Victor-Adler-Partei. 1932 erklärte Friedrich Adler in der „Arbeiter-Zeitung", nicht länger für die Schulden seines Bruders aufkommen zu können: *Karl Adler, der jetzt 47 Jahre alt ist, hat niemals auf Grund eigener Arbeit auch nur einen irgendwie in Betracht kommenden Teilbetrag für seinen Unterhalt verdient, er wurde stets vollständig durch Unterstützungen der Familie erhalten. (. . .) Karl Adler ist nicht imstande, für die Ordnung seines materiellen Lebens zu sorgen. Er macht ständig unsinnige Ausgaben, sucht sie durch Aufnahme verantwortungsloser Schulden zu decken und gerät periodisch in einen Zustand vollständiger Verwahrlosung. Aus diesem Zustand hat unser Vater und nach dessen Tod ich ihn immer wieder befreit.*[47]

Polgar sah den Jugendfreund zuletzt 1940 im Pariser Exil: *Ein Bild letzten körperlichen und geistigen Verfalls. Er rannte dort Bekannten und Unbekannten (auch uns) das Haus ein mit wilden Drohungen und Beschimpfungen, und schließlich steckten ihn die Pariser österr.(eichischen) Sozialisten als gemeingefährlich in ein Irrenhaus. Poor prince!*[48]

Der Fall Karl Adler war aber — jenseits des individuell pathologischen Aspektes — die idealtypische Verkörperung einer bestimmten, im geistigen Klima des Café Central angelegten Schicksalsmöglichkeit: des Literaten ohne Literatur. Auch für andere bedeutete dieses Leben Gefahr, das Anlagen zu verschütten drohte, statt sie zu Tage zu fördern.

In einem Brief Berthold Viertels aus dem Jahre 1908 heißt es lapidar: *Ich habe vorige Woche das Central verlassen, endgültig verlassen. (. . .) Das Café tötet die Freundschaften und die Feindschaften, ein demoralisierendes Nebeneinanderhocken, eine traurige Kameradschaft im Schwachsinn. Das Café würfelt die Stände in unordentlicher Weise zusammen.*

Es ist der Platz des Hochstaplertums. (...) Im Café handelt niemand, aber jeder spricht.[49]

Nur wenige zogen aus solch vernichtendem Urteil — es war keineswegs auf Viertel beschränkt — die Konsequenz: sich zurückzuziehen. Alfred Polgar stand und steht im Ruf, wie kaum ein zweiter die Kaffeehausbohème durchschaut zu haben. Die Texte aus den Bänden „Der Quell des Übels", „Bewegung ist alles" und „Hiob" haben tatsächlich, und gerade die weniger geglückten, viel von dieser Atmosphäre eingefangen: ihre Falschheit, die Stickigkeit und — bei allem unangenehmen Beigeschmack — die Verzweiflung.

Wie sehr Polgar selbst mit diesem Ambiente identifiziert wurde, zeigt sein halb ironischer — und vergeblicher — Versuch, dem Klischee des Kaffeehauspsychologen zu entkommen, indem er eine Skizze mit russischem Lokalkolorit ausstattete und hinzufügte: *Ich habe den Vorwurf satt, daß alle meine Geschichten im „Café Central" spielen —*[50].

In den Augen seines Freundes Berthold Viertel war Polgar schon damals ein Skeptiker, *der am Menschen die Eitelkeit des Strebens, die Notdurft des Fühlens, die Verlogenheit des Bewußtseins sucht und findet.*[51] Böser Wille vorausgesetzt, konnte man auch zu einer erheblich negativeren Meinung gelangen. 1908 wurde die Wiener Gesellschaft in einer anonymen Epigrammsammlung vors „Jüngste Gericht" zitiert. Über Polgar findet sich darin das zwar gequälte, aber doch nicht zu bagatellisierende Verdikt:

> *Wenn man die Summe gewollten Geistes*
> *Von der des gebotenen abzieht,*
> *Bleibt kaum das Nichts, in welches uns*
> *Sein Geistesgeklimper hinabzieht.*[52]

Es war ein offenes Geheimnis, daß Polgar nur herkam, um Emma Rudolph zu finden, die um diese Zeit hier ihre Verehrer traf. „Ich glaube, sie ist ins Spielzimmer gegangen; ich habe sie schon einmal gesehen", sagte ich.

Polgar nahm die Brille ab und putzte nervös die Gläser. Er sah ohne die künstlichen Augen viel besser aus, denn er hatte einen schönen, durchdringenden Blick, den Blick eines Künstlers und Beobachters. Ea sagte von ihm: „Sein Gesicht wird von den Brillen eingesteckt." Sie mußte es wissen, denn sie machte auch wunderschöne Photographien. Polgar verbarg hinter kühler Kritik sein tiefes Gefühl. Wie gut konnte ich ihn verstehen. Er verschwand im Spielzimmer.[53]

Helga Malmberg, über Jahre Altenbergs „Pflegerin", hat diese Szene aus dem Café Central überliefert. Die „Wiener Kaffeehaus-Muse"[54] Emma Rudolf, die 1916 durch Heirat zu Ea von Allesch-Allfest wurde, ist mittlerweile in die Geschichte eingegangen. 1875 in Wien in einfachsten Verhältnissen geboren, hatte sie sich nach einer gescheiterten ersten Ehe mit einem deutschen Buchhändler dem Leben unter Künstlern verschworen, studierte Graphologie und führte schließlich das Modereferat der „Modernen Welt". In ihr vielseitiges und sicherlich verwickelteres Intimleben, als es sich uns heute präsentiert, waren nur wenige „bedeutende Männer" der Literatur nicht involviert, und Robert Musil hat sie später in der weiblichen Hauptfigur seiner Vinzenz-Posse porträtiert. Polgar schrieb einmal, *daß vor allem Frauen, die ja niemals allein sein können, sondern hierzu mindestens noch einen brauchen, eine Schwäche für das Café Central haben.*[55] Das trifft wohl auch auf „Ea" zu. Verglichen mit jener Schwäche, die unter anderen Polgar für Emma Rudolf hatte, fiel die ihre allerdings nicht allzu sehr ins Gewicht. Wie immer man jedoch diese Frau, ihre Fähigkeiten und ihren Einfluß einschätzen mag (und bei manchem Kenner fällt das Urteil recht negativ aus): Auch Polgar hat sie jahrelang mehr unglücklich als glücklich geliebt — dies gilt es zu respektieren.

Bereits im Sommer 1899 heißt es auf einer Karte Polgars an Stefan Großmann in Zell am See: *Grüße, bitte, Frau E.(mma) R.(udolf) und Peter Altenberg.*[56] Ungefähr zu dieser Zeit muß es zu einer eigenartigen Begegnung mit Arthur Schnitzler gekommen sein. 1905 erinnert er sich: *Vor etwa 5, 6 Jahren trat ich aus meinem Haus — vorbei die sog.(enannte) Wasserleiche (Frau R.) eingehängt rechts Großmann, links Polgar, fahren (warum?) wie sie mich sehn, auseinander.* Schnitzler zumindest war für Frau Rudolfs Reize wenig empfänglich.[57]

Von Polgar sind aus den Jahren nach 1900 zahlreiche Briefe an die geliebte Frau erhalten, meist spät in der Nacht oder am frühen Morgen in Wiener Cafés zu Papier gebracht. Sie unterscheiden sich wenig voneinander, immer wieder stößt man darin auf Anbetung im Wortsinn (*Emma Rudolf, die Du bist die Herrlichste! Geheiliget werde Deine Schönheit, zu uns komme Dein Reich, Du sei Herrin über unsere Seele und unsren Körper, . . .*[58]), pathologische und als solche empfundene Eifersucht, Unglück (*Ich habe ein so schrecklich ausgebildetes Talent, unglücklich zu sein!*[59]) und Emphase (*Einzige Frau, seltenstes Mirakel an Schönheit, an Vollkommenheit menschlicher Erscheinung, Du bist der Wahrheit gewordene Schönheits-Traum eines sehnsüchtigen Künstler-Herzens.*[60]).

Über die Wertschätzung des Sexualobjektes hat Sigmund Freud in jenen Jahren geschrieben: *Die gleiche Überschätzung strahlt auf das psychische Gebiet aus und zeigt sich als logische Verblendung (Urteilsschwäche) angesichts der seelischen Leistungen und Vollkommenheiten des Sexualobjektes sowie als gläubige Gefügsamkeit gegen die von letzterem ausgehenden Urteile.*[61]

220

Es scheint, daß Polgar zum ersten Mal in einer menschlichen Beziehung hilflos war, sich ausgeliefert hatte: *Wie lieblos und kalt waren Sie zu Hause heute abends, als ich verbittert, voll Zweifel und Ärger, gekränkt, verstört, müde, hoffnungslos in meinem Fauteuil kauerte. Doch nein! Als Stefan Großmann kam und Sherry Brandy brachte, sagten Sie ja: „Geben Sie gleich dem Alfred Polgar davon, es ist ihm übel!" – An diesen Zug liebreicher Güte hätte ich fast vergessen. Dann, später, sollen Sie sich noch sehr geärgert haben, – weil Sie mit Ihrer Toilette nicht zufrieden waren. Inzwischen saß ich im Musikvereinssaal, elend und von Sehnsucht geplagt, haßte alle Menschen meiner Umgebung und war voll Wut gegen mich selbst. Wut – weil mir bei Ihnen all' meine Lebenerhaltende Ironie, alles Lachen über die tragischen Dummheiten und über die dummen Tragödien des Lebens abhanden gekommen ist. Waffenlos bin ich in meiner Liebe zu Ihnen geworden: ich habe keine Epidermis mehr über der Seele. Blaß und zuckend liegt sie da, – und Sie – Sie sind nicht immer sehr sanft mit dem armen, hilflosen Ding. –*
Meine elenden Nerven geben Ihnen Unrecht. *Emma. (. . .)* aber meine Seele und mein Gehirn geben Ihnen Recht, tausendmal Recht! *Ja, Sie haben ein heiliges Recht so zu sein, wie Sie sind. Ja, Sie haben ein Recht von den Leuten, welche Sie lieben dürfen, kritiklose Unterwerfung unter Ihre Launen zu verlangen. Ja, Sie haben ein Recht, nach Ihren Bedürfnissen zu leben und nicht nach unseren. Ja, Sie haben ein ewiges Recht, grausam und schonungslos zu sein. Ja, Sie haben ein Recht, zu töten. In jeder Linie Ihre geliebten Antlitzes, in jeder Linie Ihres wundervollen Körpers steht dieses heilige Recht verbrieft.*[62]

Der Aufwand an Worten macht stutzig, läßt vermuten, daß damit genau das Gegenteil von dem gemeint war, was gesagt wurde. Denn natürlich hat Polgar Emma Rudolf die so feierlich beschworenen Rechte streitig gemacht, wenn auch nur gelegentlich nach außen, so doch immer bei sich selbst.

Die Abhängigkeiten in dieser Partnerschaft dürften überhaupt sehr einseitig verteilt gewesen sein, und Polgars Erwartungen, Wünsche, Hoffnungen kaum mit der Wirklichkeit in Einklang zu bringen. Das hat er auch eingesehen: *Vielleicht erlerne ich noch diese höchste aller Kulturen: Meine Bedürfnisse nach den Befriedigungsmöglichkeiten einzurichten.*[63]

Bezaubert schrieb der gefürchtete Spötter gar nicht spöttische Gedichte. Unter anderem blieb ein Poem erhalten, in dessen zweiter Strophe Emmas *braunes, liebliches Lockenhaupt* besungen wird, während es in der dritten und letzten schon heißt: *Und küsse Deine blonden Haare.*[64]

Ob es sich dabei nun um ein Versehen oder um eine mehr als poetische Lizenz handelt, und ersteres scheint wahrscheinlicher, da er in einem Brief das *Madonna-Gesichterl mit dem blonden Locken-Heiligenschein*[65] apostrophiert — : Polgar war kein Lyriker. Im September des Jahres 1900 verbrachte er einige, wie ihm vorkam, paradiesische Tage in Reichenhall, Tage mit Emma Rudolf ohne eingebildete und echte Konkurrenten. Allein nach Wien zurückgekehrt, wo er damals keine feste Bleibe hatte, durchwachte er die Nacht im Café zur Kugel; das Zimmer, das er sich hatte leisten können, war voll Wanzen gewesen: *Mich hat ein solcher Ekel erfaßt, daß ich mich wieder anzog und weglief. Meinen Koffer habe ich gepackt und eine flammende Abschiedsepistel auf den Tisch gelegt. Geld in ein Hôtel zu gehen habe ich nicht. So bin ich verurtheilt, heute die Nacht auf der Gasse zu verbummeln und im Marktcafé am Hof zu versitzen. Ich bin so schrecklich müde und schlafsüchtig*[66], meldete er getreulich der Zurückgebliebenen. Das *tragikomische Manuskript eines vom Ungeziefer verfolgten Neurasthenikers,* wie er selbst dieses Schreiben bezeichnete, enthält auf acht Seiten unter anderem eine 100 Punkte umfassende Leidensliste. Die Punkte 10-100 sind allerdings summarisch durch *unbeschreibliche Schlaf-Gier* abgedeckt.

In der Welt der Cafés, Varietés und Stammtische wie jenes im Gasthaus „Löwenbräu" — scheinbar einem Kosmos heiterer, unbeschwerter Geselligkeit — dürfte sich Polgar, und man kann annehmen, nicht nur er, sehr einsam gefühlt haben: *Ich muß Dir das Alles schreiben, weil Du doch das einzige menschliche Wesen bist — vielleicht noch meine Mutter —, welches einen Funken Interesse für meine Existenz hat. Wen interessiert es sonst noch, ob ich im Straßengraben verrecke oder in einem Himmelbett von lauter Engerln träume.*

Ich habe doch wirklich keine menschliche Seele zum Freund. Obwohl dies sicher übertrieben war, waren eben auch die „Freunde" in gewisser Hinsicht unsichere Kantonisten, mehr Unruhe als Frieden stiftend, mehr Gefahr als Geborgenheit bringend. In bezug auf Altenberg heißt es resigniert: *Ich habe Dich und mich gequält und gemartert, um die unabwendbaren Katastrophen, welche in der, wie ich vollkommen überzeugt bin: vollkommen wahrhaftigen Leidenschaft P. A.'s für Dich liegen, hintanzuhalten.*[67]

Zu jenen, auf die Polgar außerdem Grund zur Eifersucht zu haben glaubte, zählte Egon Friedell, obwohl er das sehr verklausuliert ausdrückte: *Ich bin gar nicht eifersüchtig auf E. F., gar nicht ein bißchen. Ich bin Ihrethalben besorgt und ängstlich, wegen dieser schrecklichen Lust zu seelischen Experimenten, die in Ihnen ist.*[68]

Mit der Lust zu seelischen Experimenten, ein Vexierspiel der Emotionen zu entfesseln, hat Emma Rudolf einen ganzen literarischen Zirkel in erotische Unordnung gebracht, dabei die Projektionen eines entschieden dämonischen Frauenbildes auf sich gezogen. Ob Experimente wie ausgesprochene Dreierbeziehungen, so im Verhältnis Emma Rudolf, rechts Großmann, links Polgar, oder gar in der Wohngemeinschaft Eas mit Polgar und dem Pianisten Henry James Skeene[69] idyllischer vonstatten gingen, läßt sich heute nicht mehr entscheiden.

Jedenfalls scheint das Ea-Erlebnis, nach Abklingen seiner Leiden und seiner Leidenschaft, Polgars Hang zum erotischen Pessimismus bestätigt zu haben. 1909 formuliert er sein Credo von der *Gräßlichkeit der Liebe*, als es galt, ein in Berlin *jammervoll* durchgefallenes Problemstück zu rehabilitieren: *Von der ewigen Unsicherheit der Liebe ist in diesem Drama die Rede, von dem fressenden Bewußtsein, die geliebte Frau nicht halten zu können, weil die urewigen, wenn auch zu noch so tiefem Schlaf beschworenen Ansprüche ihres Blutes von einem Manne nicht zu tilgen sind, von dem qualvoll-mysteriösen Zauber des Geschlechts, der am Ende immer stärker reizt als alle Seligkeit, die das Individuum zu bieten hat, von der heilig-unheiligen Not der Untreue, die Zwang und Gesetz und ewig und unentrinnbar.*[70] Ein Zitat, das auch anschaulich macht, wie sakral man mit einem immerhin in erster Linie profanen Thema umgehen kann. Trotzdem, Emma Rudolf dürfte eine einmalige Rolle in Polgars Leben gespielt haben. Das zeigen die ekstatischen Briefe in der Manier Altenbergs — eine innere Verwandtschaft, die sich mit Hilfe Egon Friedells erklären läßt, der in „Ecce Poeta", seinem Altenberg-Buch, schrieb: *Wie Peter Altenberg die Frau immer sieht, so hat sie jeder Mensch mindestens einmal in seinem Leben schon gesehen: als er liebte.*[71]

„DER JÜNGER"

Gegen Ende seiner ausführlichen Leidensepistel an Emma Rudolf hatte Polgar vom Eintreffen eines späten Gastes berichtet: *Ins Café zur „Kugel" ist jetzt eben (1/2 4 Uhr Morgens) P.(eter) A.(ltenberg) gekommen. Ich hoffe, er hat mich bemerkt und ärgert sich, weil ich das Schreibzeug habe. Ich möchte mir sehr gerne Geld von ihm ausleihen; aber es sind geringe Chancen, daß ich welches bekomme.*[72] Liest man das, kann man kaum leugnen, daß der Jünger Polgar nicht ganz frei von emanzipatorischer Bosheit gegenüber dem Meister war.

„Jünger" ist eine Standarddefinition von Polgars Beziehung zu Peter Altenberg, bisweilen mit dem abwertenden Nebensinn des wenig selbständigen Nachahmers behaftet. Tatsächlich spricht viel dafür, das Verhältnis der beiden in solch biblisches Schema zu pressen — die verbürgte Tischgemeinschaft, Polgars zahlreiche Nekrologe und Gedenkartikel und schließlich seine, auf Georg Engländers Wunsch vorgenommene, Edition des Nachlasses im Jahr 1925.[73] Ein — gewiß verqueres — Jüngerverhältnis ist's auch, das Karl Kraus 1906 beschwört, als er sich, wie er schreibt, genötigt sieht, Polgar, den er einst in die Literatur eingereicht hat, wieder aus dieser zurückzuziehen. Nicht zufällig geht es in dieser einzigen wirklich unbarmherzigen polemischen Abrechnung mit Polgar um Peter Altenberg, den Kraus durch eine Anspielung Polgars im „Simplicissimus" verspottet glaubt. Apodiktisch wird in der „Fackel" festgestellt, Herr Alfred Polgar verdanke seine *winzige Physiognomie (...) wenigstens dem Studium einer ausgeprägten literarischen Individualität: Peter Altenberg's. Darum bedenkt er auch keine mit seinem kraftlosen Hohn so oft und so gern wie diese. Daß sich der „Simplicissimus" dazu hergibt, seinen namhaften Mitarbeiter von dessen treuestem Kopisten, der*

seinen Meister nur in dessen eigener Tonart verleugnen kann,
aushöhnen zu lassen, ist im höchsten Grad widerlich.[74]

Man könnte nun dazu neigen, dieser Episode nicht allzuviel
Gewicht beizumessen, zumal Kraus beinahe eifersüchtig auch
dann seine Hand über Altenberg hielt, wenn er sich mit ihm,
seinen Capricen nicht identifizieren konnte. Es verhält sich
allerdings ein wenig komplizierter. Vier Monate nach jener
Begegnung im Café zur Kugel hatte sich Altenberg bei Stefan
Großmann über dessen Weigerung, ihm Geld zu borgen,
bitter beklagt: *Nie habe ich Ihnen auch nur 10 Kreuzer*
refüsiert, besonders deshalb nicht, weil es Zeiten gab, in
welchen es mir sogar Freude machte, es Ihnen herzugeben.
Es ist möglich, daß das Schreckliche, das ich nun erlebe, mich
empfindlicher macht. Aber es hätte mich unter keiner Bedin-
gung getroffen, wenn nicht unmittelbar über meinem Schrei-
ben dieses idealisirende des A P gestanden wäre!!!
Ich sage Ihnen ruhig, daß es Alfred P, wenn er Ihnen 100 fl.
gibt, nicht so trifft, wie mich 5 fl.
Alle Ärzte, welche mich kennen, werden Ihnen meine Angst,
meine Empfindlichkeit in Geldsachen bestätigen können.
Sie haben also einen Absagebrief geschrieben, welcher nie
auch nur ähnlich vorhanden war u. mich als Schubiak einem
Menschen als Idealisten gegenübergestellt, welcher momentan
mich ruhig abschlachtet. Das hätten Sie nicht thun sollen.
(. . .) Oh goldlockige Frau, was hast Du aus uns gemacht?!?
Traurig und lebensmüde und feindselig und verzweifelt hast
Du uns gemacht, Gebenedeite.[75]

Die Gebenedeite, die so heillose Verwirrung unter ihrer anbe-
tenden Gemeinde anrichtete, war — allein das Vokabular verrät es —: Emma Rudolf, auf deren Photographie Altenberg,
neben vielem anderem Ekstatischen auch notiert hat: *Emma*
Rudolf, wie die Wilden zu den geheimnisvollen Mächten des
Himmels und der Erde, beten wir zu Dir, stehen erbebend
und erbleichend vor Unfaßbarem, Unabwendbarem!!![76]

226

Die drastische Metapher von der Abschlachtung dürfte sich darauf beziehen, daß Polgar zu dieser Zeit höher in Eas Gunst stand als Altenberg. In einer großen Strafpredigt im August desselben Jahres, sie richtet sich zwar an Großmann, vor allem jedoch gegen Polgar, werden den ungetreuen Jüngern die Leviten gelesen: *Ihr, Ihr habt mich elend, krank, unglückselig gemacht!*

Unerbittlich, roh, grausam, feindselig waret Ihr Beide gegen mich!

In tiefer Verbitterung lebe ich nun, begreife mein schreckliches Schicksal nicht. Feinde, organische Feinde waret Ihr von Anbeginn und ich, ich hätte mich schützen müssen vor Bösen und Schlechten!

Polgar war von jeher mein organischer unerbittlicher geheimer u. heimtückischer Todfeind aus selbstverständlichen Gründen. Sie aber sind es erst geworden unter seinem Dämon u. weil Ihnen nichts Anderes übrig blieb als zu bleiben! In seinem unerhört satanischen Plan lag es, Ihnen bei der Frau einen schönen Platz von Freundschaft u. Verkehr einzuräumen, damit meine Hinausdrängung mir umso schrecklicher u. unverständlicher u. ungerechter vorkäme! Schreiben Sie mir nichts Beleidigendes.

Es werden Zeiten kommen der Ruhe und Einkehr, da es Ihnen leid thun wird.

Oh, wie habt Ihr Alle, Alle Euch an mir versündigt![77]

Der Jünger Polgar müßte also — bliebe man auf der einschlägigen Vergleichsebene — als Judas in die Literaturgeschichte eingehen. Andererseits sind Altenbergs verbale Ausbrüche wohl bekannt, kaum einer aus seinem Umkreis, auch nicht Loos und Kraus,[78] blieb davon verschont, und wen er den einen Tag aufs äußerste beschimpfte, dem konnte er am folgenden die rührendsten Liebeserklärungen machen.

In all der turbulenten Gefühlsverwicklung bewahrte Altenberg jedoch gerade in bezug auf Emma Rudolf ein seltsam klares Urteilsvermögen. Er hatte ein Schreiben erhalten, das ihm *E R als die gefährlichste u. traurigste Raffinirte schilderte, welche einer freundschaftlichen Regung unwerth sei! In ihrem Gesichte läge die bodenlose Gemeinheit etc. etc. Der ganze Brief ist erfüllt von Hass und Verachtung gegen E R.*

Altenbergs Apologie erklärt Eas Wesen und Wirkung als Reaktion auf ihre Umwelt. Wollte man von Schuld sprechen, sei sie keineswegs bei ihr, sondern bei den anderen zu suchen: *Ich begreife nicht, wie man die „Form" der E R beschimpfen kann?! Sie hat einfach keine edle Erziehung erhalten u. ist dann von Sklaven umgeben gewesen, elenden Dienern mit gebeugtem Rücken u. Verlogenheiten, Herr Ostersetzer, Herr Singer, Herr Altenberg, Herr Stephan, Herr Polgar! In diesem Kreise von „schamlosen Verehrern" musste dieses haltlose Innere auswachsen, während die „göttliche Form" blieb u. weiter für sich selbst wirkt!!!*[79]

Später, als Altenberg bereits für eine andere zu leiden entschlossen war, berichtete er, daß sogar Emma Rudolf ihre „Sklaven" zur Selbstbefreiung ermunterte: *Frau E R sagte mir in der Affaire E(gon) F(riedell): „Ihr habt wirklich Alle ein Recht dazu, Euch Eurer armen Haut zu erwehren, und ich würde es keinem von Euch je übel nehmen, wenn er Alles thäte, um sich von seinem Martyrium zu befreien."*[80]

Emma Rudolf blieb nicht die einzige, um deretwillen Zwietracht herrschte. Lina Loos,[81] geborene Obertimpfler, entzweite nicht nur Altenberg und Loos für längere Zeit, sondern brachte auch Polgar neuerlich ins Eifersuchtsspiel. Im August 1906 beschwerte sich Altenberg sogar bei Frau Obertimpfler über die bösen Intrigen, die ihn um die Früchte seiner Zuneigung zu ihrer Tochter bringen könnten: *Auch F.(riedell), mein angeblicher Freund, versuchte es, meinen Feind P.(olgar) absichtlich in die Gesellschaft der berückenden Lina zu bringen und auf diese Weise mich in einen Zu-*

stand der Verzweiflung zu versetzen! Ich bin sehr unglücklich über das alles.[82]

Und der berückenden Lina versicherte er etwa zur gleichen Zeit mit galliger Ironie: *Das Gift A P wirkt weiter – – –. (...) Ich danke Ihnen von tiefstem Herzen für Ihre Menschlichkeit, im Grabenkiosk allein auf mich haben warten zu wollen! Es war unter diesen Umständen Ihrer uneingestandenen Sympatie für A P direkt eine wirklich menschliche Betätigung.*[83]

In all diesen Fällen scheint tatsächlich des einen Lust des anderen Leid gewesen zu sein. Was davon allerdings Spiel, Pose, Selbsttäuschung war, ist rückblickend kaum zu entscheiden.

Meistens sorgten Frauen für Auseinandersetzungen, gelegentlich auch literarische Liebesobjekte. Knut Hamsun hatte für mehr als eine Generation ungewöhnliche Anziehungskraft. Ob Altenberg, Polgar, Berthold Viertel, Kurt Tucholsky – sie alle und viele andere sahen in ihm den Dichter, der das neue Menschenbild verkündete.

Eifersucht gab es auch innerhalb dieser Gemeinde.

In einem Feuilleton im „Neuen Wiener Tagblatt" hatte Polgar 1910 unter dem Titel „Hamsun-Menschen"[84] jene kritisiert, die den Mangel an Persönlichkeit durch Kopierung des literarischen Vorbildes wettzumachen suchten: *Hamsun ersann einen neuen Menschentypus, dem sich die Degenerierten Europas ziemlich geschickt anpaßten. Heute spukt der Hamsun-Mensch in allen Büchern, geistert durch alles Leben. Es sind Karikaturen jener Helden der Unaktivität, jener Genies des Leidens, die der Dichter gesehen und dargestellt hat.*

Peter Altenberg replizierte in der „Schaubühne" unter demselben Titel, wobei er sich veranlaßt sah, Hamsun zu verteidigen: *Ich habe irgendwo einen geistreichen Essay gelesen – leider geist-reich aber wahrheits-arm – über das Wesen der sogenannten Hamsun-Menschen, das heißt: jener Menschen,* *die Hamsun in seinen Romanen beschreibt.*[85] Das und was folgte, war also sicherlich eine Verschiebung des von Polgar Gemeinten, der auch prompt erwiderte, und zwar in ungewohnter Schärfe: *Der Essay „Hamsun-Menschen", dem die Altenbergsche Suada gilt, handelt also nicht von den Helden der Hamsunschen Bücher, sondern von deren kümmerlichen Kopien seitens belesener Seelenkrüppel. Alle, die einzig allein mit dem Maul zu leiden, zu lieben, zu hassen, sich zu opfern, zu resignieren und zu sterben wissen, fühlten sich getroffen und reagierten, indem sie sich dumm stellten und Hamsun in Schutz nahmen.*[86]

Eine andere öffentliche Auseinandersetzung dieser Art ist nicht bekannt. Die Stoßrichtung der Kritik Polgars ist aber jedenfalls eindeutig. Da gab es doch Differenzen im Grundsätzlichen, die nicht so leicht zu beseitigen waren wie „erotischer Futterneid", in welchem Punkt Polgar Altenberg sogar nachträglich recht gegeben hat: *Die Freunde wußten gar nicht, wie großes Recht in dem Unrecht war, mit dem er ihre erotische Beute als sein Eigentum reklamierte.*[87]

Wenn also Polgar dem Mentor das „Maulheldische" vorwarf, die Diskrepanz zwischen Gesagtem und Gelebtem, sah Altenberg vor allem auch im Typus des Literaten, dem er sich fälschlich zugerechnet fühlte und als dessen Verkörperung ihm u. a. Polgar erschien, ein feindliches Gegenbild. Seit 1908 produzierten Polgar und Friedell mit großem Erfolg wesentliche Teile des Programms im Kabarett „Fledermaus". Peter Altenberg hatte für die Eröffnungsvorstellung einen Beitrag geliefert und berichtete außerdem immer wieder für die „Wiener Allgemeine Zeitung" über dieses Etablissement.

Aus dieser Phase stammt ein Schreiben Altenbergs an Josef Hoffmann, das illustriert, in welchem Ausmaß sich der als Caféhaus-Original gehandelte Altenberg von seinem eigenen Ruf und dem seiner Umgebung abzugrenzen trachtete. Alten-

berg schildert sich darin als großen Unverstandenen, als
großen Verweigerer, eine Rolle, die ihm nun wieder zuer-
kannt wird: *Du hast mich heute einen „Litteraten" ge-
schimpft, während ich weiß, daß ich leider Gottes ein
„denkender und fühlender Mensch" bin!*
*Möge Gott Dir diese Sünde, diese Ungerechtigkeit verzei-
hen – – –. Du hast ein tiefes Unrecht an mir begangen!!!*
*Ihr, vor allem Fritz (sc. Wärndorfer) und Du, lasset mich
fallen, weil Ihr einsehet, daß ich zu nichts Rechtem zu brau-
chen, zu verwenden sei im Leben, und daß man mit Egon
Friedell, Alfred Polgar, Herrn Scherber, Elfriede Rossi,
Willy Weiss etc. etc. etc. besser sein Auskommen finden
könne – – –. Einfach mit der blökenden Herde!!! (...)
Ich bin „ein Dichter"! Und die Herde hat keinerlei
Sympathie für mich!*[88]
Es ist auffällig, wie haßerfüllt sie alle auf die Bezeichnung
„Literat" reagierten – ob Schnitzler, Altenberg, Polgar oder
Kraus – und doch war jeder von ihnen in verschiedenem
Grade diesem Typus zuzurechnen. In der heftigen Abwehr
steckt wohl zum Teil das Bedürfnis, sich von sich selbst zu
distanzieren.
Keineswegs soll man die manchmal paranoid wirkenden
Äußerungen Altenbergs über Polgar auf die Goldwaage
legen, aber streicht man auch das Übertriebene weg, bleibt
immer noch eine tiefe Zwiespältigkeit, die sich mit der über-
lieferten Harmonie nicht in Einklang bringen läßt.
Der einzige erhaltene Brief Altenbergs an Polgar, ein pathe-
tischer Aufruf zur Versöhnung aus dem Jahr 1910, zeigt
dieselbe widersprüchliche Haltung. Anlaß dürfte der Streit
um Hamsun gewesen sein:

Lieber Alfred Polgar!
*Ich glaube, oder vielmehr ich tue Ihnen die Ehre an, Ihnen
nichts erklären zu müssen von allem, was zwischen uns vorge-*

gangen ist! Ich reiche Ihnen noch einmal und zum letzten Mal in meiner Lebensverzweiflung die Hand zur endgiltigen Versöhnung. Ich werde Sie also, wo immer ich Sie antreffe, grüßen. Falls Sie meinen Gruß nicht erwidern, weiß ich, was ich davon zu halten habe.[89]

Wiederholt bezieht sich Polgar in seinen damals erschienen Texten auf Altenberg, allerdings weniger auf die Person als auf den Typus, die repräsentative Erscheinung, und so scheint auch die Figur des Erotikers in der Skizze ,,Manneswürde" Altenbergs Verhältnis zu Frauen und seinem diesbezüglichen Ruf nachempfunden: *Er war so was wie ein Dichter. Ein Frauenvergötterer. Einer, der die unglückliche Liebe als Metier betrieb, der davon lebte, daß er unaufhörlich vor Liebe starb. (. . .) Einen butterweichen Erotiker nannte man ihn; einen schmählichen Weibling; einen Epileptiker der Liebe, einen durch und durch aufgeweichten Kerl; eine Sexualpfütze, die ekstatisch aufspritze, so oft ein Frauenfuß in sie trete.*

Ganz so war er aber nicht. Er brauchte Frauen. Sie waren ihm der Sauerstoff seiner geistigen Atmosphäre.[90]

Für Altenbergs Nachruhm tat Polgar viel. Noch am Todestag bescheinigte er ihm, sichtbar erschüttert, in einer knappen Notiz: *Er war ein Genie, das einzige unter den österreichischen Dichtern unserer Zeit.*[91] Und im ,,Frieden", dessen literarischen Teil er redigierte, erschien eine ausführliche Würdigung. Sie schloß mit den Worten: *Die Wiener Dichter betrachteten Altenberg als Außenseiter. Das war er nun allerdings. Aber sie hatten dessenungeachtet was übrig für den närrischen Kollegen. Sie freuten sich seines hängenden Schnurrbartes und seiner sonderbaren Kleidung und seiner Riesen-Zwickerschnur und sagten: ,,Du Peter", und waren überhaupt sehr amüsiert von ihm.*

Gulliver unter den Zwergen.[92]

Schnitzler, der diesen Nachruf las, fühlte sich getroffen und

232

war verärgert: *Polgars Nekrolog über P. A. — schön, vielleicht ganz richtig; am Schluß — c'est plus fort que lui — non, c'est lui!* — *Lausbübereien gegen die Wiener Dichter natürlich ohne Namensnennung. Man spürt — das ist ihm doch immer das wichtigste.*

Was für ein kläglicher Geselle. —[93]

Im Spätherbst 1919 druckte der „Simplicissimus", als letzten Beitrag des langjährigen Mitarbeiters, Polgars Erzählung „Marthas Genesung" ab, die seither nie wieder erschienen ist. In einer Episode greift Polgar Altenbergs Außenseitertum auf, macht die Kluft zwischen ihm und einer Gesellschaft deutlich, die zum Schutz ihrer eigenen „Normalität" den Ruhestörer als Irrsinnigen rubriziert. Im Gespräch eines über das Schicksal seiner ins Sanatorium gesperrten Nichte beunruhigten Mannes mit dem zuständigen Arzt heißt es:

„*Woher kenne ich Sie nur?" fragte der Doktor.*

„*Vom Café Griensteidl. Ich glaube Sie waren damals auch am Altenberg-Tisch.*"

„*Freilich, freilich! Was macht der Arme? Ich habe schon länger nichts von ihm gehört.*"

„*Es geht ihm recht gut. Er ist amüsanter als je zuvor.*"

„*Nun, eigentlich finde ich das nicht sehr nett, sich über einen Schwerkranken zu amüsieren.*"

„*Schwerkrank? Das ist er doch gar nicht … Wenn Sie ihn voriges Jahr am Lido gesehen hätten, jung und frisch …*"

„*Wie bitte?" Der Doktor schlug aufs höchste erstaunt die Hände zusammen. „Am Lido? Ja, hat man ihn denn freigelassen?*"

„*Ich verstehe Sie nicht recht, Herr Doktor … Weil er einmal ein paar Wochen nervenleidend war?*"

„*Nervenleidend nennen Sie das? Na, ich danke schön. Wissen Sie, daß ich bereits vor fünfzehn Jahren, ich als der Erste, aus den Schriften dieses Mannes seine geistige Störung erkannt und die Diagnose auf unheilbaren Irrsinn gestellt* habe? . . . *Und was hat der Mensch seither für Schande über seine Familie gebracht! Er soll ja Jahre hindurch keine Nacht vor zwei Uhr nach Hause gekommen sein. Ist das wahr?"*

„Es ist wahr. Manchmal kam er sogar überhaupt nicht nach Hause . . ."[94]

Der ganze Text, er spielt im Jahr 1914, wirkt in mehrfacher Hinsicht eigenartig verspätet. In Umfang und Erzählhaltung ist er dem Frühwerk zuzurechnen, von dem Polgar später einmal schrieb, die Vorstellung, jemand könnte darin lesen, sei so *quälend für mich, als der Gedanke, daß jemand eine kriminelle Vergangenheit von mir aufgespürt hätte.*[95]

Seine knappen, im Krieg entstandenen Glossen, gegen die „große" Zeit geschrieben und unter dem Titel „Kleine Zeit" zusammengefaßt, sind völlig anders geartet und stehen am Beginn des vom Autor anerkannten Werkes.

Im Altenberg-Essay hatte Polgar gemeint: *Er war sechsunddreißig Jahre, als er seine erste Skizze schrieb. Im eignen Feuer ausgeglüht, gehärtet, schmiegsam gemacht. Er war fertig, als er begann.*[96]

Alfred Polgars Lehrjahre als Schriftsteller, nicht als Kritiker, dauerten hingegen lang. Nur wenige seiner frühen Prosastücke hat er als legitime Produkte seiner Kunst gewertet und, teils umgearbeitet, in seine Sammelbände aufgenommen.

Moritz Heimann, der legendäre Lektor des S. Fischer Verlages, in dem Altenbergs Oeuvre (mit einer Ausnahme) herausgebracht wurde, verkündete 1922 beim Erscheinen des Bandes „Gestern und heute": *Ein echter Polgar (. . .) will sagen, einer, den man nicht in die Versuchung kommt Peter Polgar zu nennen.*[97]

Gewiß, Altenberg mußte nicht sterben, damit Polgar er selbst werden konnte, aber die Koinzidenz der Ereignisse ist augenfällig, und so scheint dieser Tod eben doch —gemeinsam mit dem Erlebnis der Kriegszeit und dem Verlust der „Welt von gestern" — einen inneren Loslösungsprozeß entscheidend mitbestimmt zu haben. Der „kleine" a. p. war nun nicht mehr mit dem „großen" P. A., auch in seiner ironischen Gegenposition, zu verwechseln. Die Legende zu Lebzeiten war tot, der Jünger konnte sein Andenken bewahren, in die Welt tragen, ohne sich aufzugeben.

„DAS WORT"

Die Frau X. ist bildhübsch, blond, zart; hat einen entzücken-
den Augenaufschlag und eine unvergleichliche Art, hingebend
zuzuhören. Sie kokettiert schamlos, aber mit jedem nur bis
an eine gewisse Grenze. In diese verliebt sich unglücklicher-
weise der fünfzehnjährige Gymnasiast Y., ein ungewöhnlich
begabter und leidenschaftlicher junger Mensch. Die Frau
geht mit ihm so weit, daß er sich sagen muß, sie wünsche,
ihm allein zu gehören. Er zwingt sie, ihrem Mann alles zu
sagen und von diesem die Freiheit zu fordern. Ihr gefällt
die „Szene", die sich daraus machen läßt, sie gesteht dem
Mann alles ein, verlangt, er solle sie mit dem Burschen fort-
lassen. Der Mann schlägt ihrs ab, lacht sie aus. Sie ist sogleich
umgestimmt, schreibt an den Burschen einen Abschiedsbrief,
gibt ihm seine Freiheit zurück. Der Bursch, völlig verstört,
ratlos, läuft mit dem Brief in der Hand zu A., den er aufs
höchste verehrt: „Was soll ich tuen?" A. erwidert ihm: „Was
Sie tun sollten? Sich erschießen. Was sie tuen werden? Wei-
terleben. Ruhig. Weil Sie ebenso feig sind wie ich, so feig
wie die ganze Generation, innerlich ausgehöhlt, ein Lügner,
wie ich. Deshalb werden Sie weiterleben und später einmal
vielleicht der dritte oder vierte Liebhaber der Frau werden."
– Darauf geht der Bursch nach Hause und erschießt sich.[98]
So weit Hugo von Hofmannsthal in seinen Aufzeichnungen
vom 30. September 1904. Verkürzt kann man diese traurige
Geschichte in Olga Schnitzlers Erinnerungsbuch[99] nachlesen,
und Arthur Schnitzler hat nach diesem Ereignis seiner geplanten Tragikomödie um Peter Altenberg „Das Wort"[100] eine
neue Wendung gegeben: Aus dem geplanten Literaturstück
wurde ein nie vollendetes Drama über die Verantwortung der
Menschen, die reden, die schreiben, von beidem leben, mit
ihren Worten leben und sterben lassen können.
Tod und Leben steht in der Zunge Gewalt. Und wer sie gern

gebraucht, genießt auch ihre Frucht,[101] heißt ein Spruch Salomos, dessen ersten Teil Schnitzler bei den Vorarbeiten zum „Wort" zitierte.

Das „Peter Altenberg-Stück" gilt als Schlüsseldrama.[102] In ihm ist die Caféhausbohème mit ihren *Huren, Zuhältern, Literaten* in zwiefachem Verständnis aufgehoben. Neben Altenberg (Anastasius Treuenhof, Hofmannsthals *A.*) treten darin unter anderen Lina und Adolf Loos (Lisa van Zack, Hofmannsthals *Frau X.*, Herr van Zack), Alfred Polgar (Gleissner) und Stefan Großmann (Rapp) auf, letztere werden in einer Fassung noch bei ihrem Namen genannt.[103] Die Frage, welche der beiden komplimentären Literatenfiguren unsympathischer gezeichnet ist, läßt sich nur schwer beantworten, wahrscheinlich gebührt aber Gleissner-Polgar in all seinem eitlen Zynismus die Trophäe höchster Widerwärtigkeit. Überdies scheint es, daß die beiden zusätzlich als Statisten verwendet werden, eben als *zwei Jünger Treuenhofs: Der Kleinere, ziemlich sicheres Wesen, eher kühl, stets ironisches Lächeln. Der andere, groß und hager, hängt an Treuenhofs Antlitz und Mund mit naiver Begeisterung.*[104] Sozusagen ein Porträt aus der Frühzeit. Im Gesamtkontext des Werkes kommt ihnen jedoch nicht allzuviel Bedeutung zu, außer vielleicht, daß durch ihre „Verwertung" Schnitzlers Problem, mit seinen „Feinden" auf adäquate Weise fertig zu werden, gelöst wurde: *Wenn ich nur wüßte, wo die Kerle anzupacken sind (literarisch),* heißt es ja am 20. Jänner 1906 in seinem Tagebuch.

Die unbestrittene Zentralfigur ist Peter Altenberg. Ihm, Treuenhof, geht es wieder einmal sehr schlecht und die Freunde beraten, wie ihm zu helfen sei. Lisa van Zack (Lina Loos) plädiert, vom pittoresken Ende Treuenhofs ergriffen, bei der konstituierenden Sitzung des Treuenhof-Vereins dafür, den Verehrten in Ruhe sterben zu lassen und ihm nicht durch Vermittlung schnöden Mammons seine Unschuld als

Künstler und Mensch zu rauben. Der anwesende Treuenhof schreit Lisa daraufhin an: *Wirst Du nicht sofort das Maul halten, du dumme Urschel! Darum gründet Ihr einen Anastasius-Treuenhof-Verein? Erster Antrag: ich soll mich umbringen!*[105]

Auch das ist von Hofmannsthal verbürgt, nur heißt es bei ihm: *Dumme Gans (...) verfluchte dumme Gans.*[106]

Die „Dumme Urschel"-Episode um Lina Loos — van Zack (in einem Entwurf wird sie als *hübsches, puppenhaftes, mit modernen, unverstandenen Ideen vollgestopftes Wesen, zwischen absichtlicher Dämonie und Süßigkeit hin- und herschwankend*[107] charakterisiert) gehört zum grotesk-komischen Handlungsstrang der Tragikomödie. Die tragische, gleichfalls von Hofmannsthal überlieferte Komponente kommt durch das Schicksal des jungen Malers Willi Langer ins Spiel, der, in Lisa unglücklich verliebt, von Treuenhof mit pathetischem Gerede in den Tod geschickt wird und sich auch schicken läßt.

In Wirklichkeit verhielt es sich allerdings grausamer, als von Schnitzler dargestellt.

Der Selbstmörder war kein Maler, sondern der Bruder eines Malers. Er war auch kein fünfzehnjähriger Gymnasiast, wie es bei Hofmannsthal heißt, vielmehr der älteste Sohn der Frauenrechtlerin Marie Lang,[108] Heinz Lang, zur Zeit seiner Kurzschlußhandlung ungefähr neunzehneinhalb Jahre alt und doch noch lange nicht erwachsen. Am 13. Juli 1904, sechs Wochen vor seinem Tod, schrieb Heinz Lang ein euphorische Karte an Stefan Großmann: *Lieber Stefan! Wir feiern eben ein Siegesfest. Wirklich! Ich habe das Gymnasium überwunden! Heute Nachmittag. Guat is ganga, nichts is gschehn.*[109]

Der glückliche Maturant hing schon seit früher Kindheit in großer Zutraulichkeit an Großmann, der allein dank eines Mißverständnisses mit der Familie Lang in Kontakt gekommen war: Marie und Edmund Lang hatten einen ungezeichne-

ten Artikel Polgars Großmann zugeschrieben und die Bekanntschaft des vermeintlichen Autors gesucht. Aus der Bekanntschaft wurde Freundschaft, und Großmann beinahe als
Adoptivsohn in die „Wahlfamilie" integriert.

*Das erste, was mir die junge Frau — das war sie trotz ihrer
vierzig Jahre — zeigte, waren ihre drei Kinder, zwei Jungen,
Heinz und Erwin, ein kleines Mädchen, Lilith. Der Abend, an
dem ich die drei Kindergesichter sah, gewann für mich
Schicksalsbedeutung. Nie im Leben hatte ich so schöne,
strahlende Kinder gesehen. Der Älteste, Heinz, pagenhaft
schlank, etwa zehn Jahre alt, schüttelte seine blonden Locken
und zeigte ein Profil, wie man es zuweilen auf Köpfen Dürers
und Holbeins sieht. Ein inniges und kühnes, ein bebendes und
dabei trotziges Gesicht, ein blonder junger Ritter.*[110]

Die vielen über die Jahrzehnte geretteten Briefe der Geschwi-
ster Lang sind auch heute noch bezaubernde Botschaften aus
einer besseren Welt. Naiv und altklug zugleich, liebevoll und
aufrichtig, impulsiv und zärtlich, haben sie den Charme be-
wahrt, den Peter Altenberg bei Frauen suchte und meist doch
nur in Kindern fand.

Im Sommer 1902, damals stand gerade die Schauspielerin
Hermine Körner in hoher Gunst des Altenbergkreises, war
Stefan Großmann bei Familie Lang am Traunsee zu Gast. In
einem — wie üblich — vorwurfsvollen Brief Altenbergs an
Großmann aus dieser Zeit heißt es: *Weshalb soll ich nicht für
eine Künstlerin wie H(ermine) K(örner) in Freundschaft er-
glühen, der theuren Frau ergeben sein und ihr Lied singen?!?
Aber ich thue dasselbe für Alle, die meine Seele, meine Sinne
in Fesseln schlagen. Ich thue dasselbe für den theuren wunderbaren Heinz Lang.*[111]

Seine schwärmerische Zuneigung für den wunderbaren Heinz
mußte jedoch selbstverständlich zurücktreten, als Lina Loos
in den Vordergrund trat:

Lieber St. Gr!

Ich weiß es, Sie können nicht, Sie können nicht so grausam-ungerecht sein, mich nicht verstehen, begreifen, bemitleiden zu wollen! Ja, die unbeschreibliche mysteriöse Macht der Frau E(mma) R(udolf) schuf mir unendliche Leiden und zugleich flog das ganze Jahr hindurch wie ein Friedensengel und Leiden-Besänftiger die edle zarteste Freundschaft der Frau L(ina) L(oos) gleichsam mich bewahrend und mich betreuend an meiner Seite hin. (. . .) Da kamen Sie! (. . .) Lina Loos hat mich bereits fallen gelassen, an diesem ersten Abende. Ihr (St. Gr.) beginnendes Attachement und Heinz Langs Knaben-Romantik genügen dieser Süßen vollkommen. Da wird P A zu einem lästigen unnötigen bedrängenden verrückten Greis, der Ansprüche stellt und nicht wie ein letzter Hund in der Ecke winseln kann! [112]

Was Altenberg mit „winseln" bezeichnete, kam auch bei Heinz Lang nicht gut an: *Mir eckelt vor A(ltenberg)s ewiger Gefühlsduselei! Pfui!* und weiter, in bezug auf Friedell, dessen Gegenwart anscheinend nichts Beglückendes hatte: *Dabei ist auch noch Friedmann, der dafür daß er alles zahlt manchesmal als dritter mitfahren darf.*

Immer dasselbe! [113]

Bisweilen taucht Lina Loos in den Briefen auf, in schwärmerischen, aber keineswegs exaltierten Worten. Einmal heißt es: *Du mir gehts jetzt gut, ich fühle mich manchmal wie im Paradies, so glücklich bin ich. Ich bin so glücklich, dass ich gar nicht schlafen kann, dass ich alles langsam im Geiste nocheinmal an mir vorüberziehen lassen will, um mich noch einmal zu freuen.* Wenn Altenberg durch andere Damen abgelenkt war, *schert er sich um Loosens (sagen wir: um Lina) gar nicht. No mir kanns recht sein, für mich vereinfacht sich die Lage dadurch um ein bedeutendes. Keine Complicationen! Keine Szenen! Wie einfach ist das Leben!* [114]

240

Knapp vor der bedrohlichen Reifeprüfung Anfang Juli 1904 gibt es außer obligater Schulangst bedrückendere Probleme: *Ich bin dir nicht so treulos, wie du glaubst, auch wenn ich dir gar nie schreibe. Aber es ist jetzt so scheußlich hier, daß ich dir durch jede Zeile nur deine fröhliche Stimmung trüben würde. (...) Stefan! Könntest du mir jetzt helfen? Mit 100 Kr. wäre der Fall L.(ina) bis auf weiteres erledigt. Dienstag fährt sie zu ihren Eltern.*[115] Statt der erbetenen 100 Kronen erhielt er das Doppelte — *Stefan, wie kann ich dir dafür danken? Wenn ich bleibe was ich war? Alt und traurig?*[116] 1904 heiratete Stefan Großmann eine schwedische Pastorentochter, Ester Strömberg, die er im Hause Loos kennengelernt hatte. Den Sommer verbringt er in Schweden. In dieser Zeit erschießt sich Heinz Lang wegen Lina Loos. Bruder Erwin antwortet auf Großmanns Tröstungsversuche: *Lieber Stefan wir sind alle so furchtbar starke Lebewesen. Wir brüllen vor Wuth und Schmerz und unsere Lebenskraft kann ja nicht abnehmen. Wir retten uns durch unsere gegenseitige Liebe. Stefan fürchte dich nicht um uns.*[117] Ein weiteres Zeugnis bestürzter Ratlosigkeit stammt von Gustav Landauer, der am 7. September 1904, durch die Todesnachricht *aufs äusserste entsetzt,* schreibt: *Wir waren diesem strahlenden Jüngling, so flüchtig wir mit ihm zusammen waren, von Herzen zugethan. Wenn Du kannst, teile uns irgend etwas von Zusammenhängen und Motiven mit; was es auch sei, muß es milder und menschlicher sein als dieses furchtbare Rätsel, vor dem wir stehen.*[118] Ob man in Kenntnis der Motive und Zusammenhänge das Ereignis in milderem Licht sehen kann, scheint allerdings fraglich. In den veröffentlichten Erinnerungen der — neben der Familie — am meisten Betroffenen, des Freundes und der Freundin, Stefan Großmanns und Lina Loos',[119] findet der Selbstmord Heinz Langs nicht statt.
Man hat ausführliche und interessante Interpretationen zu

Schnitzlers „Wort" angefertigt, oft auf mehreren Seiten mit klugen Argumenten und Zitaten aus dem Gesamtwerk des Autors werkimmanent zu erklären versucht, welche Schuld das Opfer Willi Langer treffe, den die Muse des Dr. Schnitzler auf dem Gewissen habe.[120] Sieht man das Schnitzlersche Drama hingegen vor allem auch als relativ realistisches Abbild einer kruden Wirklichkeit, haben wir es fast schon mit einem Kriminalstück zu tun, weniger im Sinne des Strafgesetzbuchs, denn in jenem eines höheren Rechts. Nicht umsonst steht in einem frühen Entwurf der Satz *Schwätzer sind Verbrecher* als Motto, und wenn etwas wörtlich zu nehmen ist, dann dies. Zudem machte die Gestalt Willis im Laufe der verschiedenen Bearbeitungsstufen tiefgreifende Wandlungen durch: *Vom Vater eines Kindes und verkrachten Jus-Studenten in den ersten Fassungen über den Erpresser (seiner Mutter) und Ehebrecher zum kindlich reinen Menschen.*[121] Damit hat sich Schnitzler — ob bewußt oder der inneren Logik des Kunstwerks folgend — der Wahrheit sehr angenähert, denn Heinz Lang war, alles in allem genommen, ein großes Kind, das in einem Spiel der Routiniers echter und künstlich erzeugter Leidenschaften verlor, und dort, wo andere Phrasen zu bieten hatten, in Unkenntnis der Regeln sein Leben einsetzte.

„Das Wort" blieb Fragment, mußte wohl trotz jahrzehntelanger Beschäftigung Fragment bleiben. Die Ursache des Scheiterns suchte Schnitzler in seiner Beziehung zur Hauptfigur. Bereits am 21. November 1907 machte er folgende Eintragung: *Ahne, warum mir das P. A.-Stück so mißglückt ist: aus Sympathie für P. A.*[122] Auch in unserem Fall geht es nicht darum, gegen Altenberg und Genossen einen verspäteten Prozeß wegen fahrlässiger Tötung anzustrengen; vielmehr scheint sich gerade in diesem „Unfall" das Fragwürdige und Problematische des ganzen beschriebenen Milieus zu kristallisieren, wie es sich auch verdichtet bei Schnitzler findet. Auf dem Höhepunkt des Dramas kommt es zu einer großen Auseinandersetzung zwischen Treuenhof und Hofrat Winkler, dem alter ego Schnitzlers. Eben ist Willis Abschiedsbrief überbracht worden, im erregten Wortwechsel prallen Welten aufeinander:

> TREUENHOF: *Worte sind nichts.*
> WINKLER: *Worte sind alles. Wir haben ja nichts anderes.*[123]

Gewiß ein resignatives, skeptisches Bekenntnis, aber zugleich ein eindringlicher Appell, aus der Komödie der Worte nicht blutigen Ernst werden zu lassen. Das hat viel weniger mit sentenzenhafter, für höhere Lehranstalten approbierter Moral zu tun als mit Einsicht in die eigene Gefährdung, mit der Notwendigkeit des Schutzes vor anderen und vor sich selbst.
Für Alfred Polgar waren die Jahre bis zum Untergang der alten Monarchie wohl keine sehr glücklichen, am ehesten Lehrjahre des Gefühls. Die ewige Unzufriedenheit, das Ungenügen an seiner Person erscheinen als Symptome einer Übergangsphase, eines kritischen Zustands: ein Mensch und Künstler auf der Suche nach sich selbst.
Die Welt von Arthur Schnitzlers „Wort" ist längst zu Staub geworden. Es war viel Glanz darin, aber in diesem Glanz auch viel Elend. Der junge Alfred Polgar hatte maßgeblichen Anteil an dieser Welt, und doch hat sie ihn nie ganz besessen. So konnte auch er seinen „Weg ins Freie" finden.

ANMERKUNGEN

1 Alfred Polgar (im folgenden mit a. p. abgekürzt) an Siegmund Ehrlich, Wien, 11. 10. 1911. Autograph der Österreichischen Nationalbibliothek, Wien. H 581/70-1.

2 Karl Kraus: Ein Führer der Menschheit. In: Die Fackel XX (484 - 498), 15. 10. 1918. S. 159.

3 a. p.: Burgtheater. In: Wiener Sonn- und Montags-Zeitung, 16. 10. 1911, S. 7. Die ausführliche Besprechung „Glossen zu Schnitzlers Drama ‚Das weite Land'" erschien am 23. 10. 1911, S. 1f. Sie ist in diesem Band auf den Seiten 116-121 abgedruckt.
Auch in der „Schaubühne" führte Polgar über diese Maßnahme der Aussperrung Klage: „Er hat jetzt die Referenten - die einzigen Leute, die noch, ohne Burgtheatermitglieder zu sein, am Burgtheater sozusagen interessiert sind – von den Generalproben ausgesperrt. Das war immerhin ein origineller Einfall. Aber wieder nur eine halbe Maßregel. Bevor Baron Berger nicht auch die Premieren sperrt, wird er kaum eine gute Presse haben." – a. p.: Wiener Premieren. In: Die Schaubühne VII (39), 28. 9. 1911, S. 262-265, S. 265.

4 zitiert nach Gisela von Wysocki: Peter Altenberg. Bilder und Geschichten des befreiten Lebens. München-Wien 1979, S. 37

5 a. p.: Theorie des „Café Central". in: a. p.: An den Rand geschrieben. Berlin 1926, S. 85-91. S. 87 f.

6 Aus der reichhaltigen Literatur siehe vor allem den jüngst erschienenen Essay-Sammelband von Carl E. Schorske: Fin-de-siècle Vienna. Politics and Culture. New York 1980. Zur Kaffeehaus-Kultur siehe auch: Das Wiener Kaffeehaus. Von den Anfängen bis zur Zwischenkriegszeit. Katalog der 66. Sonderausstellung des Historischen Museums der Stadt Wien. Wien 1980.

7 Neben der interessanten Monographie von Gisela von Wysocki, a. a. O., erschien in der Edition Freibord eine ungemein materialreiche Studie von Camillo Schaefer: Peter Altenberg. Ein biographischer Essay. Wien 1979.
Vgl. auch die Altenberg-Editionen der letzten Zeit: Das große Peter Altenberg Buch. Herausgegeben und mit einem Nachwort versehen von Werner J. Schweiger. Wien-Hamburg 1977, sowie die ur-

sprünglich in der DDR unter dem Titel „Diogenes in Wien" heraus-
gebrachte zweibändige Altenberg-Ausgabe Dietrich Simons, Berlin
1979.

8 Biographische Information über Alfred Polgars Frühzeit sind auch
dem Buch des Verfassers: Er war Zeuge. Alfred Polgar — ein Leben
zwischen Publizistik und Literatur. Wien 1978, zu entnehmen.

9 Max Graf: Der junge Alfred Polgar. In: M. G.: Jede Stunde war erfüllt. Ein halbes Jahrhundert Musik- und Theaterleben. Wien-
Frankfurt 1957, S. 156 ff.

10 Alfred Deutsch-German: Wiener Porträts. Hermann Bahr. In: Neues
Wiener Journal, 5. 4. 1903.

11 a. p.: Wirkung der Persönlichkeit. In: Egon Friedell (Hrsg.): Das
Altenbergbuch. Wien-Leipzig-Zürich 1921, S. 265-274, S. 265.

12 Max Graf, a. a. O., S. 157.

13 Grußkarte an Stefan Großmann, Poststempel vom 28. April 1900,
Autograph in Besitz von Christina Wesemann, Wien.

14 Stefan Großmann: Ich war begeistert. Eine Lebensgeschichte. Nach
der Erstausgabe von 1930. Mit einem Vorwort von Egon Schwarz
und einem Nachwort von Carel ter Haar. Königstein im Taunus
1979, S. 108.

15 Karl Kraus: Ich war angewidert. In: Die Fackel XXXIII (852-856),
Mitte Mai 1931, S. 62-66, S. 64.
Vgl. auch dazu vom Verfasser: Karl Kraus und Alfred Polgar. In:
Kraushefte, Heft 8, Oktober 1978, S. 4-10.

16 Aus Arthur Schnitzlers unveröffentlichten Tagebüchern, Eintragung vom 2. 6. 1898.

17 Aus Arthur Schnitzlers unveröffentlichten Tagebüchern, Eintragung vom 10. 11. 1905.

18 l. a. t. (d. i.: a. p.): Zwischenspiel. In: Wiener Sonn- und Montags-
Zeitung, 16. 10. 1905, S. 1 ff., S. 3. Siehe auch vorliegenden
Band, Seiten 13-20.

19 Brief a. p.'s an Arthur Schnitzler, 6. 6. 1896 (?). Aus dem unveröffentlichten Briefnachlaß von Arthur Schnitzler. Die Vermittlung
dieses Briefes verdankt der Verfasser Herrn Dr. Reinhard Urbach,
Wien.

20 Tagebucheintragung Arthur Schnitzlers, 11. 7. 1908.

21 Tagebucheintragung Arthur Schnitzlers, 19. 12. 1908.

22 Tagebucheintragung Arthur Schnitzlers, 11. 7. 1908.
Auch Otto Brahm war zu dieser Zeit keineswegs besonders von
Polgar angetan. In einem Brief an Schnitzler vom 28. 6. 1908
heißt es: „Lieber mit Ihnen in einem Hundehäuschen als mit Polgar in einem palazzo – das ist doch klar wie der heutige Sonnen-
tag." Vgl.: Der Briefwechsel Arthur Schnitzler – Otto Brahm. Voll-
ständige Ausgabe. Hgg., eingeleitet und erläutert von Oskar Seid-
lin. Tübingen 1975, S. 262.

23 Tagebucheintragung Arthur Schnitzlers, 12. 7. 1912.

24 Tagebucheintragung Arthur Schnitzlers, 21. 11. 1907.

25 Arthur Schnitzler an Richard Beer-Hofmann, Wien, 26. 5. 1905.
Aus dem unveröffentlichten Briefnachlaß von Arthur Schnitzler.
Freundliche Vermittlung von Dr. Reinhard Urbach.

26 Tagebucheintragung Arthur Schnitzlers, 11. 7. 1908.
Das Feuilleton Polgars erschien am 7. 10. 1907 in der Wiener
Sonn- und Montags-Zeitung, S. 1 ff., Siehe auch: a. p.: Der neue
Sudermann. In: Die Schaubühne III (42), 17. 10. 1907. S. 358-362.

27 a. p.: Zum großen Wurstel. In: Wiener Allgemeine Zeitung, 21. 3.
1906, S. 3.
Für weitere Stellungnahmen Polgars zu Schnitzler siehe auch vom
Verfasser: Er war Zeuge, a. a. O., S. 25-29.

28 Arthur Schnitzler: Aphorismen und Betrachtungen. Hgg. von
Robert O. Weiss. Frankfurt 1967, S. 462.

29 Vgl.: Sigmund Freud: Der Witz und seine Beziehung zum Unbe-
wußten. Fischer-TB, Frankfurt/M. 1978, S. 108.

30 Tagebucheintragung Arthur Schnitzlers, 10. 11. 1905.

31 Tagebucheintragung Arthur Schnitzlers, 20. 1. 1906.

32 Tagebucheintragung Arthur Schnitzlers, 10. 2. 1906.

33 a. p.: Literarhistorisches zur Szene „Goethe". In: a. p.: Ansichten,
Berlin 1933, S. 111-116, S. 111.
Zu Fritz Wärndorfer siehe auch Egon Friedell: „Man nahm es Fritz
Wärndorfer schrecklich übel, daß er als reicher Mann, als Herr aus
der guten Gesellschaft sich zum Direktor eines Nachtlokals ernied-

rigte, für das Narren wie Peter Altenberg und Taugenichtse wie Alfred Polgar Texte schrieben."
In: Die Wiener Werkstätte 1903-1928. Modernes Kunstgewerbe und sein Weg. Wien 1929, S. 139. Frdl. Hinweis von Werner J. Schweiger.

34 Tagebucheintragung Arthur Schnitzlers, 5. 10. 1908.

35 Tagebucheintragung Arthur Schnitzlers, 24. 12. 1908.

36 Tagebucheintragung Arthur Schnitzlers, 23. 2. 1914. Polgars Kritik war am selben Tag erschienen, S. 1 ff. Auch in der „Schaubühne" abgedruckt: X (10), 5. 3. 1914, S. 271-275.

37 Gerhart Baumann: Arthur Schnitzler: Die Tagebücher. Vergangene Gegenwart – Gegenwärtige Vergangenheit. In: Modern Austrian Literature. Journal of the International Arthur Schnitzler Research Association. Vol. 10, Nr. 3/4, 1977. Special Arthur Schnitzler Issue. S. 143-162, S. 146.

38 Tagebucheintragung Arthur Schnitzlers, 14. 5. 1926.

39 a. p.: Warnung als Vorwort. In: a. p.: Kritisches Lesebuch. Ja und Nein, Bd. I, Berlin 1926, S. 9-12, S. 10.

40 Zur Beziehung Schnitzler-Kraus siehe die Dokumentation von Reinhard Urbach in: Literatur und Kritik V (49), Oktober 1970, S. 513-530.

41 Siegfried Jacobsohn: Der Fall Jacobsohn. Charlottenburg 1911, S. 29. Über die Engagierung Polgars für die Schaubühne siehe auch Jacobsohns Nachruf auf Willi Handl. In: Die Weltbühne XVI (26), 24. 6. 1920, S. 766 ff. Am 11. 6. 1908 machte Schnitzler folgende Tagebucheintragung: „Abds Jacobsohn da, blieb bis gegen 12. Über Hugo (geschäftlicher Betrieb), Polgar (Bohème, Talent, zerfressen vor Neid)."

42 Vgl.: Der Liebhaber. Erinnerungen seines Sohnes Gottfried Reinhardt an Max Reinhardt. München-Zürich 1973.

43 Rudolf Kommer: Die Anarchistin. In: Beilage II zur Wiener Sonn- und Montags-Zeitung vom 8. 6. 1908, S. 9 ff.

44 Rudolf Kommer an a. p., Hotel Ambassador 4. 8. 1942. Autograph in Besitz von Dr. Elio Fröhlich, Zürich. Auch die folgenden Zitate sind diesem Brief entnommen.

45 Otto Soyka: Viel Geist war mit von der Partie — Erinnerungen ans Café Central. In: Die Schau I (15/16), August 1953, S. 7 f. S. 8.

46 Vgl. dazu: Martina Bilke: Zeitgenossen der Fackel. Wird 1981 im Löcker Verlag, Wien, erscheinen.

47 Siehe: Eine Erklärung Friedrich Adlers. In: Arbeiter-Zeitung, 29. 5. 1932.

48 a. p. an Rudolf Kommer, Beverly Hills 15. 8. 1942. Autograph der Österreichischen Nationalbibliothek, Wien. H 521/4-71.

49 Berthold Viertel an Hermann Wlach, um 1908. Zit. nach: Ludwig Greve und Werner Volke: Jugend in Wien. Literatur um 1900. Eine Ausstellung des Deutschen Literaturarchivs im Schiller-Nationalmuseum Marbach a. N. München 1974, S. 93.
Zum Problem des Literaten ohne Literatur siehe auch den Aufsatz von Hartmut Binder: Ernst Polak — Literat ohne Werk. Zu den Kaffeehauszirkeln in Prag und Wien. In: Jahrbuch der deutschen Schillergesellschaft XXIII (1979), S. 366-415.

50 a. p.: Hiob. In: a. p.: Hiob. Ein Novellenband. München 1912, S. 9-21, S. 9.

51 Berthold Viertel: Brahms Ibsen. In: Die Schaubühne VI (11), 17. 3. 1910, S. 282 ff., S. 282.

52 Das jüngste Gericht. 300 Epigramme über die Wiener Gesellschaft. Berlin 1908. Frdl. Hinweis von Herrn Georg Fritsch, Wien.

53 Helga Malmberg: Widerhall des Herzens. Ein Peter Altenberg-Buch. München 1961, S. 137.

54 Vgl.: Elisabeth Albertsen: Ea oder die Freundin bedeutender Männer. Porträt einer Wiener Kaffeehaus-Muse. In: Musil-Forum V (1979), 1. Halbjahresheft, S. 21-37 und 2. Halbjahresheft, S. 135-153. Siehe auch: Ernst Schönwiese: Literatur in Wien zwischen 1930 und 1980. Wien - München 1980, S. 86-90.

55 a. p.: Theorie des Café „Central", a. a. O., S. 86.

56 Postkarte Polgars an Stefan Großmann, 18. 8. 1899. Autograph im Besitz von Christina Wesemann, Wien.

57 Tagebucheintragung Arthur Schnitzlers, 10. 11. 1905.

58 a. p. an Emma Rudolf. Mein Abendgebet, 29. 9., 1/4 3^h Nachts, Café Moser. Autograph der Dokumentationsstelle für neuere österreichische Literatur, Wien.

59 a. p. an Emma Rudolf, 1/4 3^h Nachts, 25/26 Dec. o. J., Autograph der Dokumentationsstelle für neuere österreichische Literatur.

60 a. p. an Emma Rudolf, 18/19 December, 2 1/4^h Nachts. Autograph der Dokumentationsstelle für neuere österreichische Literatur.

61 Sigmund Freud: Drei Abhandlungen zur „Sexualtheorie". 1905 erstmals erschienen. Zit. nach: Sigmund Freud: Werkausgabe in zwei Bänden. Hgg. und mit Kommentaren versehen von Anna Freud und Ilse Grubrich-Simitis, Bd. I, S. 250.

62 a. p. an Emma Rudolf, 3/4 1^h Nachts, 25/26 Oct. o. J. Für die Überlassung einer Kopie dieses Briefes dankt der Verfasser Frau Dr. Elisabeth Albertsen, Bad Vilbel, BRD.

63 zit. nach Elisabeth Albertsen, Teil I, a. a. O., S. 25.

64 Gedicht auf Emma Rudolf, geschrieben um 3/4 12^h Nachts, 12. April o. J. Für die Vermittlung einer Kopie dieses Gedichts dankt der Verfasser Frau Dr. Elisabeth Albertsen, Bad Vilbel, BRD.

65 zit. nach Elisabeth Albertsen, Teil I, a. a. O., S. 25.

66 a. p. an Emma Rudolf, Café zur Kugel, 3^h Nachts, 24/25 September 1900. Autograph in Besitz von Christina Wesemann, Wien. Auch die folgenden Zitate stammen aus diesem Brief.

67 a. p. an Emma Rudolf, 11^h Vormittags, 7. Mai o. J., Autograph der Dokumentationsstelle für neuere österreichische Literatur.

68 a. p. an Emma Rudolf, 1/2 1^h, 13. 2. o. J., Café Col. Autograph der Dokumentationsstelle für neuere österreichische Literatur.

69 So berichtet Hermine Pötzl, die Schwester Emma Rudolfs. Freundliche Mitteilung von Dr. Elisabeth Albertsen, Bad Vilbel, BRD.

70 Das besprochene Drama war „Der letzte Streich der Königin von Navarra" von Johannes Raff. Siehe: a. p.: Die nackte Frau. In: Die Schaubühne V (9), 4. 3. 1909, S. 248-252, S. 252.

71 Egon Friedell: Ecce Poeta. Berlin 1912, S. 195.

72 a. p. an Emma Rudolf, Café zur Kugel, a. a. O.

73 Der Nachlaß von Peter Altenberg. Berlin 1925. Aus dem Vorwort Polgars geht hervor, daß die Arbeit am Nachlaß bereits im Winter 1921 abgeschlossen wurde.

74 Karl Kraus: Satiriker. In: Die Fackel VIII (213), 11. 12. 1906, S. 23 f. Der Anlaß des Angriffes war Polgars Artikel: Das Haus der Illusionen. In: Simplicissimus XI (36), 3. 12. 1906, S. 585 f. Der Artikel wird auszugsweise im Buch des Verfassers: Er war Zeuge, a. a. O., S. 32, zitiert.

75 Peter Altenberg an Stefan Großmann, Poststempel vom 30. 4. 1900. Autograph in Besitz von Christina Wesemann, Wien.

76 Photographie Emma Rudolfs mit eigenhändiger Beschriftung Peter Altenbergs. In Besitz von Christina Wesemann, Wien.

77 Peter Altenberg an Stefan Großmann, Wien, Poststempel vom 8. 8. 1900. Autograph in Besitz von Christina Wesemann, Wien.

78 Dazu siehe vor allem Camillo Schaefers Altenberg-Monographie, a. a. O., sowie den Brief von Adolf Loos an Lina Loos vom 27. 1. 1906, abgedruckt in: Jugend in Wien, a. a. O., S. 317 f.

79 Peter Altenberg an Stefan Großmann, ohne Datum. Autograph in Besitz von Christina Wesemann, Wien.
Otto Soyka nennt Dr. Singer als einen der Gäste des Café „Central", von dem man immer Geld borgen konnte: „Man stellte ein Team von vier Leuten zusammen, der finanziell Schwächste nannte sich Darlehnsnehmer, die zwei oder drei andern hießen Bürgen. Unter ihnen figurierte gewöhnlich jener *Doktor Singer*, von dem *Alfred Polgar* sagte, daß er gewohnheitsmäßig auch bei den Rezepten, die er ausschrieb, seiner Unterschrift beifügte: als Bürge und Zahler." Siehe: Otto Soyka: Viel Geist war mit von der Partie, a. a. O., S. 7 f.
Bei Herrn Ostersetzer handelt es sich wahrscheinlich um Siegfried Ostersetzer (Ps. Heinrich Osten), Schriftsteller und Theaterkritiker der „Wiener Allgemeinen Zeitung". Siehe: Reinhard Urbach: Karl Kraus und Arthur Schnitzler. In: Literatur und Kritik 49, Oktober 1970, S. 513-530, S. 526.

80 Unvollständig erhaltener Brief Altenbergs an Stefan Großmann, ohne Datum. Autograph in Besitz von Christina Wesemann, Wien.

81 Siehe vor allem den Abschnitt „Lina" in Camillo Schaefers Buch.

82 Peter Altenberg an Lina Loos' Mutter, August 1906; zit. nach: Franz Theodor Csokor und Leopoldine Rüther (Hrsg.): Du silberne Dame Du. Briefe von und an Lina Loos. Wien-Hamburg 1966, S. 99.

83 Peter Altenberg an Lina Loos, Brief vom 5. 8. 1906. Autograph der Wiener Stadtbibliothek, I. N. 126.920.

84 a. p.: Hamsun-Menschen. In: Neues Wiener Tagblatt, 12. 6. 1910, S. 3 f.

85 Peter Altenberg: Hamsun-Menschen. In: Die Schaubühne VI (28/29), 14. 7. 1910, S. 727 f., S. 727.

86 a. p.: Hamsun-Menschen. In: Die Schaubühne VI (30/31), 28. 7. 1910, S. 798.

87 Siehe: a. p.: Wirkung der Persönlichkeit, a. a. O., S. 270.

88 Peter Altenberg an Josef Hoffmann, 17. 7. 1908. Autograph der Wiener Stadtbibliothek I. N. 151.356.
    Elfriede Rossi war eine Diseuse der „Fledermaus", Konrad Scherber Kapellmeister.

89 Diktierter Brief Peter Altenbergs mit eigenhändiger Unterschrift vom 11. 8. 1910. Autograph in Besitz von Dr. Elio Fröhlich, Zürich.

90 a. p.: Manneswürde. In: a. p.: Bewegung ist alles. Frankfurt/Main 1909, S. 3-12, S. 5. Frdl. Hinweis von Werner J. Schweiger.

91 a. p.: Peter Altenberg. In: Prager Tagblatt, 9. 1. 1919, S. 2. Siehe auch: Der Friede, Bd. II (51), 10. 1. 1919, S. 599.

92 a. p.: Peter Altenberg. In: Der Friede. Bd. III (53), 24. 1. 1919, S. 18 f., S. 19.

93 Tagebucheintragung Arthur Schnitzlers, 25. 1. 1919.

94 a. p.: Marthas Genesung. In: Simplicissimus XXIV (35), 26. 11. 1919, S. 490 und 502 f., S. 490.

95 a. p. an Rudolf Kommer, 3. 10. 1941. Autograph der Österreichischen Nationalbibliothek, Wien. H 521/4-58.

96 a. p.: Peter Altenberg. In: Der Friede, a. a. O., S. 19.

97 Moritz Heimann: Über Alfred Polgar. In: Die Weltbühne XVIII (50), 14. 12. 1922, S. 615-618, S. 615.

98 Hugo von Hofmannsthal: Aufzeichnungen. Gesammelte Werke in Einzelausgaben, Bd. XV, Frankfurt 1959, S. 135 f.

99 Olga Schnitzler: Spiegelbild der Freundschaft. Salzburg 1962, S. 37

100 Arthur Schnitzler: Das Wort. Tragikomödie in fünf Akten. Fragment. Aus dem Nachlaß herausgegeben und eingeleitet von Kurt Bergel. Frankfurt/Main 1966. Bergel gibt auch ausführlich in seinem Vorwort über die Entstehungsgeschichte Aufschluß. Kritik an Bergels Editionspraxis übte vor allem Reinhard Urbach: „Schwätzer sind Verbrecher". Bemerkungen zu Schnitzlers Dramenfragment „Das Wort". In: Literatur und Kritik III (1968), S. 292-304.

101 Zit. nach Gerhard Köpf: Skepsis und Verantwortlichkeit. Studien zu Arthur Schnitzlers Tragikomödie „Das Wort". München 1976, S. 1.

102 Mit den literarischen Vorbildern hat sich erstmals Hans Tramer auseinandergesetzt: Arthur Schnitzlers Altenberg-Stück. In: Bulletin des Leo Baeck Instituts XI (42), 1968, S. 125-150.

103 Vgl.: Kurt Bergel: Einleitung zu „Das Wort", a. a. O., S. 12.

104 Arthur Schnitzler: Das Wort, a. a. O., S. 60.

105 ebda.: S. 121.

106 Hugo von Hofmannsthal: Aufzeichnungen, a. a. O., S. 135.

107 Kurt Bergel, a. a. O., S. 16.

108 In Schnitzlers Tagebuch vom 11. 1. 1906 heißt es: „(mit Salten) über Frau Marie Lang, deren Sohn sich wegen Frau Loos umgebracht hat (P. A.: Stirb, sie ist eine Göttin), und die Herrn Stefan Gr. für einen reinen Menschen hält. (Das Stück ist seit Monaten szeniert unter P. A.)". Zit. nach: Kurt Bergel, a. a. O., S. 13.

109 Autograph in Besitz von Christina Wesemann, Wien.

110 Siehe das Kapitel „Wahlfamilie" in Stefan Großmanns Autobiographie: Ich war begeistert, a. a. O., S. 160-169, S. 161.

111 Peter Altenberg an Stefan Großmann, 2. 8. 1902. Autograph in Besitz von Christina Wesemann, Wien.

112 Peter Altenberg an Stefan Großmann, ohne Datum. Autograph in Besitz von Christina Wesemann, Wien.

113 Brief von Heinz Lang an Stefan Großmann, Mittwoch nacht, ohne Datum, wahrscheinlich 1903. Autograph in Besitz von Christina Wesemann, Wien.

114 Heinz Lang an Stefan Großmann, Mittwoch Mittag, ohne Datum, Autograph in Besitz von Christina Wesemann, Wien.

115 Heinz Lang an Stefan Großmann, Donnerstag, ohne Datum. Autograph in Besitz von Christina Wesemann, Wien.

116 Undatiertes Blatt mit der Handschrift Heinz Langs, gehört wahrscheinlich zum Brief Heinz Langs vom 20. 6. 1904 an Stefan Großmann. Autograph in Besitz von Christina Wesemann, Wien.

117 Erwin Lang an Stefan Großmann, undatiert. Autograph in Besitz von Christina Wesemann, Wien.

118 Gustav Landauer an Stefan Großmann, Hermsdorf 7. 9. 1904. Autograph in Besitz von Christina Wesemann, Wien.

119 Vgl.: Lina Loos: Das Buch ohne Titel. Erlebte Geschichte. Wien 1947.

120 So in der Studie von Gerhard Köpf, a. a. O.

121 Reinhard Urbach, „Schwätzer sind Verbrecher", a. a. O., S. 300.

122 Als Schnitzler Friedells Altenberg-Buch las, kam er rückblickend zu dem Urteil: „Bei aller Kostbarkeit seiner Dichtung – menschlich kommt er nicht schön heraus; und auch die um ihn nicht." Tagebucheintragung Schnitzlers vom 17. 1. 1922.

123 Arthur Schnitzler: Das Wort, a. a. O., S. 125.

QUELLENNACHWEIS

Zwischenspiel. (Komödie in drei Akten von Arthur Schnitzler. Zum erstenmal aufgeführt im Burgtheater). In: Wiener Sonn- und Montags-Zeitung. 16. 10. 1905. S. 1 ff., gezeichnet mit der Chiffre l. a. t.

Geistiges Leben in Wien – Der Fall Kulka. Originaltitel: Geistiges Leben in Wien. In: Das Tage-Buch 1 (39), 9. 10. 1920, S. 1267-1270.

Erstmals hatte sich Polgar mit den „Blättern des Burgtheaters" 1919 auseinandergesetzt. In: Burgtheater. In: Der Neue Tag. 8. 6. 1919, S. 11.

Die von Polgar erwähnte Aufdeckung des Plagiats findet sich in der „Fackel" vom Juli 1920. Vgl.: „Ein neuer Mann". In: Die Fackel XXII (546-550), S. 45-67, das zitierte Gedicht steht auf S. 47. Der expressionistische Dichter Georg Kulka (1897-1929) veröffentlichte kurz nach dem Skandal zusammen mit Wolf Przygode die Streitschrift „Der Zustand Karl Kraus". Auch Albert Ehrenstein meldete sich in dieser Diskussion zu Wort und versuchte zu beweisen, daß sich Kraus mit seinem Gedicht „Apokalypse" des Plagiats am Evangelisten schuldig gemacht habe. (Siehe dazu: Hans Weigel: Karl Kraus oder Die Macht der Ohnmacht, dtv 816, S. 147 f.)

Als Reaktion auf Polgars Artikel heißt es in Nummer 41 des „Tage-Buchs" vom 23. 10. 1920 auf Seite 1349: „Zu Alfred Polgars Darstellung der erschröcklichen ‚Affaire Kulka' (‚Tage-Buch', Heft 39) wird mir aus Wien geschrieben: Der arme Kulka, der Jean Paul in den ‚Blättern des Burgtheaters' als Kulkas Werk herausgegeben hat, fand einen Verteidiger. ‚Ich weiß nicht, warum Ihr alle ihn so angreift,' rief der junge Literat, ‚Kulka hat doch Jean Paul in der Ursprache gelesen.'"

Sinnliche Kunst. Aus „Gutachten über Brunner. VI." In: Die Weltbühne XVII (51), 22. 12. 1921, S. 624 ff., S. 625 f.

„Der Venuswagen" war eine Sammlung erotischer Privatdrucke, die von Alfred Richard Meyer herausgegeben wurde.

Aus Anlaß des „Reigen-Prozesses" veranstaltete die „Weltbühne" eine Rundfrage über den Gerichtssachverständigen in Sachen Unsittlichkeit Karl Brunner. In sechs Folgen wurden „Gutachten über Brunner" abgedruckt, die u. a. von dem Sexualwissenschafter Iwan Bloch und den Schriftstellern Franz Blei, Alfred Döblin, Maximilian Harden, Walter Mehring und Arnold Zweig stammten. Im Gegensatz zu vielen anderen versteifte sich Polgar in seinem Beitrag nicht auf die „reinigende" Wirkung der Kunst, ein Argument, das von den Verteidigern in den meisten dieser Prozesse vorgebracht wurde.

Kurt Tucholsky schätzte Polgars Urteil so, daß er sich noch Jahre danach in der „Weltbühne" darauf bezog: „ . . . und wenn ich nicht irre, ist Alfred Polgar einer der ganz wenigen Mutigen gewesen, der einmal auf eine Umfrage in Sachen des Volkswohlfahrtsmannes Brunner das Recht auf Erektion propagiert hat. Die ist Sache des Lesers." In: Die Weltbühne XXV (37), 10. 9. 1929, S. 381-386, S. 383.

Kleiner Diskurs über Emanzipation. Originaltitel: Kleiner Diskurs. In: Die Weltbühne XXIV (32), 7. 8. 1928, S. 211 f. Die „Weltbühne"-Kritik „Sie sagen sich alles" ist in a. p.: Ja und Nein. Darstellungen von Darstellungen, S. 256 f., abgedruckt.

Die Pazifistin und Vorkämpferin der Frauengleichberechtigung Dr. phil. Helene Stöcker mußte 1933 emigrieren. Nach Aufenthalten in der Schweiz und in Schweden ist sie 1943 in New York gestorben. Zu ihrem 60. Geburtstag widmete ihr die „Weltbühne" einen Artikel; siehe: „Helene Stöcker sechzig Jahre" von Hilde Walter. In: Die Weltbühne XXV (46), 12. 11. 1929, S. 749 ff.

FEUILLETONISMUS

Das Wiener Feuilleton. In: Der Weg I (17), 20. 1. 1906, S. 11 ff. Im Jahr darauf wurde dieser Essay etwas gekürzt und verändert in der Zeitschrift „Kritik der Kritik. Zeitschrift für Künstler und Kunstfreunde in zwanglosen Heften", Bd. II (10), 1907, S. 200-203 abgedruckt.

Gelehrte Theaterkritik. Aus: Theater. In: Der Weg I (5), 28. 10. 1905, S. 15 f., S. 15. „Es gibt ein Büchel . . .": Carl Siegen: Heinrich von Kleist und der zerbrochene Krug. Neue Beiträge. Sondershausen. Faßheber 1879. Bei der „außerordentlich wissensschweren Kleist-Studie" handelt es sich um das Feuilleton „Kleist und seine Komödie ‚Der zerbrochene Krug'", das in der „Neuen Freien Presse", 19. 10. 1905, S. 1-4, erschien. Der Verfasser war, den Initialen nach zu schließen, Friedrich Schütz.

Auernheimer im Burgtheater. Siehe: Burgtheater. „Der Unverschämte", ein einaktiges, und: „Die glückliche Zeit", ein dreiaktiges Lustspiel von Raoul Auernheimer. In: Wiener Sonn- und Montags-Zeitung, 22. 3. 1909.

258

Nietzsche-Feier. In: Wiener Allgemeine Zeitung, 6. 1. 1904, S. 3.

Vorlesung Kainz-Medelsky. In: Wiener Allgemeine Zeitung, 21. 1. 1910, S. 3.

Franz Werfel. In: Die Schaubühne X (8), 19. 2. 1914, S. 219 f. Unter dem Titel „Vorlesung Werfel" erstmals in der Wiener Allgemeinen Zeitung, 9. 2. 1914, S. 4 erschienen. Siehe auch die Kurzcharakteristik „Der Vorleser Werfel" in: a. p.: Stichproben, Ja und Nein IV, S. 241 f.

SCHAUSPIELER

Sonnenthal. In: Wiener Sonn- und Montags-Zeitung, 26. 12. 1904, S. 1 f., gezeichnet mit dem Pseudonym L. A. Terne, das Polgar von seinem Vorgänger Robert Hirschfeld (1858-1914) übernommen hatte.

Frau Duse. In: Die Schaubühne III (14), 4. 4. 1907, S. 352 ff. Siehe dazu den Essay „Die Duse – (Ein halbes Jahr vor ihrem Tode)". In: a. p.: Noch allerlei Theater, Ja und Nein III, S. 163-166.

Moissi. In: Wiener Theater. In: Die Schaubühne VIII (39), 27. 9. 1913, S. 300 ff., S. 300 f.

Moissi. Originaltitel: Moissi (Hamlet). In: Der Friede, Bd. I (14), 26. 4. 1918, S. 338 f. Der letzte Absatz entspricht ungefähr der Charakterisierung „Alexander Moissi als Hamlet" in a. p.: Noch allerlei Theater, Ja und Nein, Bd. III, S. 185.

Paula Wessely aus Wien. In: Die Weltbühne XXVIII (39), 27. 9. 1932, S. 484.

Adele Sandrock. In: Streiflichter von Alfred Polgar. In: Die Nation V (37), 9. 9. 1937, S. 8.

KINO

Belehrender Film. In: Die Schaubühne XIII (43), 25. 10. 1917, S. 400 f.

Kino in Paris. In: Der Tag, 7. 12. 1924 (Sonntag), S. 5.

Bei „Gräfin Larisch" handelt es sich wahrscheinlich um Marie Gräfin Larisch (d. i. Marie Freiin von Wallersee), Hofdame der Kaiserin Elisa-

beth, die ihre Erinnerungen in dem Buch „Meine Vergangenheit"
niederschrieb.

Der Politiker Gaston Doumergue (1863-1937) war seit 1924 Präsident
der Republik.

„Romeo und Julia" als Film. In: Prager Tagblatt, 18. 8. 1936, S. 8.
Die Passage „Die Lockerung, Ausweitung szenische Bereicherung . . ."
wurde von Polgar in seinen Band „Handbuch des Kritikers" unter dem
Titel „Verfilmter Shakespeare" aufgenommen, S. 41.

AUS ALTEN SPIELPLÄNEN

Fulda. Originaltitel: Burgtheater. In: Wiener Sonn- und Montags-Zeitung, 14. 11. 1904, S. 6, Chiffre: l. a. t. Ein Teil dieser Kritik wurde
1907 in der „Schaubühne" aus Anlaß einer neuen Fulda-Premiere im
Burgtheater verwendet: In: Die Schaubühne III (50), 12. 12. 1907,
S. 574 ff.

Ein siegreicher Militärschwank. Originaltitel: Burgtheater. In: Wiener
Sonn- und Montags-Zeitung, 21. 1. 1907, S. 6.

Henry Bernstein. In: Die Schaubühne IV (7), 13. 2. 1908, S. 187 f.

Freiheit in Krähwinkel. In: Die Schaubühne IV (23/24), 11. 6. 1908,
S. 608 f. Erstmals erschienen unter dem Titel „Freie Volksbühne" in:
Wiener Allgemeine Zeitung, 19. 5. 1908, S. 2.

Der Verschwender. In: Die Schaubühne VIII (28/29), 18. 7. 1912,
S. 49 f. Erstmals erschienen unter dem Titel „Festvorstellung im Theater an der Wien: Der Verschwender" in: Wiener Allgemeine Zeitung,
1. 7. 1912, S. 3.

Oedipus in Wien. In: Die Schaubühne VII (22/23), 8. 6. 1911, S. 601-
605.

Das weite Land. Originaltitel: Glossen zu Schnitzlers Drama: „Das
weite Land". In: Wiener Sonn- und Montags-Zeitung, 23. 10. 1911,
S. 1 f.

Die Makkabäer im Burgtheater. Originaltitel: Wiener Saisonschluß
(berichtet außerdem über Grillparzers „Des Meeres und der Liebe
Wellen" und Armin Friedmanns „Die arme Margaret"). Der Autor der
„Makkabäer" ist Otto Ludwig. In: Die Schaubühne VIII (24/25), 20. 6.
1912, S. 679 f., S. 679.

Der Hinterhalt. Aus: Wiener Premieren. In: Die Schaubühne X (11), 12. 3. 1914, S. 311-313, S. 313 f.

Wiener Premieren. In: Die Schaubühne X (25/26), 25. 6. 1914, S. 655 ff.

Wozzek. Aus: Gäste in Wien. In: Die Schaubühne X (23/24), 11. 6. 1914, S. 633 f. Mit der Stück-Kritik „Woyzeck" in Polgars Band „Kritisches Lesebuch, Ja und Nein", Bd. 1, S. 58 f. stimmen nur einige Formulierungen überein.
Die Wozzek-Kritik ist erstmals in der Wiener Allgemeinen Zeitung, 7. 5. 1914, S. 2 f. erschienen.

Wiener Kriegsstücke. In: Die Schaubühne X (49), 10. 12. 1914, S. 471 f.

Burgtheater. In: Die Schaubühne XI (7), 18. 2. 1915, S. 161 ff; die beiden hier abgedruckten Kritiken („Nathan der Weise", „Goldfische") stehen auf den Seiten 162 f.

Heinrich Mann auf der Bühne. Originaltitel: Wiener Theater. In: Die Schaubühne XI (15), 15. 4. 1915, S. 354 ff., S. 354 f. Siehe auch: Wiener Allgemeine Zeitung, 11. 2. 1915, S. 6. Bereits 1911 hatte Polgar die beiden Akte in der Wiener Allgemeinen Zeitung besprochen (6. 2. 1911, S. 3). Zur Stückkritik von „Varieté" siehe a. p.: Stücke und Spieler, Ja und Nein, Bd. II, S. 19.

Jakob Wassermann. Die ungleichen Schalen. Originaltitel: Wiener Premieren. In: Die Schaubühne XI (43), 28. 10. 1915, S. 395 ff., S. 395 f. (Die anschließende Besprechung ist Hermann Burtes „Katte" gewidmet).

Emil Ludwig, Der verlorene Sohn. Aus: Wiener Premieren. In: Die Schaubühne XI (51), 23. 12. 1915, S. 588. Erstmals erschienen in: Wiener Allgemeine Zeitung, 27. 11. 1915, S. 5.

Franz Lehár, Der Sterngucker. Originaltitel: Der Sterngucker. In: Die Schaubühne XII (6), 10. 2. 1916, S. 138 ff.

Wiener Volksbühne. In: Die Schaubühne XII (50), 14. 12. 1916, S. 560 f.

Die Macht der Finsternis. In: Die Schaubühne XIII (19), 10. 5. 1917, S. 439 f., erstmals erschienen in: Wiener Allgemeine Zeitung, 25. 4. 1917, S. 3.

Molière in Wien. In: Die Schaubühne XIII (15), 12. 4. 1917, S. 315 f. Erstmals erschienen in: Wiener Allgemeine Zeitung unter dem Titel „Molière – Abend. ‚Der Geizige' – ‚Sganarell'", 26. 3. 1917, S. 2 f.

Kritik einer nicht gesehenen Theater-Vorstellung. In: Der Friede, Bd. II (33), 6. 9. 1918, S. 166 f. Ein kurzer Abschnitt dieses Textes wurde von Polgar unter dem Titel „Historisches Stück" in Band IV von „Ja und Nein", S. 245, aufgenommen.

Bizarrer Abend. In: Der Neue Tag, 25. 4. 1920, S. 4.

Reinhardt in Wien. In: Die Weltbühne XVIII (41), 12. 10. 1922, S. 387-390, S. 387 f. In der Originalrezension sind noch Stückkritiken zu „Clavigo" und „Dame Kobold" angeschlossen.

Eröffnung der Reinhardt-Bühne. In: Der Tag, 3. 4. 1924, S. 7. Die Originalkritik referiert auch über die Eröffnungsvorstellung (Goldoni: „Der Diener zweier Herren"); diese Stück-Kritik ist in a. p.: Noch allerlei Theater, Ja und Nein, Bd. III, S. 106 ff. abgedruckt. Die Auslassung ist durch Punkte gekennzeichnet.

Spiel der Sinne. In: Der Tag, 25. 11. 1922, S. 7 f. Siehe auch: Die Weltbühne XVIII (49), 7. 12. 1922, S. 605 f.

Die Kronprätendenten. In: Der Tag, 23. 2. 1923, S. 6.

Der Sohn. In: Der Tag, 21. 4. 1923, S. 6. Die Charakteristik Paul Wegeners findet sich auch in a. p.: Noch allerlei Theater, Ja und Nein, Bd. III, S. 205 f. Erstmals hatte Polgar Hasenclevers Drama 1917 besprochen. Siehe: Wiener Theater. In: Die Schaubühne XIII (10), 8. 3. 1917, S. 231 f.

Das Zeichen an der Tür. Drei Akte von Channing Pollock, Renaissance-bühne. In: Der Tag, 25. 4. 1923, S. 6. Die Charakterisierung Arnold Korffs: „Korff angelsächseln zu hören . . ." ist abgedruckt in a. p.: Noch allerlei Theater, Ja und Nein, Bd. III, S. 175.

Das Wintermärchen. In: Der Tag, 28. 6. 1923, S. 6.

Habima. In: Der Morgen, 7. 6. 1926, S. 2. Aus: Theater (gemeinsam mit „Mrs. Cheneys Ende" von Lonsdale).

Osterbrief. In: Das Tage-Buch X (13), 30. 3. 1929, S. 518 f.

Aufregende Stücke in Wien. In: Prager Tagblatt, 1. 3. 1936, S. 8. Georg Turner ist ein Pseudonym, hinter dem sich die Brüder Otto und Egon Eis sowie Hans José Rehfisch verbargen. Frdl. Mitteilung von Erik G. Ell, New York, und Egon Eis, München.

Liebe eines Fremden. Originaltitel: Theater in Wien. In: Prager Tagblatt, 7. 11. 1936, S. 7.

Die neue „Madame Sans-Gêne". In: Prager Tagblatt, 5. 9. 1937, S. 8.

Jean Cocteau, Die Höllenmaschine. In: Theater in Wien. In: Prager Tagblatt, 27. 10. 1937, S. 3. Erstaunlicherweise berichtet Friedrich Torberg in seinen „Erben der Tante Jolesch", daß er für das „Prager Tagblatt" über „minder wichtige Premieren zu schreiben und außerdem Alfred Polgar zu vertreten hatte, wenn er gerade nicht in Wien war oder wenn er aus irgendwelchen Gründen nicht schreiben wollte.

Dies ergab sich bei der deutschsprachigen Erstaufführung von Cocteaus ‚Höllenmaschine', die wir gemeinsam besuchten." Vgl.: Friedrich Torberg: Die Erben der Tante Jolesch, München 1978, S. 46.

Dritter November 1918 (3 Akte von Franz Theodor Csokor — Burgtheater). In: Prager Tagblatt, 19. 3. 1937, S. 5.

NAMENREGISTER

271

Erik G. Ell, der Stiefsohn Alfred Polgars, hat – wie schon beim „Taschenspiegel" – die Herausgabe dieses Bandes ermöglicht.

Prof. Dr. h. c. Heinrich Schnitzler gestattete mir in liebenswürdiger Weise, aus den unveröffentlichten Tagebüchern Arthur Schnitzlers zu zitieren, die derzeit im Rahmen eines Großprojekts der Österreichischen Akademie der Wissenschaften zur Publikation vorbereitet werden. Die Schnitzler-Zitate im Nachwort stützen sich daher nur auf eine vorläufige Fassung. Für wichtige Hinweise in Zusammenhang mit Arthur Schnitzler danke ich Maria Neyses, Mag. Susanne Pertlik, Peter Michael Braunwarth und Dr. Reinhard Urbach.

Dr. Elio Fröhlich stellte wertvolles Briefmaterial zur Verfügung; desgleichen Birgit (+) und Heinz Wittgenstein, sowie Christina Wesemann.

Die Handschriftensammlung der Österreichischen Nationalbibliothek und die Dokumentationsstelle für neuere österreichische Literatur gewährten mir Einsicht in ihre Bestände.

Elisabeth Albertsen-Corino, Egon Eis, Dr. Eckart Früh, Dr. Hans Eberhard Goldschmidt und Werner J. Schweiger verdanke ich Anregungen und Informationen.

Vor allem gilt mein Dank aber Marcel Faust, der mich wiederum bei der Edition beraten und das Manuskript kritisch durchgesehen hat.

INHALT